D'homme à homme

La vérité sur les hommes en crise de la quarantaine

Mon guide avec un regard impitoyable sur une phase de la vie

Pourquoi j'écris ce livre ?

Confucius dit : "Même le chemin le plus long commence par le premier pas. J'ai dû me résoudre à commencer ce livre. D'une part, parce que je n'avais pas vraiment envie de m'occuper de tout, et d'autre part, parce que j'étais effrayé par l'énorme travail que représentait ce livre. Ce n'est que sur l'insistance de ma femme que j'ai pu m'attaquer à ce livre et j'espère qu'il vous aidera.

C'était un chemin difficile et un processus insidieux qui vous fait imperceptiblement devenir autre chose, et ce n'est pas forcément une bonne chose. Si vous vous sentez comme je le décris dans ce livre, vous agissez de la même manière ou vous apprenez de mes erreurs et faites mieux.

Tout perdre à cause de quelques putains d'hormones, ça n'en vaut pas la peine. Alors, les gars, continuez à lire et prenez soin de vous. Si vous avez acheté ou reçu ce livre en cadeau, est probablement

3

dans le même cas que moi : crise de la quarantaine ou ménopause. Avant même de consulter un urologue à 50 ans, nous avons déjà vécu beaucoup de choses.

On s'emporte pour un rien, on se sent malade, on pense avoir de la fièvre parce qu'on a l'impression de brûler, et puis tout à coup, tout va bien. On n'arrive plus à dormir, on est constamment agité, on a constamment des flashs de pensées et on n'arrive plus à trouver son équilibre. Ces montagnes russes sont épuisantes, démoralisantes et m'ont également poussé à bout.

Durant ces années, la vie change. Pour te donner un aperçu de la ménopause d'un homme et de ce que j'ai vécu, je vais te raconter mon histoire : ma peur de la mort, la virilité jusqu'à la perte totale de mon mariage. Jamais je n'aurais pensé que cela nous touchait aussi, nous les hommes.

Il existe de nombreux livres sur la ménopause chez la femme, mais aucun guide pour nous, les hommes. Ce sujet est tabou chez les hommes et il est mal vu d'en parler. Même entre bons amis, ce sujet n'est pas abordé. L'image de l'homme constamment fort et contrôlé s'effondre si l'on admet ouvertement que nous ne sommes pas non plus invulnérables. Je veux en finir avec cela et te montrer ce que j'ai vécu et comment tu peux toi aussi aborder ce sujet sensible. Tu vois, tu n'es pas seule. La ménopause est une période difficile, pleine de changements. Le refoulement sous la devise "chez nous les hommes, ça n'existe pas" n'est pas une solution.

Aujourd'hui, je vois le thème de la ménopause chez les hommes d'un autre œil. Aujourd'hui, avec le recul, je me demande ce qui m'a pris et pourquoi je n'ai pas abordé le sujet. C'était de l'orgueil, c'était de l'ignorance et peut-être aussi la peur de l'inconnu. Il faut prendre son temps et ne pas travailler contre, car à la fin, on peut dire que cela ne peut que s'améliorer. Il y a une vie après la ménopause. La vie continue. Dans mon cas, c'est devenu avec un nouvel amour pour ma femme.

La ménopause est un processus insidieux que je n'avais pas remarqué. Chez moi, cela a commencé à 49 ans, je suis devenue déséquilibrée, capricieuse, irascible, impulsive. L'inappétence sexuelle et la perte de la forme physique en ont été les conséquences. Moi qui ai toujours été sportif et qui ai toujours pris soin de mon corps, j'ai soudain vu mes muscles s'effacer et mon énergie diminuer. Je tiens à mettre en garde les hommes qui se croient trop cools pour aborder ces sujets : ce changement rattrape tout le monde.

Il y avait constamment des disputes et des conflits avec mes clients. J'ai été indépendant pendant 30 ans en tant que webdesigner et photographe. Tous ceux qui me tapaient sur les nerfs, même un peu, subissaient mon agressivité. Souvent, le conflit culminait dans la haine pure et se terminait chez l'avocat. Je ne voulais pas me laisser marcher sur les pieds, ni dans ma vie privée ni au travail. Une voie plus douce ne m'est jamais venue à l'esprit. Le guerrier en moi a sorti son épée et, métaphoriquement, a frappé les autres dans le crâne. Ma femme ressentait pleinement l'agressivité de ces jours-là, et je me défoulais sur elle. En bref, j'étais un vrai connard.

Je n'étais plus accessible aux arguments raisonnables, bien que ma femme ait souvent voulu m'aider et, avec sa gentillesse, n'ait voulu que me protéger. Si j'avais suivi ses conseils, j'aurais évité les frais d'avocat et de justice, ainsi que les clients et amis mécontents. Mais ce connard était le plus grand, et tous les autres n'étaient que des asticots. Mais je n'ai pas réfléchi à tout cela.

Je me disais que les pleurnicheries étaient pour les mauviettes. Les pensées négatives m'assaillaient de plus en plus souvent. J'ai même vu ressurgir des choses de ma scolarité et de ma jeunesse, des gens qui m'avaient agacé ou traité injustement. Je les détestais tous. La dépression, le manque de sommeil et la colère m'accablaient. L'instant d'après, j'étais de nouveau en pleine forme. Un flux et un reflux constant d'émotions. Il fallait que quelque chose change fondamentalement. Je voulais retrouver ce que j'avais perdu dans ma jeunesse et vivre toutes les choses que j'avais inscrites sur ma liste avant que le couvercle ne se referme. J'ai donc pris une décision.

La ménopause est un processus insidieux, qui se déroule de manière imperceptible et qui a bouleversé ma façon de penser et d'agir. Mais elle est aussi un tournant. Un moment où l'on la chancea de mieux se comprendre et de se redéfinir. J'écris tout ce que j'ai sur le cœur pour te montrer : Il y a un après. Et ça peut être un sacré après, si on ose faire le premier pas.

Tu es la somme de tes expériences passées

Dans la première décennie des années 2000, j'étais un véritable bourreau de travail. J'avais plusieurs entreprises en activité : une agence de conseil financier, une société immobilière et une société de conception de sites web. Financièrement, tout allait très bien. Du point de vue du type, j'étais un singe prétentieux et arrogant. Si vous avez déjà vu le film "Le loup de Wall Street", j'étais comme Jordan Belfort, tout simplement le plus grand (le plus grand imbécile).

Mais pour 30 000 euros par mois, il fallait aussi travailler sept jours sur sept. La semaine, je faisais tourner la boutique financière et web et le week-end, je faisais des visites pour l'agence immobilière. Nos fils sont nés en même temps, en 1998 et 2001, et pour couronner le tout, ma première femme voulait une maison à ce moment-là. Tout simplement pour que les enfants ne soient pas obligés de grandir en ville et qu'ils aient un bel environnement.

Aussitôt dit, aussitôt fait : nous avons acheté une maison à la périphérie de Berlin, mais elle n'était qu'à moitié terminée. Il y avait encore beaucoup de choses à faire. En fait, il n'y avait qu'un toit et une façade. Tous nos proches nous ont déconseillé d'acheter cette maison, à commencer par mon beau-père. En principe, la maison n'était qu'un gros œuvre. Il a tout de suite compris que cette maison allait devenir un gouffre à millions. J'ai grandi à la campagne et j'avais une certaine expérience du travail manuel. Mon beau-père le savait, mais il a aussi réalisé la quantité de travail qu'il faudrait fournir dans cette maison. Mais l'emplacement et le style de la maison, ainsi que le grand terrain, ont été des arguments de poids en faveur de l'achat. La maison était très grande, avec près de 300 mètres carrés de surface habitable. Rien que le salon faisait 120 m², avec une baie vitrée sur toute la largeur et une vue sur la forêt . Grâce au toit en pente, le salon était très haut, environ sept mètres, et il y avait une galerie tout autour en haut. C'était déjà un vrai point de mire.

Le vendeur était un type peu recommandable, au bord de l'insolvabilité et en instance de divorce. Le fait que nous n'ayons pas "enquêté" davantage sur ce type avant d'acheter la maison allait se retourner contre nous.

Ma femme de l'époque voulait absolument cette maison et m'a poussé à en parler à ma banque. Je voulais faire faire une expertise au préalable, elle était contre et me poussait presque quotidiennement à acheter. La banque a donné son accord pour 375 000 DM en quelques jours. Comme je gagnais bien ma vie à l'époque, une mensualité de 1700 DM ne posait pas de problème.

Nous avons ensuite emménagé dans la maison au milieu de l'année 2000. J'ai immédiatement commencé à rénover la maison, pièce par pièce. Je travaillais à la maison après le travail ou le matin, puis je partais travailler et je rentrais tard le soir.

La plupart du temps, il s'agissait de journées de dix à douze heures. Je suis très doué pour les travaux manuels, car j'ai grandi à la campagne et mon père m'a beaucoup appris. Ainsi, je pouvais presque tout faire, sauf Poser des carreaux, ce qui était toujours trop délicat pour moi, je n'avais pas envie de le faire. J'ai même construit la cheminée du salon tout seul

Il existait effectivement à l'époque des kits à monter soi-même - un peu comme des Lego pour adultes, mais sans le fun et en XXL. On peut se l'imaginer ainsi : Ils te livrent une énorme palette de blocs de béton cellulaire, des sacs de plâtre, quelques bancs en marbre et un monstrueux insert en fonte. Ah oui, et pour couronner le tout, il y avait une vidéo VHS. Chaque étape y était expliquée, comme si on pouvait le faire en dormant. Pas du tout !

Tu as vraiment dû tout faire toi-même : Couper les pierres, assembler les pièces avec précision, puis soulever ces bancs de marbre très lourds, si encombrants qu'on les croyait sortis d'un temple antique.

Mais je ne serais pas moi si je m'étais laissé abattre. Avec un palan que j'ai fabriqué moi-même - oui, ce truc était vraiment une marque de fabrique - j'ai soulevé toute la pièce tout seul. Pas d'aide d'amis, pas d'aide de voisins, rien. Juste moi, ma volonté et ce monstre incroyablement lourd.

Je jure que lorsque j'ai enfin terminé, je me suis senti comme un putain de héros. Tous ceux qui voient ce truc aujourd'hui se disent probablement : "Ah, c'est sûrement un spécialiste qui a fait ça". Mais non, c'était moi. Un type avec une cassette VHS et une bonne dose de folie !

Le ramoneur était ravi lors de la réception, il ne pouvait pas croire que j'avais réussi cela pour la première fois et tout seul.

Mais revenons-en à l'achat d'une maison.

Les premiers problèmes sont apparus quelques semaines seulement après l'achat. Il pleuvait à l'intérieur. Nous avons fait venir un couvreur, qui a constaté qu'une partie du toit en bardeaux était endommagée, ce que le vendeur nous avait bien sûr caché. Et c'est là que l'achat précipité sans expertise s'est retourné contre nous.

La fin de la chanson : un nouveau toit pour 18.000 DM. Cela ne devait pas s'arrêter là. Chaque projet que j'ai entrepris dans cette maison s'est transformé en odyssée. Peu importe où l'on commençait à ouvrir ou à dégager quelque chose, c'était toujours la pagaille. L'ancien propriétaire ne connaissait manifestement que la mousse de construction, les colliers de serrage, le ruban adhésif et le silicone comme matériaux de construction.

En fin de compte, la maison m'a coûté 795 000 euros au total jusqu'à mon départ en 2008. Pour cela, j'aurais pu obtenir une maison de style flambant neuve. C'est la plus grosse perte d'argent de ma vie. Cela m'a énormément dérangé, mes économies ont fondu et avec elles ma prévoyance vieillesse. Je ne savais pas encore que je ne recevrais pas plus de 165 000 euros pour la maison et je ne pouvais pas non plus l'imaginer.

Je ne pouvais pas travailler autant que j'avais besoin d'argent pour faire tourner cette fichue maison. Les frais de chauffage étaient également énormes, en raison de la taille de la maison et du fait qu'elle n'était pas suffisamment isolée. Comme ma femme et mes enfants étaient à la maison toute la journée et qu'il faisait toujours environ 25 degrés dans la maison, le chauffage vidait les réservoirs en un rien de temps. Je consommais ainsi près de 12 000 litres de mazout par an. Un facteur de coût énorme.

Mais mon insatisfaction vis-à-vis de ma vie ne cessait de croître. Car à quoi sert tout cet argent si on n'a plus de vie en échange ?

Plus d'infos sur le sujet : A trop travailler, on gâche toute sa vie

J'aimais beaucoup mon beau-père. Un homme formidable, simple, qui avait les pieds sur terre. Il était comme un aimant qui maintenait toute la famille ensemble. Nous avons eu un bon contact dès le début, et il était plus un père pour moi que mon père biologique. Si j'avais besoin d'un conseil, il était toujours prêt à m'écouter. Ses conseils étaient souvent simples et faisaient mouche.

Ce qui m'a toujours plu, c'est son côté patriarcal : quand il y avait une réunion de famille, il ne laissait personne manquer à l'appel. Comme j'ai toujours été très attaché à la famille, je suivais volontiers les "ordres" de mon père. Mes beaux-parents vivaient dans l'Uckermark, dans un cadre très idyllique, dans une ferme très ancienne.

J'ai adoré cet endroit parce que beaucoup de choses me rappelaient mon enfance à la campagne. La ferme était située juste à côté d'une forêt, avec une vue sur un méandre de la rivière - c'était génial.

Comme moi, mon beau-père était un bourreau de travail. Son travail principal était forestier, mais il faisait tourner l'agriculture locale après le travail. Comme moi, il travaillait dix à douze heures par jour. Il était très économe et partait rarement en vacances avec ma belle-mère, tout au plus à la mer Baltique ou dans le Harz. Cela ne devait rien coûter. Mon beau-père n'a jamais vu le reste du monde, même s'il avait l'argent pour le faire. En bref : seulement travailler, pas vivre. Exactement la même vie que celle que je menais en ce moment.

J'ai perdu ce formidable substitut de père en 2001 à la suite d'un cancer. Sa mort a creusé un trou dans ma vie que je n'ai pas pu combler pendant longtemps. Il n'était pas seulement comme un père pour moi, mais aussi mon mentor, mon soutien, mon refuge quand tout le reste s'écroulait. Quand il est parti, j'ai eu l'impression de perdre ma boussole.

Je suis tombé dans un trou profond. Le chagrin était accablant et tout à coup, tout ce qui me motivait habituellement - le travail, le succès, le statut - n'avait plus de sens. Son absence était comme un écho dans mon quotidien, me rappelant sans cesse combien j'avais manqué de choses dans ma vie parce que j'étais constamment "busy".

C'est la première fois que j'ai vraiment douté de vouloir continuer à mener ma vie de cette manière. Toutes les heures que j'avais passées dans les bureaux, en voyage d'affaires ou en réunion me semblaient soudain du temps perdu. Pour quoi tout cela ? Pour un compte en banque plein ? Pour une voiture plus grosse ? Pour un ego toujours en quête de reconnaissance ?

J'en ai conclu qu'il était urgent de changer quelque chose. "J'emmerde le fric et commence à vivre", me suis-je dit. Mais comment mettre une telle idée en pratique quand on n'a rien fait d'autre que de trimer pendant des années ? C'était comme essayer d'orienter soudainement une lourde locomotive dans une autre direction. Difficile, mais pas impossible.

J'ai décidé de ralentir le rythme, de vivre les choses plus consciemment et de consacrer du temps à ma famille et à mes jeunes fils. Car sa mort m'avait montré de manière brutale que notre vie est finie - et que la question de savoir si nous avons vraiment vécu notre vie est finalement plus importante que n'importe quel décompte de commission.

La vie après la mort - existe-t-elle vraiment ?

J'étais une personne croyante, convaincue qu'il devait y avoir quelque chose après la mort. En tout cas, je m'accrochais à cet espoir, car sans lui, la vie me semblait tout simplement dénuée de sens.

En 2004, une opération importante était prévue : l'extraction des quatre dents de sagesse. Il s'agissait d'une opération ambulatoire sous anesthésie générale. La pièce était fraîche, l'air empli du doux bourdonnement des appareils médicaux. L'anesthésiste s'est penché sur moi, son sourire était professionnel mais distant. "Je vais compter jusqu'à trois, vous allez bientôt vous endormir", a-t-il dit, la voix calme et contrôlée. Je l'ai entendu compter et dès qu'il a prononcé le chiffre trois, le monde autour de moi a semblé se dissoudre.

Le moment suivant fut un mystère. Un instant plus tard - ou du moins c'est ce que j'ai ressenti - j'ai été réveillée en douceur par une infirmière. Sa voix était chaude lorsqu'elle a dit : "L'opération est terminée depuis longtemps, vous avez réussi". Je clignai des yeux et cherchai un point de repère dans la désorientation totale. "Quand commençons-nous ?", ai-je demandé, perplexe. Elle a légèrement ri et a répété que tout était fini depuis longtemps.

Le plus étonnant dans cette expérience n'était pas la guérison physique ou le succès de l'opération. C'était le sentiment de néant absolu qui m'avait envahi pendant l'anesthésie. Pas de rêve, pas de notion du temps, pas l'ombre d'une pensée - juste une obscurité qui englobait tout, qui commençait et se terminait sans prévenir. "C'est ainsi que doit être la mort", me suis-je dit. Une fin abrupte, où les lumières s'éteignent tout simplement, et derrière, le silence. Pas de vie future, pas de transition - juste un trou, profond et silencieux.

Cette constatation m'a fait frémir. Si la vie se résume à ce laps de temps limité, un patchwork d'obligations, de travail et de quête de reconnaissance, que reste-t-il ? La mort de mon beau-père, qui résonnait encore comme une blessure dans mon âme, s'est soudain présentée sous un jour encore plus vif. Sa vie, faite uniquement de travail et d'efforts constants pour assurer la sécurité financière de la famille, m'est apparue dans toute sa tragédie. Il n'avait jamais connu le bonheur d'simple*être* . Il était le roc qui portait tout le monde, mais qui ne pouvait jamais lâcher prise.

Je me suis juré que je ne suivrais pas le même chemin. La vie devait être autre chose que des chiffres, des tableaux et la répétition quasi infinie des mêmes processus. Pour la première fois, j'ai osé réfléchir à ce qui comptait vraiment. Était-ce le sourire de mes enfants, que je voyais trop rarement parce que je quittais la maison avant le lever du soleil et que je ne rentrais que tard dans la nuit ?

Je ne voulais plus être une ombre qui se précipite à travers les jours, poussée par la peur de ne pas être assez. Au lieu de cela, je voulais ressentir, vivre, respirer - faire toutes ces choses qui avaient toujours été négligées dans mon esprit. Et si un jour les lumières s'éteignaient à nouveau, je ne voulais pas entrer dans l'obscurité en regrettant de n'avoir jamais vraiment ressenti l'ardeur de la vie.

Que celui qui s'engage pour toujours soit testé...

Je ne sais pas pourquoi je suis tombé amoureux d'elle. D'un naturel plutôt cassant et refroidi, comme une brise froide un matin d'hiver.

La chaleur émotionnelle était rarement perceptible, il n'y avait jamais de véritable profondeur. Pourtant, elle avait des qualités. Ce que j'avais apprécié chez elle, c'était son indéniable sens des belles choses, son don pour créer un foyer confortable et son sens aigu de la famille. Ces qualités m'ont attiré à une époque où j'étais à la recherche de stabilité et de structure. Nous nous sommes rencontrés au milieu des années quatre-vingt-dix lors d'un congrès financier - un de ces événements rigides où l'air est chargé de conversations ambitieuses.

Elle était impressionnante, une femme d'affaires prospère aux cheveux bruns, à la silhouette élancée et aux yeux de biche sombres et expressifs qu'on n'oubliait pas de sitôt. Son sourire était rare, mais lorsqu'il apparaissait, c'était comme un rayon de soleil fugace à travers d'épais nuages. Son rayonnement était un mélange d'élégance et de froideur, et cela me fascinait alors plus qu'il ne le fallait.

Nous avons rapidement trouvé un terrain d'entente. Il s'est avéré que nous n'habitions pas très loin l'un de l'autre, ce qui a donné lieu à d'autres rencontres qui ont débouché sur une relation.

Dès le début, cette relation a été comme un feu ardent - à la fois brûlant et destructeur. Il y a eu de nombreuses ruptures, suivies de de retours inéluctables. À l'époque, je pensais que c'était de la passion. Les contraires s'attirent, pensais-je. Ce n'est que des années plus tard que j'ai réalisé que ce qui nous attirait était aussi ce qui nous séparait. À la longue, les points communs comptent davantage et tout le reste devient une friction permanente.

En 1997, nous avons décidé de nous marier. Cette décision a provoqué une tempête dans ma famille. Mes parents étaient fermement opposés à ce mariage. Leur opposition était telle qu'ils ne sont pas venus à la soirée de célibataire ni au mariage. Le reste de ma famille a été influencé par eux et ma sœur et est également resté à l'écart. Pas d'appels, pas de félicitations, juste un silence qui pesait plus lourd que n'importe quelle dispute.

Ce refus a déchiré quelque chose en moi et, dans ma fierté et ma déception, j'ai rompu le contact. La rupture était définitive. Mon père est décédé en 2017, sans que je ne lui ai jamais reparlé... et puis merde.

Revenons à ma femme : en 1998, notre premier fils est né et j'étais plus fier que les mots ne peuvent le décrire. Mon cœur s'est rempli d'un bonheur que je n'avais pas connu jusque-là. Notre deuxième fils a suivi en 2001. Durant ces premières années, la vie ressemblait à une pièce parfaitement orchestrée - le travail, la famille, la maison récemment achetée près de Berlin. Tout semblait en ordre. Mais sous cette surface brillante, des fissures ont commencé à apparaître.

Avec la naissance de nos enfants et la vie de femme au foyer, ma femme a commencé à changer. Elle est devenue de plus en plus maladroite et ressemblait de plus en plus à une mère au foyer typique, qui ne s'occupe que de la maison et de la cuisine. Son éloquence et sa vivacité d'esprit d'autrefois semblaient s'être éteintes. Au lieu de cela, une étroitesse d'esprit, associée à un manque d'information inquiétant, s'est fait jour.

Cela se ressentait surtout lors des réunions d'affaires où je l'emmenais parfois. Au début, je pensais qu'elle avait peut-être simplement passé une mauvaise journée, mais avec le , c'est temps, devenu de plus en plus évident - et, pour être honnête, de plus en plus gênant. Elle faisait souvent des commentaires incohérents, était mal préparée ou semblait désintéressée.

Je remarquai que mes partenaires commerciaux se regardaient de plus en plus souvent d'un air interrogateur et je m'enfonçai intérieurement de honte. Cela me faisait mal de la voir ainsi, car ce n'était pas la femme que j'avais connue autrefois. Sa personnalité autrefois si perspicace et gagnante s'était comme effacée. A la place, il restait l'impression d'une femme qui s'était perdue elle-même - et nous deux avec.

C'est moi qui supportais la charge financière, et mon travail marchait très bien, me rapportait entre 20 000 et 30 000 euros par mois. Elle profitait de cette aisance, j'en étais convaincu. L'argent était investi dans les vêtements les plus fins, l'ameublement haut de gamme et les excursions coûteuses. Le ravitaillement était toujours là, comme une source inépuisable. Mais il manquait les choses qu'aucun argent ne pouvait acheter : La proximité, la tendresse, des mots comme "je t'aime".

Après la naissance de notre deuxième enfant, l'intimité a également disparu. Pendant deux ans, il n'y a eu aucune proximité physique et toute tentative de ma part a été bloquée par un mur de silence glacial. Je cherchais des réponses, je me demandais ce qui avait changé, mais une discussion ouverte n'était pas possible.

Le jour qui a fait prendre à ma vie une direction totalement erronée

Puis vint ce dimanche matin. Nous étions assis à la table du petit-déjeuner, les enfants jouaient dans leur chambre. J'ai pris mon courage à deux mains et j'ai abordé le sujet : "Chéri, notre proximité me manque. C'est comme s'il n'y avait plus rien entre nous. Trouves-tu cela normal ?"

Sa réponse m'a frappé au cœur.

"Mauviette, ressaisis-toi. Je n'ai pas envie de toi. Fais-toi une raison".

J'ai été choqué par la méchanceté abyssale de cette déclaration. Je n'en revenais pas de son état d'esprit. Cela me montrait que quelque chose n'allait pas du tout entre nous. Je suis resté assis à table pendant une heure, tranquillement, sans lui adresser la parole. Elle s'occupait de ses tâches ménagères à cinq mètres de moi et ne me regardait pas. Elle avait dû remarquer mon état, mais elle ne m'a pas présenté d'excuses ou quoi que ce soit.

J'étais assis là, moi l'homme qui a tout donné pour sa famille, et j'ai appris que la femme que j'aimais ne ressentait plus rien pour moi.

Les jours qui ont suivi, j'étais comme anesthésié, je ne lui ai parlé que du strict nécessaire. J'attendais un signe de repentir, un mot de regret. Mais rien n'est venu. J'ai donc tiré les conclusions qui s'imposaient.

J'ai décidé que notre mariage était terminé à l'intérieur, même si j'étais encore là à l'extérieur. C'est ainsi qu'a commencé ma descente dans un monde qui me fascinait autant qu'il me détruisait. Je me suis inscrit sur un site de rencontres et j'ai rapidement trouvé des femmes qui m'ont donné ce dont j'avais besoin : de l'affirmation, de la chaleur, de la tendresse.

Il n'a pas fallu longtemps pour que les premières dames se manifestent et que les premiers rendez-vous soient fixés. Au cours des mois suivants, j'ai rencontré un nombre incalculable de femmes et j'ai été étonné de voir à quel point il était facile de les mettre dans mon lit. J'écrivais au bureau le matin, je prenais rendez-vous pour un repas l'après-midi et je finissais généralement au lit avec la souris peu de temps après. Je m'amusais et je faisais l'amour à volonté. Je pouvais facilement dissimuler tout cela, puisque j'étais de toute façon souvent en déplacement et que je passais aussi la nuit en "conférence". Franchement, c'était une période très, très excitante. Mais aussi avec de graves conséquences, comme on le verra dans les prochains chapitres.

De plus, cela m'a montré qu'en tant qu'homme, j'étais encore attirant pour les autres femmes - exactement le sentiment que je n'avais plus avec ma femme.

Mon enfance en RDA

Bon, mon enfance a été globalement normale. Aussi normale qu'elle pouvait l'être dans l'ancienne RDA. Malgré le socialisme décrété et la prétendue "égalité de tous les hommes", la société était profondément divisée. Les inégalités se faisaient sentir partout, un sous-entendu permanent dans la vie quotidienne qui séparait les gens en trois classes inégales.

La première classe était composée des commissaires du Politburo, les intouchables, les élus du système. Ils vivaient isolés dans des villas, protégés derrière de hauts murs et surveillés par des forces de sécurité. Il suffit de se souvenir de la cité Honecker à Wandlitz, où l'élite du parti jouissait de ses privilèges - piscines, nourriture importée, soins médicaux de niveau occidental. Leurs enfants allaient dans des écoles spéciales, où ils étaient épargnés par les problèmes de la vie ordinaire. Ils vivaient dans un monde à part, presque surréaliste, où les idéaux du socialisme ne servaient que de toile de fond.

Puis vint la deuxième classe - les personnes qui avaient des relations à l'Ouest et dont les devises accès aux "Intershopsleur donnaient ". Ces magasins, un mystère pour nous qui ne connaissions que les vitrines, proposaient des marchandises dont le citoyen moyen de la RDA ne pouvait que rêver : Du chocolat de Belgique, des jeans des États-Unis, des parfums de France. Ces gens étaient le summum de la création, et ils le montraient. On les voyait dans leurs voitures rutilantes et avec les dernières acquisitions de l'Ouest - magnétophones à cassettes, vêtements de marque, bas nylon. Ces gens se sentaient supérieurs et regardaient le commun des mortels avec arrogance. En discothèque, ils portaient leurs jeans

Levis et étaient les plus grands. Moi, par contre, j'étais là dans mon pantalon poivre et sel en flanelle bon marché et mal ajusté.

Le message était clair : "Regardez ce que j'ai et ce que vous n'aurez jamais". Cette supériorité affichée était un rappel constant que l'égalité n'existait que sur le papier.

Et puis il y avait la troisième classe, à laquelle appartenait ma famille. La classe qui devait se contenter de la réalité grise de l'économie de pénurie. Nous n'avions pas de parents à l'Ouest qui nous fournissaient des colis remplis de prospérité et de parfum de liberté. Nos achats étaient un combat permanent. Nous passions des heures dans des files d'attente interminables, pour nous entendre dire à la fin que les choses étaient déjà vendues. La promesse du socialisme, l'égalité et la justice pour tous, n'était qu'un slogan creux. Un système qui prêchait la libération de l'homme nous avait en réalité enchaînés de manière invisible, prisonniers d'une cage de privations.

Mais revenons à ma mère. Elle a toujours voulu faire partie du groupe. Elle voulait faire partie de la deuxième classe étincelante, elle voulait faire partie de ceux qui passaient devant nous avec un sourire suffisant, tandis que nous resserrions nos minces vestes et acceptions le manque.

Pourquoi ce souhait ? Peut-être parce que les voisins de gauche et de droite faisaient partie de la deuxième classe. Ils conduisaient des voitures de l'Ouest, qui faisaient sensation même en RDA. L'un de nos voisins conduisait même une Mercedes - un symbole de luxe et une gifle à ceux qui roulaient en Trabant ou en Wartburg, pour autant qu'ils aient eu la chance de posséder une voiture. A côté, il y avait une moto Moto-Guzzi, un spécimen magnifique qui attirait les regards comme par magie.

Ce type aimait exhiber ces symboles de sa richesse. Il laissait volontairement les véhicules à l'extérieur pour que chaque passant puisse admirer ces précieuses possessions. C'était comme s'il voulait nous dire : "Vous pouvez rêver longtemps d'égalité, mais me voici, et je suis meilleur que vous". C'était un spectacle d'arrogance qui remplissait mon jeune moi d'un mélange d'admiration et de colère. Quel connard suffisant !

Pour comprendre cela, il faut savoir ce qu'était Genex. Genex était une société commerciale, un canal entre les mondes, par lequel les citoyens de la RFA pouvaient acheter des marchandises pour leurs proches à l'Est. Bien entendu, à des prix exorbitants que presque personne ne pouvait se permettre. Ces marchandises - qu'il s'agisse d'une paire de chaussures Adidas flambant neuves, de café ou d'une voiture - étaient ensuite remises solennellement à la parenté de l'Est, qui les traitait comme un trésor. Et ce voisin, ce type, était la preuve vivante de l'injustice du système.

Il a marqué mon enfance plus que je ne le savais à l'époque. Son étalage permanent de prospérité a renforcé le désir insatiable de ma mère de faire ses preuves et de se maintenir au niveau. Elle voulait faire partie de l'élite, quel qu'en soit le prix.

Elle voulait aussi avoir une "voiture de l'Ouest", elle voulait éprouver ce sentiment de faire partie de cette deuxième classe. Il y avait la possibilité d'acheter au marché noir un modèle Fiat délabré - pour 150.000 Ostmark, un prix au-delà du raisonnable, pour une voiture qui valait à peine 2.000 DM à l'Ouest. Mais ce rêve a dévoré nos économies.

Ma mère a toujours voulu en faire partie. Ce besoin de s'intégrer dans le monde brillant de ceux qui avaient plus, qui au-dessus de nousétaient , la poussait à faire n'importe quoi. Pour elle, une "voiture de l'Ouest" était bien plus qu'un simple moyen de transport - c'était un symbole, un symbole de statut qui devait montrer : "Regardez, je ne suis pas moins que vous". La voiture était son ticket d'entrée dans un club qui, dans son esprit, n'était ouvert qu'aux élus.

C'était l'époque où la quête de ces symboles impliquait des sacrifices, et c'est ce que nous avons fait. La Fiat déglinguée que ma mère avait achetée au marché noir a englouti toutes nos économies. 150 000 marks de l'Est pour une voiture qui valait à peine 2 000 marks à l'Ouest. Le chiffre à lui seul était grotesque, mais pour ma mère, c'était un prix qu'elle était prête à payer. Le rêve de reconnaissance, de respect, avait son prix - et nous le payions tous aussi. Economiser signifiait qu'il y avait toujours ce qu'il y avait de moins cher à manger - et encore, bien trop peu. Pas étonnant qu'à 16 ans, je ne pesais que 45 kilos. On économisait aussi sur les vêtements : il n'y avait que les vêtements les moins chers, qui n'étaient ni bien coupés ni particulièrement chics. Je ressemblais à un "Lui", comme on disait chez nous. Logiquement, j'étais souvent la cible de moqueries et de harcèlement à cause de mon apparence. Les autres n'avaient aucun mal à se moquer de moi - j'étais une cible toute trouvée.

L'argent que mon père avait gagné en fabriquant des meubles pendant d'innombrables nuits de travail a été investi dans cette voiture. Je me souviens de l'odeur de sciure et de vernis qui emplissait notre maison et du vrombissement constant du tour à bois que nous avions construit nous-mêmes.

Les meubles étaient ses chefs-d'œuvre, fabriqués avec amour pour nous maintenir à flot. Et même si ces pièces étaient une rareté et presque un trésor dans l'économie de pénurie de la RDA, il n'a jamais eu dans les yeux la lueur que ma mère avait lorsque la Fiat était enfin dans notre allée.

Bon sang, elle était fière. Fière comme une reine dans son royaume, qui portait enfin sa couronne. Le voisin, qui donnait toujours le ton, s'est effectivement approché et lui a parlé, même si ce n'était que quelques mots furtifs.

Il la gratifia d'un hochement de tête appréciateur, et à ce moment-là, tout était accompli pour elle. Le voisin, qui exhibait sa Moto-Guzzi et sa Mercedes comme des bijoux, lui rendait hommage. Mais ce petit triomphe de ma mère avait un prix - et c'est moi qui l'ai payé.

Avec mes maigres 45 kilos, j'étais une cible facile pour les plus forts à l'école. Le harcèlement était implacable, les moqueries douloureuses, et les professeurs regardaient ailleurs, comme c'était si souvent le cas à cette époque.

A la maison, je cherchais un abri, mais il n'y avait que le vide. Mes parents ne prêtaient pas attention à mes plaintes. Lorsque je me tenais devant eux en pleurs et que je demandais de l'aide, la réponse était toujours la même : "Ne fais pas l'idiot, fais avec". J'ai donc appris à me taire. J'ai appris à supporter la douleur et à cacher ma peur. J'ai appris que je ne pouvais compter que sur moi-même.

Nous le voyons bien : les narcissiques sont dépourvus d'empathie. Ils ne peuvent pas voir au-delà de leur propre monde, et ma mère en était l'exemple parfait. Sa voix résonnait quotidiennement dans la maison, stridente et exigeante, accompagnée des coups violents de sa main lorsqu'elle perdait son sang-froid. Durant mon adolescence, il ne se passait guère de jour sans qu'elle ne m'engueule ou ne me frappe. Parfois, je pensais qu'elle me détestait vraiment.

C'était une ironie cruelle que d'être harcelée à l'école et de ne pas trouver de havre de paix à la maison. La maison, qui offrait protection et chaleur aux autres enfants, était pour moi un autre lieu d'horreur. Même avec la meilleure volonté du monde, je ne me souviens pas de la fois où ma mère m'a pris dans ses bras ou m'a dit qu'elle m'aimait. Ces mots, qui auraient dû franchir les lèvres si facilement, sont restés prisonniers à l'intérieur d'elle. Pour ma sœur cadette, c'était différent. Elle était la "petite dernière" qui ne pouvait jamais se tromper. Elle était le centre rayonnant autour duquel tout tournait.

Plus tard, à l'âge adulte, cette injustice s'est poursuivie. Mes parents favorisaient l'enfant de ma sœur, accordaientlui un amour et une attention que mes enfants n'ont jamais connus. Ils partaient en vacances avec ma nièce, alors que mes enfants savaient à peine à quoi ressemblaient leurs grands-parents. Pas de coup de fil, pas de carte pour les anniversaires ou les fêtes - rien. C'était comme si nous n'existions pas, et cela me rongeait, faisait monter en moi une colère que je pouvais à peine contrôler.

Ma mère, j'en suis sûr aujourd'hui, avait des problèmes psychiques. Tous ceux qui l'approchaient de trop près et qui ne correspondaient pas à ses idées étaient bannis de sa vie. Amis, voisins, même membres de la famille - tous étaient victimes de ses caprices et de son besoin de contrôle. Mon père, l'homme doux qui se cachait dans l'atelier derrière de la sciure et des copeaux de bois, n'avait pas la force de s'opposer à elle. Son silence était sa protection, sa tentative de dans un mariagesurvie.

Parfois, je voyais ma mère le frapper, l'humilier, alors qu'il restait silencieux, les épaules légèrement baissées, le regard fixé sur le sol.

C'était un gentleman de la vieille école qui n'aurait jamais levé la main sur une femme, et j'admirais cela. Mais cela me mettait aussi en colère. Car s'il le supportait sur lui, cela signifiait aussi qu'il n'intervenait pas lorsqu'elle me frappait, lorsqu'elle me faisait du mal. Peut-être parce qu'il ne savait pas lui-même comment lutter contre un tel démon intérieur.

J'ai appris de mon père la patience et l'habileté manuelle, mais j'ai aussi appris ce que signifie vivre dans l'ombre de la peur. J'ai appris à me taire pour préserver la paix et à devenir invisible pour ne pas être pris pour cible. C'est une leçon qui m'a marqué - une leçon dont j'ai eu du mal à me défaire par la sulte.

Tu es ce qui t'a marqué - ne t'excuse jamais pour cela.

Tout ce que tu as vécu, chaque douleur, chaque bonheur, chaque décision, a fait de toi la personne que tu es aujourd'hui. Il n'y a aucune raison de te justifier pour ton passé. Tes expériences, bonnes ou mauvaises, sont la pierre angulaire de ton caractère, de ta force et de ton unicité. Elles font partie de toi comme ton nom. Alors assume ce qui t'a façonné et ne laisse personne te dire que tu dois t'en excuser.

Je pense que nombre de mes comportements et de mes agressions sont nés des expériences négatives que j'ai vécues dans mon enfance, des brimades et des inégalités de traitement. Ces années marquantes, au cours desquelles j'ai appris que l'amour était soumis à des conditions et que la protection restait une illusion, ont laissé des traces qui m'ont longtemps accompagné. Adulte, j'ai porté ces cicatrices comme un poids invisible et, finalement, de nombreuses autres expériences négatives m'ont conduit à couper les ponts avec mes parents et ma sœur.

Un moment particulièrement marquant a été le mariage, que mes parents ont ignoré comme s'il s'agissait d'une note secondaire de ma vie. C'était comme s'ils avaient tiré un trait invisible sur notre relation - sauf que ce trait était là depuis le début, je ne l'avais juste jamais vraiment vu. Mais j'y reviendrai dans un autre chapitre. L'incompréhension qui m'avait tourmentée pendant toutes ces années s'est transformée en un constat amer : je ne savais pas ce que j'avais fait de mal ou pourquoi mes parents ne m'avaient jamais acceptée telle que j'étais.

Un jour, j'ai dû me rendre à l'évidence : ce n'était pas moi. Ma mère n'était pas une femme normale. Sa structure de personnalité - narcissique et manipulatrice - était comme un filet dans lequel les gens autour d'elle se prenaient et se débattaient, impuissants. Elle jouait les cartes de l'abus émotionnel avec une perfection magistrale qui ne m'a permis de réaliser que bien plus tard, à l'âge adulte, à quel point cette dynamique avait été réellement malsaine. Depuis 2011, je n'ai plus échangé un mot avec elle et je ne le ferai plus. Parfois, des coupures sont nécessaires pour survivre.

Mon père, le héros silencieux de mon enfance, est mort de démence en 2019. Ironie de la vie, cet homme qui a tant supporté a passé ses derniers moments sur dans un état où il ne se souvenait probablement de presque rien.

Il est mort sans que je puisse le voir une dernière fois. Ma mère et ma sœur, toujours soucieuses de garder le contrôle, ont empêché ma visite à l'hôpital. Elles me coupèrent comme une note de bas de page indésirable. Je n'ai appris la mort de mon père que des semaines plus tard - par le biais du tribunal des successions, comme s'il s'agissait d'une information incidente dans un acte administratif. Ses cendres ont été dispersées en Suisse, dans une prairie alpine. Cela signifiait qu'il n'y avait pas d'endroit où je pouvais me rendre pour faire mes adieux. Pas de pierre tombale, pas de fleurs, juste un vide qui grandissait en moi.

Ce dernier chapitre de l'aliénation a renforcé mon ressentiment et mon agressivité. Durant cette période, je me suis senti trahi par tout et par tous, même par ma propre histoire. Que fait une telle chose à un être humain ? Cela te décompose de l'intérieur. Tu commences à remettre en question la valeur de toutes les relations. L'honnêteté existe-t-elle encore ? Existe-t-il des sentiments authentiques, profonds et non faussés ? Si même ceux qui t'ont conçu et élevé t'abandonnent, comment peut-on faire confiance à quelqu'un d'autre ?

A partir de ce moment, la méfiance m'a accompagnée en permanence. Des relations qui avaient autrefois un sens sont devenues des terrains de jeu de la prudence. Je ne m'autorisais plus à éprouver de sentiments profonds, je me forçais à garder mes distances. C'était un mécanisme pour ne pas être blessé une nouvelle fois comme avant. L'amour est devenu pour moi un spectacle, un rôle que je jouais parce qu'on l'attendait de moi. **J'imitais ce à quoi l'amour devait ressembler**, je montrais ce que les autres voulaient voir, mais il n'y avait rien derrière. Rien que du vide.

Ce qui était étrange, c'est que cette distance, cette froideur subtile que je dégageais, attirait encore plus les femmes. C'était comme si mon attitude réservée était une énigme qu'elles voulaient résoudre, un feu qu'elles voulaient allumer. J'appréciais l'attention, l'admiration, le sentiment d'être désiré, mais elles ne s'approchaient jamais de moi. En fin de compte, je ne voyais les gens autour de moi que comme un moyen de mes besoinssatisfaire . La distance était mon bouclier et je pensais que c'était la seule façon de me préserver.

C'est là que "l'effet sucette" a joué. Pour ceux qui ne le connaissent pas, voici une brève explication : imaginez que vous tendez une sucette à un enfant parce que vous voulez en faire cadeau. L'enfant, défiant et obstiné, dit "non". Tu retires la sucette et dis en passant "Eh bien, tant pis", tu te retournes et tu t'en vas. Et que se passe-t-il ensuite ? Exactement - l'enfant se met à pleurer, la petite main tendue, et veut maintenant d'autant plus la sucette.

Ce paradoxe du désir humain ne se manifeste pas seulement chez les enfants, mais dans de nombreuses facettes de la vie. L'être humain s'efforce de posséder ce qui lui échappe, ce qui semble inaccessible. Cette dynamique peut être utilisée comme une forme subtile de manipulation, consciente ou inconsciente, et elle fonctionne étonnamment bien.

Le paradoxe est que de nombreuses personnes sont plus disposées à parcourir dix kilomètres en arrière pour retrouver quelque chose de perdu qu'à avancer d'un seul kilomètre pour gagner quelque chose de nouveau.

Ce fait décrit une vérité profonde et fondamentale de la nature humaine : le besoin instinctif de retrouver ce qui a été perdu, même si le chemin pour y parvenir est laborieux et douloureux. Et c'est précisément ce qui m'a longtemps marqué. Le désir de reconnaissance et l'attachement à ce qui a été me paralysaient. Mais à un moment donné, j'ai appris à me détacher de ces fantômes du passé.

En fin de compte, j'ai bien fait d'exclure ces personnes de ma vie. La parenté peut être considérée par beaucoup comme un lien intangible, un laissez-passer pour l'indulgence et le pardon. Mais j'ai fini par penser que c'était une erreur fatale. Le sang est peut-être plus épais que l'eau, mais il n'est pas une garantie de respect ou d'humanité.

Les personnes qui te blessent sans cesse, qui brisent ta confiance et te font de l'ombre ne méritent pas de place dans ta vie - qu'elles soient de la famille ou non. Alors je dis à ces personnes : "Allez vous faire foutre". Cela peut paraître dur, mais c'était une libération. L'abandon de la fausse loyauté était un acte de survie.

Le deuil de la perte de mon père reste cependant un chapitre ouvert qui résonne encore aujourd'hui au fond de moi. Je n'arrive pas vraiment à tourner la page sur ce sujet, car tant de questions sont restées sans réponse. Suis-je un mauvais fils ? Aurais-je dû chercher le contact malgré toutes les expériences négatives et les déceptions sans fin ? Était-il de mon devoir d'être le pont, de maintenir le lien, même si c'était moi qui étais constamment blessé ? Ces questions me rongent, comme un poison silencieux qui ne disparaît jamais complètement. Ces pensées reviennent sans cesse, pour être honnête, presque tous les jours. Rien n'est plus cruel que les conflits non résolus avec des êtres chers. Ils te hantent, te tiraillent, rongent ton âme comme un clou rouillé. Il n'y a rien de plus difficile que de savoir que l'on n'aura peut-être plus jamais l'occasion de régler des choses qui devaient être dites ou faites.

Par conséquent, profitez de l'occasion pour résoudre vos conflits tant que les gens sont encore là. Parlez, criez, pleurez, mais réglez tout. Cela peut être désagréable, cela peut faire mal, mais c'est le seul moyen de trouver la paix - avec vous-mêmes et avec ceux qui vous sont chers. Le temps passe, et lorsqu'il est écoulé, il ne reste que le sentiment insipide du remords. Alors faites le premier pas avant qu'il ne soit trop tard.

La Bible dit : "Tu honoreras ton père et ta mère". Une phrase simple qui pèse si lourd dans sa clarté. Mais que signifie l'honneur si le respect n'est pas réciproque ? J'ai tourné et retourné cette question dans ma tête, au cours de nuits d'insomnie et de moments d'introspection silencieuse. Jusqu'à présent, je n'ai pas trouvé de réponse qui me donne la paix. Et peut-être que je ne la trouverai jamais.

Mais à la fin, cela n'a plus d'importance. Car le temps s'écoule, inexorablement et impitoyablement. Les années ont passé, et avec elles les chances de changer encore une fois les choses. La réalité, c'est que je n'ai plus jamais pu regarder mon père dans les yeux, et cette pensée m'a longtemps tourmentée. Mais j'ai dû accepter le fait que chaque être humain finit par mourir pour lui-même. Nous tombons en poussière et, avec le temps, nous sommes tous oubliés. Au plus tard lorsque nos enfants et petits-enfants seront partis à leur tour, notre mémoire s'éteindra complètement et tout ce qui nous a constitués autrefois sera emporté par le flux du temps.

Cette prise de conscience a quelque chose d'inéluctable, de désenchanté. Mais elle recèle aussi une sorte de liberté : vis ta vie tant que tu l'as, et fais-la de telle sorte qu'à la fin, tu ne regrettes pas ce que tu as fait ou pas fait. La vie n'a pas de sens si on la regarde à travers les yeux de l'éternité. Tu apprendras pourquoi il en est ainsi dans le prochain chapitre.

Les hommes et leurs pères - Le conflit des générations

Comme je l'ai dit, mon père était un homme très travailleur et doué pour les travaux manuels. Sa nature calme m'a toujours impressionné. Peu importe ce qu'il entreprenait, cela fonctionnait. C'était quelqu'un qui ne faisait jamais beaucoup de bruit autour de ses compétences, mais son savoir-faire parlait de lui-même. Je me souviens qu'il a acheté une vieille maison délabrée que d'autres auraient abandonnée depuis longtemps. Mais pour lui, il s'agissait d'un défi qu'il a relevé avec dévouement. Il a remis la maison en état pièce par pièce, ce qui n'était pas une mince affaire dans l'ex-RDA, où les matériaux de construction étaient souvent rares. Mais mon père a toujours trouvé une solution.

Il était ingénieur à plein temps et ses compétences en matière de lecture et de réalisation de plans techniques ne l'ont pas seulement aidé à planifier la construction. Elles lui ont également permis d'obtenir, par le biais du troc, des matériaux qu'il était difficile de se procurer autrement. Il a échangé ses connaissances contre ce dont il avait besoin, et c'est ainsi que le projet a pris forme.

Quand j'étais adolescente, une nouvelle phase de notre relation a commencé. Nous avons commencé à construire des meubles ensemble. Il avait construit lui-même une machine à tourner - un autre exemple de sa créativité artisanale et de son inventivité.

Cette machine était impressionnante et lui a permis de fabriquer de magnifiques meubles qui, en RDA, où la pénurie était omniprésente, tenaient presque du petit miracle. Des meubles de cette qualité ne s'achetaient pas facilement. Et c'est ainsi que mon père a vendu certaines de ces pièces pour une bonne somme d'argent - c'étaient de véritables raretés.

J'ai définitivement hérité de lui mon habileté manuelle. Ces heures que nous avons passées ensemble dans l'atelier sont encore aujourd'hui un trésor précieux pour moi. L'odeur du bois, le ronronnement de la machine, les moments où je pouvais regarder par-dessus son épaule - c'étaient des moments où j'étais fier d'être son fils. J'avais l'impression qu'il m'apprenait quelque chose d'unique, quelque chose que tout le monde ne pouvait pas apprendre.

Un autre exemple a été ma première mobylette, et c'est l'un des plus beaux souvenirs que j'ai de mon père. J'avais 14 ans quand il m'a dit un jour : "Viens voir chez papy". Mon grand-père habitait à quelques maisons de là, dans une grande cour avec un immense garage. Mon père m'a fait entrer dans le garage, s'est dirigé vers une vieille étagère et en a tiré deux énormes caisses poussiéreuses. "Qu'est-ce que c'est ?" lui demandai-je avec curiosité. Il a ouvert les caisses et à l'intérieur, démonté en d'innombrables pièces, se trouvait un cyclomoteur - un complet**SR2** , un modèle des années 60.

Il a souri et m'a dit : "Fiston, ce sera notre prochain projet, et je t'apprendrai à conduire". J'avais du mal à y croire. Une mobylette à moi ! À partir de là, nous sommes devenus une équipe. Nous avons sorti toutes les pièces, les avons soigneusement sablées et peintes d'un bleu-gris chatoyant. Chaque pièce a été inspectée, chaque pièce cassée a été réparée ou remplacée. Nous avons même démonté le moteur. Tout cela a duré des semaines, car nous travaillions toujours après le travail - chaque fois que mon père avait du temps libre.

Un jour, en plein été, le moment était venu. Le vélomoteur était enfin prêt. Nous avons rempli le réservoir d'essence, appuyé trois fois sur le carburateur et donné un coup de pied dans le démarreur. Après la troisième tentative, le moteur a effectivement démarré. C'était un moment magique. Le vieux moteur pétaradait comme s'il n'avait attendu que d'être ramené à la vie. Mon père l'a laissé tourner au ralenti pendant quelques minutes, puis a fermé le robinet. "Fiston," dit-il, "on va pousser ce truc dans la forêt".

Comme je n'avais bien sûr pas de permis de conduire, nous avons poussé le vélomoteur sur les 500 mètres qui nous séparaient de la lisière de la forêt. Arrivé là, sur un chemin forestier, il m'a montré comment tout fonctionnait. Je me suis assis sur la SR2 et mon père m'a expliqué le système de changement de vitesse manuel, qui ressemblait à un levier de frein. "Tu tires le levier, tu tournes en même temps la poignée vers le bas pour la première vitesse, tu relâches lentement l'embrayage et tu accélères. Et ensuite - c'est parti" !

Le cœur battant, j'ai tout fait exactement comme il me l'avait expliqué. Et effectivement, le vélomoteur s'est mis en marche. **Je conduisais une mobylette pour la première fois de ma vie !** Mon

Dieu, c'était une sensation géniale ! Je roulais sur le chemin forestier, lentement, tandis que mon père marchait à côté de moi en criant des instructions. Après environ 400 mètres, je me suis arrêté et il m'a montré comment passer à la vitesse supérieure. Puis il m'a encouragé à continuer et j'ai fait quelques tours sur le chemin forestier.

Cela a duré deux heures. **Les deux meilleures heures de ma vie.** Ce n'était pas seulement la conduite, mais l'expérience partagée avec mon père qui a rendu cette journée si inoubliable. C'est l'un des rares souvenirs que j'ai de lui aussi clairement aujourd'hui. C'était un moment de pure joie, et j'avais l'impression que le monde nous appartenait.

Mais même si j'ai beaucoup appris de lui - comment résoudre des problèmes, comment créer de mes propres mains quelque chose qui dure - il y avait aussi quelque chose qui me manquait.

Mon père était un maître en matière de travaux manuels, mais lorsqu'il s'agissait de m'apprendre à devenir un homme, il me laissait souvent seul . Sa nature calme, que j'ai toujours admirée, montrait là aussi son côté obscur. Il y avait rarement des conversations sur la vie, sur les défis que je devais relever en tant que jeune homme. Il est certain qu'il m'aurait été utile de recevoir ici davantage de "sagesse" d'un père. Parfois, j'aurais aimé qu'il m'explique ce que signifie être un homme, comment se comporter dans des situations difficiles ou comment gérer ses propres sentiments - des choses qui se situent au-delà de l'atelier et du plan de construction.

Au lieu de cela, son approche était souvent un modèle sans paroles. Il donnait l'exemple de ce que signifiait être travailleur, constant et calme. Il m'a montré comment aborder les problèmes, mais il en parlait rarement. Peut-être était-ce simplement sa façon de faire. Peut-être pensait-il que j'apprendrais en observant, que son exemple suffirait à me montrer la voie. Mais en tant que jeune homme cherchant sa propre place dans le monde, j'aurais parfois souhaité plus - plus de mots directs, plus d'orientation lorsqu'il s'agissait de faire face aux incertitudes de la vie.

Avec le recul, je comprends mieux pourquoi il était comme il était. Il a lui-même grandi à une époque et dans des circonstances où les hommes parlaient rarement de leurs sentiments ou de leurs défis personnels. Il s'agissait de survivre, de créer, et les sentiments étaient souvent mis de côté parce qu'il n'y avait pas de place pour eux. Mais dans ma jeunesse, lorsque j'essayais de comprendre comment m'affirmer en tant qu'homme dans le monde, je me suis parfois senti abandonné. Les compétences manuelles étaient précieuses - et je lui en suis reconnaissant. Mais comment gérer la pression de la vie, comment être un homme à la fois fort et vulnérable, c'est ce que j'ai dû laborieusement apprendre par moi-même.

Ce n'est pas que je lui fasse des reproches. À bien des égards, j'admire encore mon père aujourd'hui - pour sa capacité à trouver des solutions dans une période difficile, pour sa patience et son assiduité. Mais je pense que de nombreux hommes de ma génération ont vécu des expériences similaires. Nous avons souvent appris de nos pères des compétences pratiques, mais le côté émotionnel de la masculinité est souvent resté inexprimé. Nous avons dû par nous-mêmesdécouvrir comment nous débrouiller en tant qu'hommes dans un monde en constante évolution.

C'est peut-être l'une des raisons pour lesquelles je pense si souvent à ces choses pendant la ménopause. Je me demande comment j'ai été en tant que père, si j'ai fait mieux. Ai-je appris à mes enfants non seulement à réparer les choses ou à résoudre les problèmes, mais aussi à gérer les incertitudes et les peurs ? Ai-je créé le lien émotionnel qui m'a souvent fait défaut ? Ces questions m'accompagnent, car si je suis reconnaissant à mon père à bien des égards, je sais aussi que la masculinité d'aujourd'hui exige plus que de l'habileté manuelle et de la persévérance.

J'ai quatre fils et il a toujours été important pour moi d'éviter les erreurs de mon propre père dans leur éducation. Je ne voulais pas être un simple observateur silencieux, mais un conseiller actif, quelqu'un vers qui ils pouvaient se tourner lorsqu'ils avaient besoin de conseils. Tous ceux qui ont des fils de mon âge savent à quel point ils peuvent être rebelles - surtout à l'adolescence, lorsqu'ils essaient de trouver leur propre identité et se rebellent contre ce qu'ils considèrent comme un contrôle parental.

Mais c'est précisément dans ces moments-là qu'il était important pour moi de montrer un autre type de leadership. Je n'ai jamais eu recours à la violence dans l'éducation. Ce n'était pas pour moi un moyen de gagner le respect ou de créer un lien avec mes fils. Au lieu de cela, j'ai toujours essayé de leur montrer qu'il existe d'autres moyens de résoudre un problème - des moyens basés sur la raison et le dialogue, et non sur la contrainte.

Bien sûr, comme dans toute éducation, il y avait des moments où des conséquences étaient nécessaires. Lorsqu'ils ne voulaient absolument pas écouter ou qu'ils s'opposaient délibérément à ce que j'essayais de leur enseigner, je devais fixer des limites. Mais j'ai toujours choisi la voie de les priver de quelque chose qui était important pour eux plutôt que d'utiliser la force.

Cela a souvent fait des miracles. Lorsque le téléphone portable ou la PlayStation disparaissaient soudainement et qu'ils devaient renoncer à leurs jeux préférés pendant un certain temps, ils se rendaient vite compte que leurs actes avaient des conséquences. Ou lorsque je sécurisais la moto avec un cadenas et qu'ils n'avaient pas le droit de l'utiliser, ils se rendaient compte que leur liberté n'allait pas de soi. L'argent de poche était également un moyen efficace de leur apprendre à être responsables.

Il ne s'agissait pas d'une punition au sens classique du terme, mais d'une leçon : les décisions ont des conséquences, et il faut parfois en payer le prix si l'on fait les mauvais choix.

Je pourrais coucher sur le papier d'innombrables anecdotes à ce sujet. Il y a eu des moments où je me suis secrètement amusé de leurs tentatives créatives de contourner les règles, mais en fin de compte, ces petites batailles faisaient partie du processus plus large visant à faire d'eux des jeunes hommes responsables. Avec de l'imagination, je pense que chacun peut se faire sa propre idée de ces situations. Je n'oublierai jamais les batailles pour avoir le dernier mot, les négociations pour les heures de sortie et les innombrables fois où ils ont essayé de me convaincre avec leurs arguments.

Mais avec le recul, je vois que toutes ces disputes ont été précieuses. Elles leur ont appris que la vie ne se déroule pas toujours comme on le souhaite et qu'il faut respecter des règles, même si elles nous semblent parfois déraisonnables.

À la fin de la journée, j'ai eu de la chance. Mes fils ont tous bien réussi. Ils n'ont pas seulement fait des efforts à l'école, ils ont aussi prouvé dans leurs formations qu'ils étaient prêts à prendre des responsabilités. Tous les quatre ont terminé une formation rai-sonnable et ont aujourd'hui un emploi fixe. Cela ne va pas de soi dans un monde en constante évolution où la concurrence est de plus en plus rude.

Ma compagne et moi avons eu la chance d'habiter à la périphérie de la ville, où nos enfants ont pu grandir en toute sécurité, loin des problèmes et des influences qui auraient pu être différents dans certains quartiers. Ils ne sont jamais entrés en contact avec des chaos criminels, comme on l'entend parfois aux informations, et j'en suis reconnaissante. Bien sûr, on ne peut jamais exclure tous les risques dans la vie, mais je pense que notre environnement a con-tribué à faire d'eux les jeunes hommes responsables qu'ils sont aujourd'hui.

Parfois, je pense à quel point la vie de mes fils aurait été différente s'ils avaient grandi dans un environnement moins protégé. Mais en fin de compte, ce n'est pas seulement l'environnement qui a fait la différence - c'est aussi la façon dont nous, en tant que parents, avons répondu à leurs besoins.

Mes ex-femmes et moi, nous avons essayé d'être toujours présents, toujours à l'écoute, tout en leur laissant la place de faire leurs pro-pres erreurs. Cela n'a pas toujours été facile, car il y a cette fine ligne entre lâcher prise et s'accrocher, que l'on doit équilibrer chaque jour en tant que père. Mais je pense que nous l'avons plutôt bien maîtrisée.

C'est un sentiment étrange de regarder maintenant en arrière et de voir comment les petits garçons qui ont fait leurs premiers pas sont devenus des hommes adultes. Des hommes qui suivent leur propre voie, qui prennent leurs propres décisions et qui, je l'espère, appliquent dans leur vie certaines des leçons que je leur ai enseignées. Bien sûr, je suis conscient qu'ils n'agiront pas toujours selon mes idées. Mais ce n'est pas grave. Car en fin de compte, je ne leur ai pas appris à suivre aveuglément mon chemin, mais à trouver leur propre voie - et j'en suis fier.

Meep-Meep-Meep -le roadrunner-

En 2022, un rendez-vous chez l'urologue était prévu. Ma femme avait pris rendez-vous ; pendant des années, j'étais réticent à l'idée d'un examen, car j'avais une certaine pudeur. La simple idée qu'un autre homme me tripote les fesses me faisait à chaque fois dresser les cheveux sur la tête. Ce sentiment, cette répulsion profondément ancrée, était plus que de la honte - c'était un mélange de fierté et d'une sorte de défi illogique. Comme si, en évitant cette visite, je pouvais garder le contrôle de ma propre intégrité.

"Tu as perdu la tête ?" m'a demandé ma femme lorsque je lui ai expliqué mes motivations. Sa voix était un mélange d'impatience et d'inquiétude, ce genre de ton que seule une personne qui vous aime vraiment et se soucie de vous peut adopter. "Vous êtes vraiment des tarés, vous les hommes. Vous préférez avoir le cancer ?" Il était là, le moment désagréable de la vérité. Un cancer serait sans aucun doute le super-GAU. Son objection m'a poussé à m'arrêter un instant. L'idée de mettre ma vie en danger à cause de ma fierté était absurde. J'ai donc accepté, mais le jour du rendez-vous, je me suis rendu au cabinet le cœur lourd - comme si j'entrais sur un champ de bataille.

Le cabinet était moderne, l'air était rempli de l'odeur typique du désinfectant, qui provenait d'un de ces petits distributeurs en plastique que personne ne prend au sérieux. Les murs étaient peints d'un bleu apaisant, comme si cette couleur devait atténuer ma tension intérieure. L'examen lui-même était désagréable, mais loin d'être aussi mauvais que je l'avais imaginé. Le médecin, un homme d'âge moyen aux yeux aimables et au sourire discret, m'a demandé comment je me sentais.

"Oh, bien, tout va bien", ai-je dit en m'efforçant de paraître aussi décontractée que possible. Un sourire en coin s'est dessiné sur son visage et il a répliqué : "Vous êtes le premier homme de votre âge à dire ça". C'est à ce moment-là que j'ai découvert une étincelle d'humour à laquelle je ne m'attendais pas.

"Ah bon ?", ai-je demandé avec un petit rire qui a masqué ma propre nervosité.

"Je suis votre médecin, et comme votre dentiste, je ne peux vous aider que si vous ouvrez la bouche", a-t-il dit sèchement, avec un clin d'œil. La phrase était si inattendue que je n'ai pu m'empêcher de rire. La glace était brisée et j'ai soudain eu l'impression de pouvoir enfin parler.

Cela jaillissait de moi comme l'eau d'un vieux tuyau rouillé qui aurait été fermé trop longtemps. Je parlai des derniers mois, des sautes d'humeur, du sentiment d'inquiétude qui me tourmentait et des ombres qui s'étaient répandues dans ma psyché. J'ai aussi parlé de l'inappétence sexuelle insidieuse qui s'était installée comme un coin invisible entre ma femme et moi. Le médecin a hoché la tête avec compréhension et a posé des questions ciblées qui m'ont donné le sentiment d'être pris au sérieux. C'était comme si un poids se soulevait de mes épaules.

Après cette première ouverture inhabituelle, il m'a proposé un traitement hormonal. Il m'a patiemment expliqué qu'un déséquilibre du taux de testostérone pouvait avoir des répercussions non seulement physiques, mais aussi psychiques. J'ai accepté une prise de sang, le premier obstacle était franchi. Trois semaines plus tard je me suis à nouveau assise ,dans son cabinet , cette fois avec une certaine inquiétude, faite d'un mélange de curiosité et de peur.

"Votre taux de testostérone est de 3,0 nmol/l", dit-il en étalant la feuille de laboratoire sur son bureau. La fourchette normale se situe entre 12 et 35 nmol/l. Cela expliquait beaucoup de choses - la fatigue, l'irritabilité constante, l'impression que mon corps et mon esprit ne fonctionnaient plus de manière synchrone. Le médecin m'a proposé un traitement à la testostérone avec la préparation Nebido et m'a expliqué comment il agirait et quels pourraient être ses effets secondaires.

"C'est à vous de voir", a dit le médecin, "mais je pense que vous ne le regretterez pas".

Il m'a immédiatement donné l'ordonnance et je suis immédiatement allé à la pharmacie, puis je suis retourné au cabinet avec la testostérone. Le médecin m'a regardé d'un œil scrutateur, comme s'il doutait que je sois vraiment prêt à franchir le pas. Il voulait reporter le rendez-vous pour s'assurer que nous n'allions pas trop vite. Mais je n'ai pas lâché prise, j'ai insisté pour le faire tout de suite. L'espoir que tous mes problèmes s'envolent enfin était plus fort que toute prudence.

Aussitôt dit, aussitôt fait - la piqûre dans le derrière et en route pour la maison. J'étais impatiente, presque excitée, mais la vraie surprise est arrivée le lendemain matin.

Je me suis réveillé comme si quelqu'un avait actionné un levier dans ma tête. Une énergie inhabituelle, presque électrique, a envahi mon corps. J'avais l'impression de m'être réveillé d'un long et sombre sommeil. La première pensée qui m'a traversé l'esprit a été : "Meep, meep, le roadrunner est en route". Un sourire s'est répandu sur mon visage, que je n'avais plus ressenti comme ça depuis des années. C'était plus que de l'énergie - c'était de la pure joie de vivre, comme si quelqu'un avait ravivé les braises en moi.

Cette sensation s'est encore renforcée au cours des jours suivants. Une chaleur intérieure parcourait mon corps, comme un doux courant qui faisait vibrer mes muscles, ma peau, tout mon organisme. C'était comme si j'avais mis la main dans une prise électrique et que j'étais soudain connecté au réseau de la vie. Le sang pulsait avec une force que je croyais avoir perdue depuis longtemps, et cela me poussait à redevenir enfin actif.

J'ai attrapé mon équipement de sport, qui avait pris la poussière au cours des derniers mois, et je me suis rendu à la salle de sport. Une fois sur place, j'ai tout de suite senti que cette journée allait être différente.

La routine habituelle m'a soudain semblé légère, presque sans effort. Au développé couché, où je me battais habituellement avec 80 kg, j'ai soulevé 110 kg sans effort ce jour-là. C'était comme si Hulk en personne avait pris possession de mon corps. Je n'exagère pas en disant que l'effet de la testostérone délivrée sur ordonnance a été radical et palpable.

Contrairement à ma première cure de testo avec le testo polonais il y a quelques années, qui, comme je le savais maintenant, était manifestement de mauvaise qualité, ce nouveau traitement était pur et puissant. L'augmentation de la force ne s'est pas seulement fait sentir physiquement, mais aussi mentalement. Les doutes qui m'avaient accompagné pendant des années semblaient se dissiper à la lumière de cette vitalité nouvellement allumée.

De plus, les effets secondaires n'étaient pas aussi extrêmes qu'avec le testo polonais frelaté que j'avais essayé des années auparavant. À l'époque, j'avais toujours dû faire face à des sueurs subites, des palpitations et une irritabilité incontrôlable. Mais cette fois, c'était différent. Bien sûr, l'effet était fort, presque effrayant, mais il venait sans que j'aie l'impression que mon corps travaillait contre moi. C'était comme si j'avais repris le contrôle - comme si mon corps était enfin mon allié et non plus mon adversaire.

Et maintenant ? C'est là que le punk a vraiment décollé. Cette nouvelle énergie était plus qu'un simple phénomène physique. C'était comme une étincelle qui réveillait mon esprit et me tirait d'une léthargie qui durait depuis des années. Tout me semblait plus intense, plus vivant. Je pouvais sentir comment mon regard sur le monde changeait, comment le voile gris qui s'était posé sur mes pensées disparaissait lentement. Je me sentais comme l'homme que j'avais toujours voulu être : fort, sûr de moi, prêt à affronter les défis de la vie la tête haute.

Quelques années plus tôt, en 2008, j'avais déjà fait mes premières expériences avec une cure de testostérone. À l'époque, j'en avais assez de ressembler à un sarcophage avec mes maigres 55 kg.

Le besoin d'apparaître enfin fort et sûr de soi était devenu impérieux. Je ne voulais plus être le type qui passait inaperçu, mais quelqu'un qui attirait l'attention sur lui, un homme qui se faisait remarquer dans la pièce et qui inspirait le respect.

L'élément déclencheur de cette décision a été une rencontre avec un vieil ami que je n'avais pas vu depuis longtemps. Lorsqu'il a franchi la porte, j'ai eu du mal à en croire mes yeux : là où auparavant un mince et insignifiantse tenait , se tenait maintenant un gros musclé de 105 kg, qui semblait avoir bu directement dans une bande dessinée de la potion magique de Panoramix. nerd

Je voulais aussi ressembler à ça. Je voulais enfin me sentir comme un "vrai" homme et, surtout, être mieux vu par les dames.

Aussitôt dit, aussitôt fait : avec un ami, je me suis rendu en Pologne, où l'au marché polonais on trouvait à peu près tout . Entre les stands de vestes en cuir et d'appareils électroniques bon marché, j'ai acheté mes premières seringues de testostérone. De retour à la maison, le moment de vérité est arrivé : sortir la seringue, la mettre dans le derrière. Il faut une bonne dose de courage pour se faire une piqûre, mais cela ne m'a pas arrêté. Heureusement, j'ai toujours été quelqu'un qui n'avait aucun problème avec les visites chez le dentiste, les piqûres et les prises de sang. Je me souviens que lors des visites médicales, ma mère s'amusait de voir à quel point j'étais "cool" en tant que petit garçon, alors que les autres enfants s'enfuyaient en criant ou en pleurant. J'étais tranquillement assis sur ma chaise et je laissais tout passer. Cette sérénité a porté ses fruits.de Slubice

Le lendemain de la première injection, je me suis rendue à la salle de sport avec un nouvel élan. Déjà sur le chemin, l'anticipation bouillonnait en moi. J'étais bien décidé à renverser la vapeur et à contrer les regards moqueurs des autres types qui m'avaient jusque-là souri. "Salauds, vous allez voir ce qui va se passer maintenant", me suis-je dit en entrant dans le studio. C'était un mantra intérieur qui me poussait à donner le meilleur de moi même au cours des se maines suivantes. Je m'entraînais chaque jour comme un forcené, remplissant mon corps de shakes protéinés et empilant des assiettes de viande et de riz. Les jours s'écoulaient dans une frénésie de sueur, de courbatures et de la sensation satisfaite que quelque chose était enfin en train de changer.

Après seulement 30 jours, le résultat était indéniable. J'avais atteint presque 80 kg et j'étais plein d'énergie. Mon entourage n'en revenait pas, et même ma femme de l'époque, d'habitude plutôt réticente aux compliments, n'a pas pu s'empêcher de hocher la tête en signe d'approbation.

La transformation physique a également entraîné d'autres changements : je me sentais pleine de vie, j'avais confiance en moi comme jamais auparavant et j'étais pleine d'énergie - même en matière de sexualité. J'étais constamment rechargée, toujours prête, toujours affamée de plus.

La cure de testostérone a duré six semaines, après quoi je me suis senti renaître. J'ai conservé mon poids et ma masse musculaire et j'ai continué à m'entraîner les années suivantes. À mon apogée, je pesais fièrement 107 kg pour une taille de 175 cm. Aujourd'hui, bien des années plus tard, je pèse toujours un solide 93 kg.

Mais début 2019, le côté sombre de l'histoire est revenu. Mes sautes d'humeur sont devenues plus extrêmes, j'étais irritable, impatiente et me retrouvais souvent dans des moments où tout et tout le monde me tapait sur les nerfs. La tension familière et les hauts et bas émotionnels me rappelaient la période précédant ma première cure de testostérone. J'ai repensé à 2008 et j'ai décidé de réessayer, mais cette fois-ci de manière légale et sûre. L'idée d'aller une nouvelle fois en Pologne et me procurer des seringues au marché noir me semblait maintenant insensée et dangereuse.

Car il faut savoir une chose : La déca-duraboline et les produits similaires que l'on peut acheter à bas prix sur les marchés polonais peuvent être tentants, mais leur qualité et leur origine sont souvent douteuses. Les ampoules peuvent contenir toutes sortes de choses, des impuretés aux substances nocives, avec des risques potentiellement mortels. Il était désormais clair pour moi qu'en jouant avec sa santé, on risquait plus que sa réputation. C'est pourquoi mon conseil est le suivant : ne touchez pas aux saletés de polaire.

Si le livre est écrit de manière trop crue ou offensante à certains endroits, je tiens à m'en excuser. Mon intention n'a jamais été de blesser ou d'offenser qui que ce soit. Mon but était de décrire mon expérience de l'époque de la manière la plus authentique possible - brute, honnête et sans filtre, telle que je l'ai ressentie à ce moment-là. Cela implique aussi un argot un peu grossier, que certains qualifieraient de "grande gueule de prolétaire berlinois". Cette façon de s'exprimer fait partie de mes origines, elle est directe, crue et parfois même dure.

J'ai décidé de garder ce ton parce que je pense qu'il véhicule le mieux ce que j'ai vécu. Les sentiments, la colère, la blessure - tout cela ne peut pas toujours être exprimé par des mots doux. Ce ne serait pas authentique. Dans une vie souvent pleine de complexité et de contrastes, ce langage direct s'est reflété et m'a aidé à ordonner et à gérer mes émotions.

Si certains passages semblent donc trop crus ou provocants, je vous prie de me comprendre. Parfois, la vie n'est pas seulement noire et blanche, mais bruyante, indomptable et sans nuances. Il est important pour moi de raconter la vérité de ma propre histoire, telle que je l'ai vécue - non pas pour choquer, mais pour être honnête. Et parfois, cela implique aussi de prendre des angles.

Comment fonctionne la production de testostérone dans le corps masculin ?

La production de testostérone dans le corps masculin est un processus complexe qui se déroule principalement dans les testicules. En voici les principaux aspects :

Lieu et quantité de production

La testostérone est produite à environ 90% dans les cellules de Leydig des testicules. Les 10% restants sont produits dans les glandes surrénales. La substance de base pour la biosynthèse de la testostérone est le cholestérol.

Contrôle hormonal

La production de testostérone est contrôlée par l'interaction de plusieurs hormones :

1. Hormone de libération des gonadotrophines (GnRH) : sécrétée par l'hypothalamus.

2. Hormone lutéinisante (LH) : libérée par l'hypophyse en réponse à la GnRH.

3. Hormone folliculo-stimulante (FSH) : également produite par l'hypophyse.

La LH stimule les cellules de Leydig pour la production de testostérone, tandis que la FSH est responsable, avec la testostérone, de la production de spermatozoïdes.

Rétroaction négative

La testostérone régule sa propre production par un mécanisme de rétroaction négative. Un taux élevé de testostérone inhibe la sécrétion de GnRH dans l'hypothalamus et de LH dans l'hypophyse, ce qui réduit à son tour la production de testostérone.

Biosynthèse

La biosynthèse de la testostérone se déroule en plusieurs étapes :

1. Le cholestérol est transformé en prégnénolone.

2. L'androstènedione est produite par différentes étapes intermédiaires.

3. L'enzyme testostérone-17β-déshydrogénase catalyse la dernière étape de la transformation de l'androstènedione en testostérone.

Transport et effets

Après sa production, la testostérone est libérée dans le sang et transportée vers les organes cibles. Ce faisant, elle est en grande partie liée à des protéines telles que la globuline de liaison des hormones sexuelles (SHBG) et l'albumine. Seuls 1 à 2 % environ de la testostérone circulent librement dans le sang. Dans les tissus cibles, une partie de la testostérone est transformée par l'enzyme 5α-réductase en dihydrotestostérone (DHT), encore plus efficace.

La production et l'action de la testostérone varient au cours de la vie. Elle commence au cours du développement embryonnaire, augmente fortement pendant la puberté et reste relativement stable à l'âge adulte, avant de diminuer lentement avec l'âge.

Comment un homme peut-il stimuler la production de testostérone par son propre corps ?

Il existe de nombreuses façons naturelles d'augmenter le taux de testostérone sans avoir recours à des médicaments ou à des thérapies de substitution hormonale. Voici quelques-unes des meilleures approches :

---

1. le sport et l'activité physique

L'activité physique régulière est l'un des moyens les plus efficaces pour stimuler la production de testostérone :

- **Entraînement par intervalles :** une combinaison de phases d'entraînement intensives et calmes, comme par exemple lors de l'entraînement par intervalles de haute intensité (HIIT), peut augmenter les taux de testostérone jusqu'à 40%. Il suffit de 20 minutes, trois fois par semaine.

- **Musculation :** se concentrer sur des exercices pour les grands groupes musculaires (par exemple squats, soulevé de terre, développé couché) avec de courtes pauses. Cela stimule la production de testostérone de manière particulièrement efficace.

- **Un entraînement équilibré :** un entraînement trop important ou trop long peut avoir un effet contre-productif et augmenter le taux de cortisol, ce qui inhibe la sécrétion de testostérone. Un mélange d'entraînement de force et d'endurance est idéal.

---

2. alimentation

Une alimentation consciente peut également aider à améliorer les taux de testostérone de manière naturelle :

- **Flocons d'avoine :** ils contiennent des avénacosides qui favorisent la transformation des précurseurs de testostérone inactifs en testostérone biologiquement active.

- **Légumes verts** : le brocoli, le chou vert et les épinards fournissent de l'indole-3-carbinol, qui inhibe la transformation de la testostérone en œstrogènes.

- **Des graisses saines** : les acides gras insaturés des noix, des amandes, de l'huile de chanvre ou de l'huile de carthame sont essentiels pour la production d'hormones.

- **Aliments contenant du zinc** : le zinc est un nutriment clé pour la production de testostérone et se trouve dans des aliments comme les huîtres, les graines de citrouille ou la viande de bœuf.

---

3. ajustements du mode de vie

Un mode de vie sain est essentiel pour maintenir la production de testostérone :

- **Réduire le stress** : le stress chronique augmente le taux de cortisol, qui bloque la production de testostérone. Le yoga, la méditation ou des pauses régulières peuvent aider.

- **Dormir suffisamment** : la majeure partie de la testostérone est produite pendant le sommeil profond. Dormir 7 à 9 heures par nuit est idéal.

- **Gestion du poids** : l'excès de graisse abdominale favorise la transformation de la testostérone en œstrogènes, ce qui perturbe l'équilibre hormonal.

- **Jeûne par intervalles** : les phases de jeûne, en particulier le soir, peuvent avoir une influence positive sur les taux de testostérone matinaux.

---

4. les compléments alimentaires

Des suppléments peuvent également apporter un soutien :

- **Vitamine D** : une carence en cette "vitamine du soleil" peut entraîner une baisse des taux de testostérone. Une supplémentation est souvent utile, en particulier en hiver.

- **Ashwagandha** : un adaptogène végétal qui réduit le stress et dont il est prouvé qu'il peut augmenter la production de testostérone.

- **Zinc et magnésium** : ces deux minéraux sont essentiels pour la production d'hormones et sont souvent présents dans les préparations multivitaminées.

---

5. prévention des polluants

Les produits chimiques contenus dans les matières plastiques peuvent avoir une influence négative sur l'équilibre hormonal :

- **Réduire les produits en plastique** : Les phtalates et le bisphénol-A (BPA), présents dans de nombreux produits en plastique, agissent comme des œstrogènes artificiels et font baisser le taux de testostérone.

- **Préférer les matériaux naturels** : le verre, l'acier inoxydable ou les alternatives sans BPA sont ici un meilleur choix.

Chérie, je crois que j'ai de la fièvre

C'était en 2019, les dernières vacances à l'étranger avant la pandémie de Covid-19. Des vacances qui ont commencé aussi normalement que beaucoup d'autres avant, mais qui se sont révélées plus tard être une nouvelle pierre dans mon histoire personnelle de connaissance de soi. La journée a commencé en fanfare : Nous partions pour Antalya, sous un soleil qui nous appelait de manière aussi alléchante qu'une promesse de repos et de liberté. Le vol matinal, prévu à 8 heures, signifiait que nous avions encore toute la journée devant nous pour explorer l'hôtel, savourer notre premier verre au bord de la piscine et respirer profondément que la vie était bonne en ce moment.

Le réveil a sonné à l'aube et nous nous sommes levés de bonne heure, accompagnés de l'agréable excitation que seul le début des vacances peut procurer. La valise était déjà prête dans le couloir, prête pour la prochaine aventure. Nous avons pris notre petit-déjeuner en toute tranquillité, siroté notre café, échangé quelques plans pour les premiers jours et savouré le pétillement de l'anticipation. A 6 heures précises, la sonnette a retenti et notre fils, qui s'était gentiment proposé comme chauffeur, était devant la porte. Le BER, cet immense aéroport mal-aimé, n'était qu'à 15 minutes en voiture, et les rues étaient encore calmes.

Après la procédure d'enregistrement habituelle, qui est toujours un mélange de patience et de roulement d'yeux agacé, nous avions encore suffisamment de temps avant le décollage. Nous nous sommes donc assis dans un café de l'aéroport, avons commandé un cappuccino et avons observé les voyageurs autour de nous qui passaient précipitamment avec des valises à roulettes ou sirotaient leur boisson en dormant. Tout allait bien. Jusqu'à ce que, soudain, un sentiment étrange monte en moi. Sans prévenir, une vague de chaleur m'a envahi, comme si quelqu'un avait appuyé sur un interrupteur et mis le chauffage de mon corps à pleine puissance. Ma chemise collait à mon dos, des perles de sueur se formaient sur mon front et mes pensées s'emballaient. "Aïe, s'il te plaît, pas maintenant, je veux partir en vacances", pensais-je, paniquée.

Je me suis tourné vers ma femme et j'ai marmonné : "Chérie, je crois que j'ai de la fièvre". L'expression de son visage passa de l'inquiétude à une incrédulité amusée. Elle a posé sa main sur mon front, a souri largement et a dit : "Chérie, ce n'est pas de la fièvre, tu as une bouffée".

Il faut dire que ma femme est infirmière. Elle a des connaissances médicales inégalées dans ces moments-là, et en plus, elle a un humour pince-sans-rire. "Remous ? Quel genre de déferlement ?" J'étais complètement perdue. L'idée que les hommes puissent avoir des bouffées de chaleur m'était totalement étrangère jusqu'à ce moment-là.

Elle sourit et dit : "Tu te moques toujours de moi quand je dis que j'ai un coup de pompe. Eh bien, chérie, bienvenue au club. Tu es en pleine ménopause". C'était comme si on m'avait enlevé le sol de sous les pieds. Je me suis dit : "Oh là là... Suis-je en train de devenir un vieux croûton ?

Dans l'avion, après que ma panique se soit calmée et que l'air conditionné m'ait à peu près rafraîchi, ma femme a cherché sur son téléphone portable un article médical sur la ménopause masculine. J'ai commencé à lire, sceptique, mais plus j'avançais, plus je reconnaissais les symptômes : Fatigue, irritabilité, sautes d'humeur et justement ces maudites vagues de chaleur. Il était évident que ce monsieur avait officiellement atteint la ménopause.

Au cours des mois suivants, les bouffées de chaleur sont apparues de manière sporadique, comme des hôtes indésirables qui passent simplement pour se faire remarquer, puis disparaissent. Ces soudaines poussées de chaleur sont plus que désagréables. Elles sont comme un four invisible qui s'allume à l'intérieur de toi et qui fait tout brûler en toi. La bonne nouvelle, c'est qu'elles disparaissent au bout de quelques minutes, mais que ces minutes donnent l'impression d'une petite éternité.

Les bouffées de chaleur se poursuivent encore aujourd'hui, mais les intervalles se sont allongés. Avec le temps, j'ai appris à les gérer, à les accepter comme faisant partie de ce nouveau chapitre de ma vie. Ma femme, qui se bat encore de temps en temps avec sa propre expérience, ne peut s'empêcher de sourire lorsqu'elle se rend compte que cela m'a encore frappé. Elle dit alors avec un clin d'œil : "Alors, mon cher, qui aura le dernier mot ?" Et malgré tout, je dois alors aussi sourire.

Elle répond alors toujours avec un grand sourire : "Alors, poisson-globe, tu as encore de la fièvre ? Tu veux que j'aille à la pharmacie ?" Vraiment une idiote, ma douce, mais ses plaisanteries détendent toujours l'atmosphère. Ces petites taquineries font partie de notre dynamique, qui nous fait toujours rire, même dans les moments gris du quotidien. Et oui, nous avons des petits noms réciproques l'un pour l'autre, qui feraient probablement hocher la tête aux personnes extérieures, mais qui sont pour nous de l'amour pur. Elle est mon "escargot" et moi son "poisson-globe".

Pourquoi "escargot" ? Ce nom trouve ses racines dans une histoire qui nous est si typique que j'aime toujours la raconter. Ma femme a l'habitude de me surprendre de temps en temps avec des interludes sexuels spontanés. Sans prévenir, de manière totalement décomplexée - et ce indépendamment de ce que je suis en train de faire.

Un jour, j'étais dans mon bureau à domicile, plongé dans une interminable réunion d'équipe avec des collègues qui faisaient tous des têtes importantes et exposaient leurs points d'une voix grave. Et soudain, comme sortie de nulle part, elle s'est retrouvée nue dans l'encadrement de la porte, ses yeux lançaient des éclairs malicieux, et sans hésiter, elle s'est approchée de moi. Mon cœur a fait un bond et j'ai dû mobiliser tout ce qui était en moi pour la éteindre caméra et le microphone à temps, avant que la réunion ne prenne une tournure inattendue. Soudain, le chat et la réunion m'étaient totalement indifférents - mon "nudiste" était là. Le nom était né et il est resté, un petit nom d'initié qui fait toujours naître un sourire sur nos visages lorsqu'il tombe.

Et pourquoi "poisson-globe" ? Cette histoire nous ramène à l'une de nos meilleures vacances, à Antalya. C'était une chaude journée d'été et nous avons décidé de visiter l'aquarium de la ville - une pause du soleil et une chance de découvrir quelque chose de nouveau. Nous déambulions dans les allées, observant les poissons exotiques, lorsque nous nous sommes arrêtés devant un bassin avec un habitant particulièrement curieux : un gros poisson-globe rond qui nous fixait de ses yeux globuleux. Elle m'a regardé, a souri et m'a dit : "Il te ressemble, imite-le".

Alors je me suis mis à grossir les joues, à gonfler le ventre et à faire une tête si drôle qu'elle a éclaté de rire. C'était ce rire sincère, sans retenue, où l'on sent que quelqu'un est vraiment amusé de tout son cœur. Ses yeux se sont mis à pleurer et elle s'est tenu le ventre alors qu'elle était presque à genoux de rire. Les gens autour de nous, qui avaient d'abord regardé avec curiosité, se sont mis à rire avec elle, et soudain, tout l'aquarium était rempli de gloussements et de rires joyeux - déclenchés par nous, deux Berlinois déjantés qui ne se souciaient pas du tout de ce que les autres pensaient d'eux. C'est à ce moment-là que j'ai perdu mon surnom de "poisson-globe".

Depuis, "poisson-globe" n'est pas seulement un nom amusant, mais un rappel de la joie que nous pouvons nous donner, même dans les moments les plus banals. C'est un signe de notre amour insouciant et ridicule, qui nous accompagne à travers l'épaisseur et la minceur - que ce soit en riant ensemble en vacances ou en faisant un clin d'œil lorsque je transpire comme un marathonien dans une vague et qu'elle me dit affectueusement : "Alors, poisson-globe, ça va encore chauffer ?"

Mais revenons au sujet des bouffées de chaleur. L'expérience d'avoir des bouffées de chaleur en tant qu'homme n'est pas seulement surprenante, elle est aussi déroutante et parfois embarrassante. On a l'impression d'être dansprojeté un cycle qui nous était jusqu'alors totalement inconnu - et dans mon cas, j'ai d'abord pensé que seules les femmes en faisaient l'expérience. Mais j'ai dû apprendre que la nature a son propre plan et que la ménopause n'épargne pas non plus les hommes.

Quels sont les principaux mécanismes qui déclenchent ces bouffées de chaleur ? Voici un aperçu :

1. **Diminution du taux de testostérone** : la testostérone est l'hormone sexuelle masculine primaire, et elle influence non seulement les performances physiques et la libido, mais aussi le bien-être général. Avec l'âge, sa production diminue progressivement, ce qui entraîne un déséquilibre de l'équilibre hormonal. Ce déséquilibre peut provoquer une multitude de symptômes, dont les redoutables bouffées de chaleur. C'est comme si le corps essayait de s'adapter à de nouvelles règles du jeu qui ne lui conviennent pas.

2. **Modifications dans l'hypothalamus** : l'hypothalamus est comme le thermostat du corps. Il veille à ce que la température du corps reste toujours en équilibre. Toutefois, si les hormones se dérèglent, l'hypothalamus peut être irrité et envoyer de faux signaux. Il peut supposer à tort que le corps est en surchauffe et déclencher une cascade de réactions : Les vaisseaux sanguins se dilatent, la sueur se répand et le corps tente désespérément de se débarrasser de la chaleur présumée. Le résultat est une bouffée de chaleur qui vous submerge avec une force désagréable.

3. **Perturbation du système nerveux autonome** : le système nerveux autonome est comme un pilote automatique pour beaucoup de nos fonctions corporelles involontaires - le rythme cardiaque, la respiration et, justement, la régulation de la température. Si l'équilibre hormonal est perturbé, le système nerveux autonome peut également être affecté. Une telle perturbation peut déclencher une libération incontrôlée d'adrénaline et de noradrénaline, ce qui entraîne à son tour les bouffées de chaleur typiques à . C'est comme si le corps se mettait en mode "combat ou fuite" sans avertissement.

4. **Facteurs psychologiques et émotionnels** : le stress, l'anxiété et la dépression peuvent agir comme des catalyseurs des réactions physiques. Surtout à une période de la vie où les hommes doivent souvent faire face à des pressions professionnelles et personnelles, ces pressions psychologiques agissent comme un accélérateur de feu sur les réactions physiologiques du corps. Les hormones s'affolent et le corps répond par des bouffées de chaleur qui surgissent de nulle part et laissent une inquiétude insidieuse.

5. **Prise de médicaments et état de santé** : les médicaments qui suppriment la production de testostérone, par exemple dans le cadre du traitement du cancer de la prostate, constituent un facteur souvent négligé. Ces médicaments peuvent avoir pour effet secondaire de déclencher des bouffées

de chaleur. Mais d'autres problèmes de santé comme l'obésité, le diabète et les maladies de la thyroïde augmentent également le risque. Le corps est un système très complexe et si l'un de ses composants est déséquilibré, les conséquences peuvent être importantes.

Presque tous ces facteurs s'appliquaient à moi à l'époque. J'avais l'impression que mon corps développait sa propre vie, une vie que je ne pouvais plus contrôler. Les bouffées de chaleur arrivaient souvent sans prévenir, me faisant transpirer au milieu d'une réunion ou me réveillant la nuit alors que j'étais trempée dans les draps. Parfois, j'avais l'impression d'avoir perdu le contrôle de mon propre corps, et cela me rongeait.

Beam me Back in 80er - Souvenirs de la meilleure période de ma vie

Parlons d'un sujet difficile : les sautes d'humeur, et plus particulièrement la dépression. Ceux qui me connaissent savent que j'ai eu une vie très mouvementée, faite de hauts et de bas, de brillance et d'obscurité. Déjà en RDA, je n'étais pas du genre à rester immobile. J'étais toujours en mouvement, je cherchais des moyens de tirer le meilleur parti de ma situation. La couture était mon métier à l'époque, et je ne gagnais pas mal ma vie avec. C'était une époque où la créativité et le travail comptaient plus que tout, et j'en ai fait un capital. De 1989 à 1991, j'ai travaillé comme pâtissier au Grandhotel, l'une des adresses les plus prestigieuses de la ville, où l'air sentait le sucre. C'était un travail qui me donnait non seulement des compétences manuelles, mais aussi l'accès à des privilèges particuliers.

Un tel privilège était que je recevais une partie de mon salaire en marks occidentaux - 100 marks occidentaux par mois, qui étaient comme un trésor en RDA. Ces marks occidentaux ouvraient des portes qui restaient fermées pour les autres. Avec cet argent, je pouvais faire des achats dans les Intershops, des magasins qui proposaient des marchandises de l'Ouest capitaliste : du chocolat fin, des jeans authentiques, des parfums. Des choses que le citoyen ordinaire ne connaissait que par des récits. Ceux qui n'avaient pas envie de fréquenter les Intershops pouvaient échanger leur argent de l'Ouest contre des marks de l'Est au marché noir. Le cours était astronomique - 10 marks occidentaux rapportaient jusqu'à 300 marks orientaux. C'était comme de l'argent de Monopoly, qui me donnait accès à un monde meilleur.

J'avais toujours les poches pleines d'argent et je vivais la vie dont beaucoup rêvaient. Après le travail, je m'asseyais dans les meilleurs restaurants de la ville. Le quartier Nicolaï avec ses ruelles historiques était mon deuxième salon, le Palast der Republik mon terrain de jeu, l'Operncafé ma discothèque préférée. À l'hôtel Stadt Berlin et au bar à glaces Mokka-Milch, j'ai vécu de belles heures.

En 1991, ma vie a radicalement changé. Des commerciaux m'ont abordé dans la rue et j'ai entamé une carrière dans une compagnie d'assurance qui allait bouleverser ma vie.

À partir de 1992, je gagnais chaque mois pas moins de 20 000 marks. Les 100 marks de l'Ouest de l'époque de la RDA sont soudain devenus une bagatelle. Les années suivantes, , ont été une chevauchée sauvage. Ceux qui ont vu "The Wolf of Wall Street" peuvent s'en faire une idée : j'étais exactement le même type - mais en plus extrême. Mon style de vie était une montée d'adrénaline permanente, une fête qui ne s'arrêtait jamais. Les fêtes, les femmes, les voitures rapides et l'ivresse permanente de l'argent rythmaient mon quotidien. C'était une danse sur le fil du rasoir et à l'époque, j'étais convaincu d'être invincible. Mais le côté obscur de mon mode de vie, que j'ignorais, me rattraperait un jour.

En 2006, j'ai décidé de tourner le dos au secteur financier et de me concentrer uniquement sur la vente de biens immobiliers. Cette décision s'est avérée judicieuse, car le marché immobilier était en plein essor. Je gagnais bien ma vie, je vivais dans l'opulence et j'avais plus d'argent que je ne pouvais en dépenser. Ma vie était un flot ininterrompu de voyages, de restaurants chers et d'hôtels de luxe. En même temps, je jonglais avec trois ou quatre maîtresses en plus de ma femme - un exercice d'équilibre qui ne pouvait pas durer.

Puis le tournant s'est produit en 2007. Je me suis séparé de ma première femme, j'ai abandonné ma famille, ma vie, ma maison et le luxe pour une autre femme.

C'était une erreur qui a entraîné ma vie dans une spirale descendante. Ce sont mes jeunes fils qui ont été les plus durement touchés et qui ont ressenti la véritable tragédie de cette décision. Peu de temps après la séparation, j'ai voulu tout effacer, j'ai compris que j'avais commis une erreur irréparable, mais il était trop tard. Une guerre des roses acharnée a commencé, qui m'a finalement tout coûté, non seulement sur le plan émotionnel, mais aussi sur le plan financier.

La faillite personnelle se profilait à l'horizon comme un orage qui se préparait et qui ne laissait aucune échappatoire. La perte de ma licence d'agent immobilier, mon gagne-pain professionnel, était la conséquence ultime. Sans ma licence professionnelle, je ne pouvais plus travailler. En Allemagne, un agent immobilier doit avoir un casier judiciaire vierge, un historique financier irréprochable, pour conserver sa licence. Et moi, alors ? Je me suis soudain retrouvé devant les ruines de l'œuvre de ma vie, j'ai vu tout ce que j'avais construit se dissoudre sous mes yeux.

La combinaison de la ruine professionnelle, de la destruction de ma famille et du sentiment d'échec a déclenché un processus que je ne pouvais pas contrôler à l'époque : de profondes sautes d'humeur et une dépression qui m'a frappé comme une invitée indésirable.

En 2010, j'ai essayé de me remettre sur pied avec de nouvelles idées commerciales, ce que j'ai réussi à faire dans une certaine mesure. Les années de bouleversement et de recherche de stabilité m'ont mis au défi d'une manière que je n'avais jamais connue auparavant. Je me suis lancé dans le commerce de matières premières, notamment de déchets et de pétrole. Un domaine d'activité qui n'avait rien de glamour, mais qui avait du potentiel. Les débuts furent cahoteux, comme c'est souvent le cas avec les nouvelles entreprises, mais je parvins à générer un certain revenu - loin des sommes astronomiques d'autrefois, mais tout de même de 9 à 15K euros par mois. C'était suffisant pour assurer ma subsistance et maintenir ma foi en ma capacité d'entreprendre.

Pourtant, le succès me semblait creux. Les nombreuses mauvaises décisions prises par le passé s'accrochaient à moi comme une ombre invisible. À 50 ans, j'ai commencé à réaliser que, malgré tous mes efforts et mes combats, je n'avais rien de présentable. Pas d'investissements impressionnants, pas de solide coussin de retraite. Mon statut d'indépendant me maintenait tout juste à flot, mais ce n'était pas ce dont j'avais rêvé autrefois. Les rêves d'autrefois s'étaient estompés, comme des images restées trop longtemps au soleil. Je me suis battue chaque mois et la perspective de vieillir un jour dans une situation financière précaire me rongeait.

Les souvenirs de temps meilleurs me hantaient, comme des fantômes qui ne voulaient pas me laisser en paix. Je voyais des images dans mon esprit : les soirées arrosées, les voyages luxueux, le sentiment d'invincibilité. Mais ces images ont rapidement été éclipsées par d'autres - les occasions manquées, les décisions impulsives, les tromperies permanentes qui avaient brisé mes relations. C'était comme si ma vie dans un filmse déroulait et que j'étais assis dans le public, incapable de changer l'intrigue. La frustration liée à ma propre incapacité à me sortir de ce bourbier mental n'a fait qu'empirer les choses. J'aurais donné des années de ma vie pour revenir sur les erreurs que j'avais commises à l'époque. Avec les connaissances et la maturité d'aujourd'hui, je ferais les choses différemment - plus consciemment, plus attentivement et en appréciant davantage les choses qui comptent vraiment. Cela fait mal de savoir que l'on a gâché tant d'opportunités, que l'on a endommagé tant de relations par sa propre bêtise ou son égoïsme. Mais malheureusement, il n'y a pas de bouton "retour en arrière" dans la vie.

Cette pensée me tourmente souvent : **que se serait-il passé si j'avais agi différemment à l'époque ?**

En 2009, j'ai rencontré ma deuxième femme - un véritable ange sous forme humaine. Elle est entrée dans ma vie à un moment où je n'avais presque plus rien à donner. J'étais vide à l'intérieur, brûlé, l'ombre de moi-même.

La pression et la honte de mon échec m'avaient poussé au bord du désespoir. J'avais déjà acheté des pilules et envisagé de m'empoisonner avec des gaz d'échappement de voiture. Je n'attendais plus que le bon moment. Les ténèbres qui m'entouraient semblaient impénétrables et j'étais convaincu qu'il n'y avait plus d'issue.

Mais elle, cette femme aux yeux doux et à la patience inébranlable, a réussi à me tirer de cette obscurité. Avec des mots qui ne faisaient pas la leçon, avec des gestes qui en disaient plus long que mille conversations. Elle m'a tendu la main alors que j'avais déjà renoncé à en chercher une depuis longtemps. Elle a réussi à chasser les idées noires et m'a aidé à me redresser lentement. C'était comme si elle avait vu en moi quelque chose que je ne pouvais plus reconnaître moi-même depuis longtemps.

En 2010, nous nous sommes mariés et c'est à partir de là qu'une nouvelle étape de ma vie a commencé. Lentement, étape par étape, j'ai pu me construire une nouvelle existence en tant que webdesigner et photographe. C'était un difficiletravail , et j'ai passé de nombreuses nuits assis devant mon ordinateur, la tête pleine de doutes. Mais les choses s'amélioraient, et chaque nouvelle commande, chaque projet réussi me redonnait un peu plus confiance en moi.

Notre vie a évolué dans une direction formidable. Les premières années ont été pleines d'espoir et de nouvelles possibilités. Mais les démons de mon passé demeuraient, tapis dans l'ombre, attendant les moments de faiblesse. Mon insatisfaction et la sourde tristesse de ce qui aurait pu être ne me quittaient pas. C'était comme si je menais un combat intérieur que personne ne pouvait voir. La dépression est revenue, plus profonde et plus insidieuse que jamais. Ce n'était pas seulement de brefs moments de tristesse, mais de longues phases sombres qui m'enveloppaient comme un brouillard froid.

Je me sentais prisonnière, je n'avais qu'une envie : m'évader, recommencer quelque part - seule, sans le poids du passé et sans les attentes que je m'imposais. Je rêvais de tout laisser derrière moi, de commencer un nouveau projet dans un endroit qui n'avait rien à voir avec ma vie d'avant.

Je ne savais pas exactement pourquoi je pensais ainsi. Peut-être était-ce l'espoir d'un nouveau départ, l'idée que quelque part, là-bas, se cachait une clé simple pour être heureux. Mais ma dépression était tenace et rendait chaque pas difficile. Elles me poussaient à chercher des échappatoires, qui étaient parfois tout sauf saines.

Être Easy Rider un jour ou tenter de réaliser des rêves manqués

C'est un cliché comme on en trouve dans les livres : les hommes en pleine crise de la quarantaine s'achètent une moto. Bien sûr, je n'ai pas été épargné par ce phénomène. Dans ma jeunesse, je n'ai jamais eu le temps ou les moyens de m'acheter une moto, mais le désir de le faire a toujours sommeillé en moi. C'était cette image de liberté, cette sensation de vent et de vitesse qui me fascinait - un symbole de tout laisser derrière soi et de rouler simplement, sans regarder en arrière. Mais la vie avait d'autres plans, et le rêve de la machine a longtemps disparu derrière les obligations et le quotidien.

Puis 2019 est arrivé. Un soir, après une journée particulièrement stressante, j'étais assis sur mon canapé et je faisais défiler mon fil d'actualité sans but précis. Soudain, je suis tombé sur un article : Avec le permis de conduire automobile et la mention B196, on peut désormais aussi conduire des motos de la catégorie 125. Cela m'a mis la puce à l'oreille. Soudain, ce rêve longtemps refoulé était à nouveau là, à portée de main. La décision a été prise rapidement, comme une impulsion intérieure que je ne pouvais pas ignorer. Aussitôt dit, aussitôt fait : la même semaine, je rendis visite à un vieil ami qui tenait une auto-école et m'inscrivis au cours B196.

Un week-end de théorie et quelques leçons de conduite, pas d'examen - juste le sentiment de réaliser enfin un rêve de jeunesse. C'était simple, facile et c'était exactement ce dont j'avais besoin à ce moment-là. Pour 1 700 euros, j'ai obtenu ce que j'attendais avec impatience : le droit de monter enfin sur une moto. Quatre semaines plus tard, j'avais mon nouveau permis en main et, avec un battement de cœur que je n'avais pas ressenti depuis longtemps, je suis parti acheter mon premier scooter - une petite Suzuki 125. Pas la grosse machine dont je rêvais autrefois, mais suffisamment pour me sentir à nouveau vivant.

Le premier trajet de Spandau à la maison a été une expérience que je n'oublierai jamais. Le moteur ronronnait sous moi, les routes défilaient et le vent me caressait le visage. C'était comme un voyage dans le temps, comme si j'étais le garçon de 20 ans qui réalisait enfin le rêve qu'il portait depuis si longtemps. Être cool pour une fois, sentir les regards admiratifs des passants, les regards envieux des automobilistes dans les embouteillages - c'était comme un hochement de tête silencieux de l'univers qui me disait : "Bien joué".

Pour moi, la moto était plus qu'un simple passe-temps. C'était un symbole de ma liberté personnelle et un outil pour voir le monde d'un œil nouveau.

Mon projet était de me balader en moto avec mon appareil photo et mon matériel photographique, à la recherche de nouveaux sujets. C'est à cette époque que j'ai découvert la photographie, et c'est comme si j'avais trouvé un trésor caché en moi. L'ancienne flamme créative , qui sommeillait en moi depuis l'époque de la RDA, s'est soudain rallumée. J'ai commencé à voir les paysages, les gens et les rues d'un tout autre œil - pas seulement comme un décor, mais comme des scènes vivantes qui attendaient d'être capturées.

Il y a un autre aspect qui a rendu cette période si particulière : les personnes que j'ai ainsi pu rencontrer. La communauté des motards est comme un petit monde à part, plein de caractères et d'histoires. Les week-ends, je sortais pour des rencontres, des randonnées et des petits voyages de découverte.

Et bien sûr, il y avait aussi les femmes que j'avais toujours admirées : des femmes avec leur propre style, des bras tatoués, qui montraient que la beauté avait de multiples facettes. Ces femmes avaient quelque chose d'indomptable, quelque chose qui m'interpellait et me rappelait pourquoi j'avais toujours été fasciné par les personnes qui suivaient leur propre voie.

Je ressentais de plus en plus le besoin de vivre une nouvelle ex-périence. Ce n'était pas qu'il me manquait quelque chose à la mai-son - sexuellement, tout allait bien, je vivais dans un foyer aménagé avec amour, j'avais une femme formidable à mes côtés, qui me sou-tenait et m'aimait. Et pourtant, il y avait cette agitation intérieure, un murmure à l'arrière de ma tête qui me poussait à chercher plus. Ce n'était même pas le désir physique qui m'attirait, mais plutôt l'attrait de l'inconnu, l'excitation d'être à nouveau admiré et de rallumer l'étincelle de l'envie d'aventure de la jeunesse.

Comment puis-je le décrire ? Ma femme m'a souvent dit qu'elle me trouvait séduisant, qu'elle me désirait et m'aimait. Mais les louanges de la personne qui vous connaît depuis des années finissent par vous sembler différentes, presque comme un refrain bien connu d'une vieille chanson.

Et c'est là que mes plus grands défis ont commencé. J'aspirais à la reconnaissance, à être adulé par des inconnues, à l'ivresse que procure l'instinct de chasse.

C'était comme une vieille nostalgie archaïque qui s'éveillait en moi et ne pouvait plus être contenue. Alors, qu'est-ce que j'ai fait ? J'ai téléchargé différentes applications de rencontre, je les ai installées sur mon téléphone et j'ai commencé à chatter - d'abord par curiosité, puis par un mélange d'excitation et d'euphorie.

Je pense pouvoir affirmer que je suis séduisante et sportive. Pour mes 50 ans, j'ai toujours l'air "bombasse", du moins c'est ce que disent les autres. J'ai encore tous mes cheveux, pas un seul gris, et grâce à un entraînement constant, je garde une silhouette svelte avec des muscles bien définis. Mon style vestimentaire tend vers le style militaire - vestes robustes, pantalons cargo, bottes cool. Cela a quelque chose de combatif et plaît à beaucoup de femmes. Ce n'était pas seulement un look, c'était une attitude. Un message qui disait : "Je suis prête, je suis forte, je suis différente".

Cela se reflétait aussi dans mes hobbies. J'ai toujours été du genre à aimer les activités pleines d'action et de sensations fortes : airsoft, wakeboard, parapente, kite, tir à l'arc et chasse. Mon coffre était toujours prêt, un petit arsenal d'équipements sportifs, prêt pour la prochaine montée d'adrénaline. Mes copains savaient qu'un coup de fil chez moi donnait toujours lieu à une idée spontanée et excitante. J'étais le type qui ne tolérait pas l'ennui, toujours en mouvement, le "Monsieur Action", comme mes amis m'appelaient parfois.

Même en tant que père de quatre fils adultes, j'ai toujours voulu être un modèle, le papa "cool", prêt à toutes les aventures le week-end. Le fait que je n'ai jamais été que le "papa du week-end" m'a poussé à faire de chaque minute passée avec mes enfants quelque chose de spécial. Berlin et le Brandebourg offraient le terrain de jeu parfait pour cela - des lacs, des forêts et une palette infinie de possibilités de loisirs que j'exploitais jusqu'à la dernière goutte. Des excursions en canoë aux nuits sous la tente, où nous nous asseyions ensemble autour d'un feu de camp et racontions des histoires, mes garçons devaient toujours se souvenir que c'était papa qui avait les meilleures idées.

Tous les quinze jours, une nouvelle action était prévue. Au fil des années, nous avons essayé presque tout ce que l'on pouvait imaginer et ce qui était possible avec des enfants. J'étais toujours en mouvement, toujours à la recherche du prochain moment fort. Et lorsque je sortais sans les garçons, je savais exactement comment j'agissais sur les femmes. On m'avait souvent dit que j'étais un bel homme, avec des traits marqués et un regard déterminé. Pour être honnête, je ne me suis jamais considéré comme un beau gosse. Je voulais plutôt être perçu comme un battant - quelqu'un qui mord dans la vie, qui se relève toujours malgré les échecs.

Et c'est exactement ce que je recherchais dans les rencontres sur ces applications de rencontre : la confirmation, le moment électrisant du flirt, le jeu des regards et des mots qui me donnait l'impression d'être toujours dans la course, d'être toujours désirée et forte. Une partie de moi savait que j'avais déjà tout ce dont j'avais besoin, mais une autre partie, celle qui s'était éveillée à la ménopause, voulait sentir le monde, voulait l'aventure et la sensation grisante d'être redécouverte.

J'ai donc pris quelques photos chics de moi, avec mon appareil photo qui a capturé chaque détail à la perfection. Un portrait en veste de style militaire, nonchalamment appuyé contre ma moto, et une photo avec mon sourire éclatant - le mélange parfait de force et de charme. Téléchargé, envoyé, et il n'a pas fallu longtemps pour que les premiers messages de ces dames arrivent. J'ai ressenti des picotements dans le dos lorsque mon téléphone n'arrêtait pas de vibrer. C'était comme un jeu dont je connaissais les règles, mais dont je devais redécouvrir le terrain.

Comme maman m'avait éduqué en gentleman, je répondais toujours aux dames avec respect et décence. Pas de drague grossière, pas de questions hâtives, mais un intérêt réel et une pointe d'humour.

Cela semblait me distinguer fortement des nombreux autres membres de mon espèce, du moins c'est ce que les femmes me faisaient savoir. "Tu es différente", écrivaient-elles, "enfin un homme qui sait écouter". Cela m'a fait sourire. Comme il suffisait parfois de peu pour se distinguer de la masse.

Certaines femmes étaient particulièrement insistantes et voulaient un rendez-vous tout de suite. Mais je me suis retenu, j'ai tâtonné, j'ai chatté et téléphoné dans un premier temps. La pensée de savoir si je ne faisais pas fausse route restait dans un coin de ma tête. Mais je me suis persuadé que ce n'étaient que des mots, pas de contact, pas de franchissement d'une frontière invisible. "Après tout, ce n'est que de l'écriture", me disais-je, "pas d'adultère".

Avec certaines d'entre elles, je suis passé à WhatsApp, et là, les choses se sont intensifiées. Les messages sont devenus plus personnels, les emojis plus dragueurs, et le jeu des mots a pris une nouvelle dynamique excitante.

Je suis resté un gentleman, du moins au début, mais apparemment, certaines dames trouvaient cela trop lent. Pour me tenir en haleine et me montrer qu'elles avaient un réel intérêt, des photos ont commencé à arriver petit à petit - et pas n'importe lesquelles, des photos si offensives et séduisantes mon cœur plus vitequ'elles ont fait battre . Quel homme peut résister à cela, surtout lorsqu'une femme vous donne le sentiment d'être irrésistible ?

Puis j'ai fait la connaissance d'Isabell. Son profil m'a tout de suite sauté aux yeux. Cette femme dégageait un mélange d'esprit d'aventure et de mystère. Elle avait de longs ondulés cheveux roux qui dansaient dans le vent sur ses photos de profil, et un sourire à la fois enjoué et provocateur. Il ne fallut pas longtemps avant qu'elle ne fasse le premier pas. "Alors, beau gosse, tu t'ennuies ? Qu'est-ce que tu fais en ce moment ?" Ce message était original, contrairement aux salutations habituelles et sans imagination comme "Salut" ou le morne "Bonjour".

Par hasard, je me trouvais au lac Müggel, l'un de mes endroits préférés à Berlin. Le lac scintillait sous les rayons du soleil et je venais de gonfler mon SUP, prêt à faire quelques tours. Un simple texte me semblait trop ennuyeux. J'ai donc pris mon téléphone portable, filmé brièvement la plage, la surface scintillante de l'eau, et je lui ai envoyé la vidéo. Isabell était ravie. Sa réponse ne s'est pas fait attendre, un message vocal dans lequel son rire résonnait comme une musique. "Wow, tu sais comment impressionner une femme", m'a-t-elle dit.

Notre conversation a rapidement pris de l'ampleur. C'était comme si nous nous connaissions depuis toujours. Elle m'a dit qu'elle aussi conduisait une moto, une Kawasaki Z650, et j'ai tout de suite pu m'imaginer l'image : Isabell, les cheveux au vent, le blouson de cuir avec ses nombreux patchs qu'elle portait fièrement. Deux jours plus tard, un grand rassemblement de bikers était prévu à Berlin, et nous avons décidé de nous y retrouver et de défiler ensemble avec nos motos.

L'idée de rouler avec elle dans les rues de Berlin, avec le bruit du moteur en fond sonore et le vent sur le visage, faisait battre mon cœur plus vite. J'avais l'impression de retrouver quelque chose que j'avais cru perdu - la liberté, l'aventure, un soupçon de rébellion.

Isabell - ou pourquoi nous, les idiots, trompons l'autre

Isabell - son nom même sonnait comme une promesse d'aventure et de danger. Elle mesurait 1,75 mètre, une femme qui attirait immédiatement les regards dès qu'elle entrait dans une pièce. Ses longs cheveux rouge vif tombaient comme une cascade dans son dos, et son corps était une toile de tatouages, chacun avec sa propre histoire, chacun étant une petite œuvre d'art. Elle avait de gros seins bien formés et une silhouette qui était le mélange parfait de courbes et de forme. Mais ce n'était pas seulement son apparence qui me captivait. Elle avait cette étincelle dans les yeux, ce je-ne-sais-quoi d'indomptable et de sauvage qui rendait chaque moment avec elle imprévisible. Elle avait 45 ans, mais en paraissait facilement dix de moins. Sa peau était lisse et tendue, sans une seule ride, et ses fesses - elles étaient tout simplement incroyables, comme si elles méritaient leur propre chapitre dans un roman.

Isabell était programmeuse, tout comme j'étais active dans le monde numérique au sens large. Nous nous sommes tout de suite compris sur ce plan technique, qui paraissait souvent aride pour les personnes extérieures, mais qui nous donnait un lien particulier.

Pas d'enfants, m'a-t-elle dit, bien qu'elle en ait toujours voulu. Mais le bon partenaire, celui qui aurait pu partager cette aventure avec elle, n'avait jamais croisé son chemin. Lorsque je lui de mes ai parlé quatre fils adultes et de ma grande famille, elle m'a regardé avec un sourire, comme si je venais de lui montrer le livre le plus passionnant du monde. On aurait dit qu'elle se perdait dans cette idée, dans un monde qui n'était jamais resté qu'une vision pour elle.

Son parfum était reconnaissable entre mille. Un soupçon de vanille et quelque chose de floral que je ne pouvais pas nommer - elle m'a immédiatement envoûté. Ses dents étaient d'une blancheur éclatante, son sourire totalement naturel et ses taches de rousseur éparpillées sur un visage immaculé. Elle avait l'air d'une œuvre d'art totale, créée pour faire perdre la tête aux hommes comme moi. Et elle était là, la femme qui réunissait tout ce que j'avais jamais voulu.

Apparemment, je lui plaisais tout autant. Elle ne m'a pas quitté des yeux une seconde, jouant avec ses cheveux et me souriant. Mon cœur battait plus vite, mes mains devenaient moites et j'étais comme envoûté. Dans ma tête, je m'imaginais déjà comment ce serait de l'embrasser, de la toucher, de la séduire...

Nous avons abandonné les motos et nous sommes assis dans un petit café situé non loin de la route. Sa démarche était élégante, presque dansante. Tout en elle respirait la grâce et l'assurance. Les autres gars de la réunion de bikers m'ont lancé des regards envieux en nous voyant ensemble. Je pouvais presque entendre leurs pensées : "Quel veinard !" Et j'en ai profité. Je savourais chaque seconde de cette admiration.

Lorsque nous avons commencé à parlers'est exprimée , elle avec une intelligence qui m'a captivé. Pas de paroles en l'air, pas de bavardage banal - elle était intelligente, profonde et avait quelque chose à dire. Elle parlait de ses voyages, de pays et de cultures lointains, de son amour pour l'art et la photographie. Sa voix était douce, et le son de celle-ci semblait pénétrer directement dans mon cœur. J'aurais pu rester des heures à l'écouter raconter ses aventures, les yeux brillants. Ses regards ne cessaient de se poser sur moi, et c'était comme si le monde autour de nous ralentissait.

Cette femme était un dangereux mélange d'intelligence et de sex-appeal. Non seulement elle attirait l'attention par son apparence, mais elle était aussi capable d'enthousiasmer par son esprit vif et sa verve. Cela la rendait doublement dangereuse.

Je n'ai jamais été très attiré par les beautés superficielles, les femmes qui se cachaient derrière des apparences artificielles. Mais avec Isabell, c'était différent. Elle était "greffée", comme on dit - lèvres, cheveux, seins, tatouages même sur le nez - et pourtant, elle semblait parfaitement naturelle dans son genre. Ses petites taches de rousseur, éparpillées sur son nez et ses joues, la rendaient unique. Elles lui donnaient un côté ludique que j'adorais.

Chaque fibre en moi voulait la prendre dans ses bras, l'embrasser, figer le moment pour qu'il ne finisse jamais. Mais je me suis souvenu du conseil de ma mère : "Au premier rendez-vous, regarde seulement, ne touche pas". Et ce conseil valait de l'or. J'ai toujours bien réussi avec cette stratégie. Les femmes l'appréciaient - cela montrait de la décence, de la maîtrise de soi et du respect. Et je savais que c'était précisément la clé pour créer non pas des moments éphémères, mais de véritables liens.

Le rendez-vous pour une nouvelle rencontre semblait n'être qu'une question de temps. Alors qu'elle se balançait sur son "four", je suivais chacun de ses mouvements avec un battement de cœur qui me rendait presque fou.

La vue de ses fesses parfaitement formées, tendues sur la banquette, a fait battre mon cœur plus vite. Elle avait l'air vraiment cool sur son lourd poêle, qui était en fait bien trop haut pour elle. Elle arrivait tout juste à toucher le sol avec la pointe de ses pieds.

Elle s'est mise à rouler lentement et je ne pouvais qu'espérer qu'elle se retournerait une dernière fois - un dernier regard, un signe que le rendez-vous avait été aussi magique pour elle que pour moi.

Et effectivement, quelques mètres plus loin, elle s'est arrêtée, s'est tournée vers moi, a levé la visière de son casque et m'a envoyé un baiser aérien. Un moment électrisant qui m'a traversé de part en part. J'ai formé un signe de cœur avec mes mains sur et elle a souri avant de refermer la visière et de s'éloigner. Le vrombissement de son moteur s'est atténué jusqu'à ce qu'il s'éteigne au loin. J'ai su alors qu'elle avait eu le même coup de foudre que moi.

Le retour à la maison sur ma propre moto m'a donné l'impression d'un mélange de triomphe et de confusion. Ses yeux, son rire, sa façon de parler - tout tournait en boucle dans ma tête. Mais alors que l'adrénaline s'estompait, la raison a pris le dessus. J'ai décidé de ne pas mettre mon mariage en danger.

Je me persuadai que ces moments avec Isabell étaient un petit cadeau, un soupçon d'aventure qui m'avait montré que j'étais encore vivant. "Tu as eu ces heures merveilleuses", me disais-je, "et maintenant ça suffit".

Mais les jours suivants ont montré que ce n'était pas si simple. Elle hantait mes pensées, comme si elle était un fantôme qui s'était incrusté dans mes rêves. Mon téléphone portable clignotait sans cesse et son nom s'affichait à l'écran. Chaque fois que je lisais son message, cela me ramenait à ce moment au café, à l'étincelle de ses yeux, à son rire. "Pourquoi es-tu si réticente ?", écrivait-elle. "Je ne peux pas m'empêcher de penser à toi. Je crois que j'ai le béguin pour toi. Revoyons-nous bientôt".

C'était comme si un lien invisible s'était tissé entre nous, que je ne pouvais ni ignorer ni rompre. J'ai fini par céder et nous nous sommes donné rendez-vous chez elle.

Märkisches Viertel à Berlin, immeuble en préfabriqué, quartier résidentiel majoritairement peuplé d'immigrés, tout est assez déglingué, barbouillé et sale. Je me suis juste dit : "Mon Dieu, j'espère que ton appartement n'est pas pareil".

Lorsque j'ai sonné à sa porte, j'ai senti mon cœur battre dans ma poitrine. Elle a ouvert la porte comme si elle venait de sortir d'un magazine sur papier glacé - parfaitement stylée, accueillante, mais avec cette aura inaccessible qui me captivait.

Son appartement était une révélation. Il n'était pas seulement bien rangé et propre, mais aussi chaleureux et accueillant, comme si elle avait planté une partie de sa personnalité dans chaque recoin. Les meubles étaient élégants et stylés, comme s'ils sortaient d'un catalogue que j'aime moi-même feuilleter, et les murs étaient parsemés de photos de ses voyages, de sa famille et de ses amis. Chaque image racontait une histoire, chaque souvenir provenant de pays exotiques chuchotait des aventures et des moments qu'elle avait vécus. Ainsi, le quartier, la maison et tout l'environnement ne correspondaient pas du tout à son appartement.

Alors que je regardais les photos et me perdais dans les histoires qu'elles racontaient, j'ai entendu le tintement des glaçons venant de la cuisine. Elle préparait des cocktails et le parfum des citrons verts et de la menthe soufflait jusqu'à moi. Je pris un moment pour respirer profondément et m'imprégner de l'atmosphère. **Tout me semblait juste, presque trop juste.**

Elle s'est juste exclamée : "Mon ange, pourquoi ne pas t'asseoir sur le balcon ?". Je lui ai répondu : "Rêveuse, je trouve tes photos fascinantes". Elle a répondu : "Tu es mignonne, aucun mec ne les a jamais regardées".

Je n'ai pas pu m'empêcher de lui dire : "Tu reçois tant de types que ça" ? Elle a ri : "Espèce d'idiot, viens maintenant, j'ai quelque chose de bon pour toi".

Cette légèreté, ces taquineries mutuelles - on se sentait bien, presque comme dans un petit monde parfait qui, pour l'instant, n'appartenait qu'à nous deux.

Puis elle est sortie sur le balcon, deux verres à la main. Elle s'est assise à côté de moi, sa proximité me rendait nerveux et m'électrisait en même temps. Pendant un moment, nous sommes restés assis là, muets, tandis que nos regards se croisaient et que toute une conversation sans paroles s'engageait.

Nous avons trinqué et j'ai pris une gorgée. Délicieux - un cocktail de fruits avec une petite dose d'alcool, juste assez pour que ça chatouille, mais pas trop lourd.

"Wow, il a vraiment bon goût", ai-je dit en la regardant. "Je suis contente qu'il te plaise", a-t-elle répondu avec son sourire radieux. "C'est mon cocktail spécial. Pour les invités spéciaux". J'ai souri : "Des invités spéciaux ? Alors, tu es bien un de ces bars à cocktails pour hommes ?" Elle a ri aux éclats : "Tu es impossible. Non, je voulais dire que tu es spéciale, idiote".

La glace était brisée depuis longtemps, et ce mélange d'humour, de légèreté et d'une certaine tension dans l'air rendait le moment parfait. Nous avons trinqué une nouvelle fois, cette fois avec une étincelle malicieuse dans ses yeux qui m'a immédiatement captivé.

Son regard s'est planté profondément dans mes yeux, et avant que je ne le réalise, elle s'est rapprochée, ses lèvres ont trouvé les miennes, et le monde autour de nous a disparu.

Le baiser était doux et avait un délicieux goût de cocktail. Tout ce qui s'était accumulé en nous ces derniers jours se libérait à cet instant. C'était un baiser qui parlait plus que des mots - c'était une promesse, une invitation à entrer dans l'interdit, et j'étais prête à faire abstraction de tout le reste pour savourer ce moment.

Je me suis dit : "Bon, si tu continues maintenant, tu vas tomber complètement sous son charme. Cette femme est la folie absolue et l'érotisme pur". Isabell était une apparition qui coupait l'herbe sous le pied de toute raison.

Sa présence remplissait la pièce, un mélange d'attirance dangereuse et de chaleur qui me rassurait et m'excitait à la fois. Ses lèvres étaient pleines et merveilleusement douces, et ce parfum - un mélange de lait de coco et de Jil Sander Sun - était à la fois étrange et inexplicablement envoûtant.

Chaque moment passé près d'elle était un jeu avec le feu, un exercice d'équilibre entre le désir et le contrôle de soi. Elle m'a alors dit avec un sourire insolent : "Rêveur, allons là-bas, je veux te montrer ma collection de timbres". Je n'ai pas pu m'en empêcher et j'ai éclaté de rire.

"Collection de timbres ? Honnêtement, maintenant ? C'est le plus vieux truc du monde", ai-je répondu en souriant.

"Ferme-la et viens avec moi," dit-elle en me tirant résolument par la main.

Je me suis donc laissé entraîner, directement dans sa chambre. La pièce était à l'image du reste de l'appartement : de bon goût, confortable et étonnamment bien rangée. Le lit était parfaitement fait et sentait son mélange typique de lait de coco et de parfum.

Je me suis juste dit : "Bon, oublie les doutes. Profite du spectacle".

Lorsqu'elle a commencé à lentementse déshabiller , l'air autour de nous s'est senti chargé d'électricité. Je me suis appuyé sur le cadre de la porte et j'ai apprécié le spectacle.

Sa peau était immaculée, couverte de tatouages, principalement des motifs vikings et guerriers, avec dans le dos un énorme Yggdrasil gravé de runes.

Quel corps magnifique, tout simplement impeccable. Ses seins fermes et volumineux attiraient mon regard comme par magie et sa peau immaculée semblait briller dans la douce lumière. Elle était entièrement rasée, et j'ai toujours été extrêmement attiré par ce genre de choses.

Elle se déplaçait avec une telle assurance que j'en avais le souffle coupé. Entièrement rasée, chaque détail parfaitement soigné - elle était comme un fantasme devenu vivant.

Je ne pouvais pas m'en empêcher, le petit entre mes jambes devenait plus dur que je ne l'avais jamais senti auparavant. C'était comme si mon corps avait sa propre volonté, complètement submergé par sa présence. Tout en elle respirait la sensualité, de son sourire séduisant aux mouvements souples qu'elle effectuait devant moi.

"Alors, tu aimes ce que tu vois ?" me demanda-t-elle avec un sourire malicieux en s'approchant lentement. J'ai à peine réussi à articuler "Et comment", complètement subjugué par ce moment qui semblait sortir d'un rêve.

Puis elle a pris son index, l'a léché lentement et de manière séduisante, avant de le frotter contre mon pantalon. Avec un sourire coquin, elle me dit : "Mais maintenant, sors de ces vêtements mouillés".

J'ai mis une seconde à comprendre ce qui venait de se passer - et puis j'ai dû rire aux éclats. "Hahaha, quelle femme !" me suis-je dit. Elle était tout simplement incroyable, tellement sûre d'elle, enjouée et sexy que je n'ai pas pu m'empêcher de la suivre complètement.

"Eh bien, rêveur, pourquoi restes-tu planté là ? Dépêche-toi !" a-t-elle ajouté en s'asseyant sur le bord du lit et en me fixant avec ce regard séduisant qui me rendait presque fou.

En un rien de temps, j'ai enlevé mon pantalon et le reste de mes vêtements. Je me suis retrouvé là, tel que Dieu m'avait créé, avec un grand sourire et un cœur qui battait la chamade.

Je me suis approché d'elle et me suis retrouvé nu devant elle, le petit se tenant comme un seul homme. Elle m'a dit : "C'est comme une invitation écrite".

Elle l'a pris dans sa bouche et m'a fait jouir oralement, en même temps elle a attrapé mes fesses avec l'autre main et a enfoncé mon petit cul encore plus profondément dans sa bouche. C'était vraiment génial. J'ai dit "arrête, je ne veux pas encore jouir".

Je l'ai retournée et elle s'est agenouillée devant moi. Avec une main sur sa hanche et une autre dans son dos, je l'ai lentement pénétrée par derrière. C'était indescriptible

La femme était si serrée qu'on voyait qu'elle n'avait pas encore eu d'enfants. J'ai dû me ressaisir et ne pas venir tout de suite.

Je ne savais pas que j'en étais encore capable, mais avec la bonne motivation, je pouvais faire encore mieux. Nous avons fait l'amour pendant environ trois heures ce jour-là.

Je me suis rendu compte que je tombais lentement mais sûrement amoureux d'elle. J'en voulais plus, encore et encore.

La manière aimante et sensuelle dont elle me traitait faisait disparaître tout le reste autour de moi. C'était comme si le monde s'était arrêté et qu'il n'y avait plus que nous deux. Son doux sourire, l'étincelle dans ses yeux et la façon dont elle me touchait avec ses mains délicates ont déclenché en moi une vague d'émotions que je n'avais pas ressenties depuis longtemps. Ce n'était pas seulement du désir - c'était la confirmation qui me manquait, le sentiment d'être désiré et admiré.

Son odeur, ce mélange unique de Jil Sander Sun et de lait de coco, était comme un parfum qui s'est profondément gravé dans ma mémoire. Même maintenant, des années plus tard, je peux presque sentir ce parfum dès que je ferme les yeux.

Et puis il y avait son corps, ce corps immaculé et séduisant, plein de courbes et de tatouages mystérieux. Chaque regard que je laissais glisser sur sa peau me racontait une nouvelle histoire, me plongeait plus profondément dans cette ivresse qu'elle m'offrait. Avec Isabell, je ne me sentais pas seulement comme un homme - je me sentais comme l'homme. Avec son style incomparable, elle parvenait à me rappeler la version de moi-même que j'étais autrefois : sûr de moi, fort et désirable. Cela me faisait du bien, plus que je ne voulais l'admettre. Et cela rendait d'autant plus difficile le fait de me détacher d'elle.

Dans ces moments-là, je ne voulais rien d'autre que rester avec elle, dans son monde de passion, qui me semblait si différent du quotidien bien ordonné qui m'attendait à la maison.

Mais alors, la pensée s'est insinuée : Est-ce que je mettrais en péril tout ce que j'ai construit ? Laisser tout derrière moi à mon âge, recommencer à zéro ? L'idée était à la fois séduisante et effrayante.

J'avais déjà vécu trop de nouveaux départs, mené trop de combats pour en arriver là où j'étais. Les doutes s'insinuaient dans ma conscience et me faisaient comprendre qu'il n'y avait pas d'issue facile, pas de solution qui laisserait tout intact.

Mais il y avait ce conflit intérieur - une bataille ancestrale entre la raison et le désir. Le petit ami entre mes jambes, qui avait souvent déterminé ma vie plus que je ne l'aurais souhaité, s'est exprimé bruyamment, comme à son habitude.

Dans ces moments-là, il semblait toujours prendre le dessus, me poussant à prendre des décisions que je regretterais plus tard. Et c'est là, à ce moment précis, que je au fond de moi savais que j'étais à nouveau sur la mauvaise voie. Le chemin qui m'avait déjà mené un nombre incalculable de fois à la limite de moi-même.

La bombe éclate - ou pourquoi nous, les imbéciles, piétinons ce que nous aimons

C'était un de ces dimanches calmes et oppressants où le monde extérieur semblait paisible, mais où je me trouvais pourtant dans une tempête de culpabilité et de doute.

Le soleil brillait à travers les rideaux entrouverts, projetant des motifs dansants sur les murs, tandis que nous étions allongés dans son lit, épuisés et encore prisonniers de la chaleur de notre moment passé ensemble. Nous venions de passer deux heures de sexe pur et intense, et tandis que sa respiration se calmait, j'étais allongé, la couverture remontée jusqu'à la poitrine, et je sentais une lourdeur inhabituelle s'abattre sur moi.

Un arrière-goût amer remontait dans ma gorge. Isabell était une femme incroyable - sauvage, intelligente, pleine de vie - et dans ses bras, je me sentais à nouveau comme un homme qui avait quelque chose à offrir.

Mais cette illusion était fragile, et j'ai soudain réalisé à quel point tout cela était vain. Il n'y avait pas d'avenir, pas de perspective commune, seulement le jeu de cache-cache et mes mensonges qui s'étendaient autour de nous comme un filet invisible. Le filet se resserrait de plus en plus et je savais que ce n'était qu'une question de temps avant qu'il ne se déchire.

Isabell me posait des questions depuis des semaines. Des questions que j'ai habilement écartées à chaque fois par un mensonge de secours ou une excuse. "Pourquoi tu ne peux jamais être là les jours de fête ?" - "Pourquoi tu ne restes jamais la nuit ?"

Elle n'était pas stupide, et je savais que sa méfiance grandissait. Mais son cœur était assez fort, son amour pour moi assez aveugle, pour ne pas voir mes mensonges. Elle voulait croire en nous. Et c'est précisément ce qui rendait les choses encore plus difficiles.

Elle m'avait souvent demandé de passer la nuit chez elle, et j'avais à chaque fois une excuse différente. "Je dois me lever tôt", "il est important que je rentre, j'ai un projet". La vérité était trop cruelle, trop laide pour être dite : J'avais une femme à la maison, une vie que j'étais prêt à risquer, mais que je ne voulais pas abandonner complètement. La prise de conscience que je lui avais caché tout cela me rongeait.

Et nous sommes restés là, dans ce silence étrange, qui est soudain devenu lourd comme du plomb. J'ai tourné la tête vers elle et je l'ai vue me regarder avec ses grands yeux interrogateurs. Des yeux qui me disaient qu'elle me faisait confiance, qu'à ce moment-là, elle supporterait n'importe quelle vérité pourvu qu'elle vienne de moi.

Des larmes me sont montées aux yeux, involontairement et de manière inattendue. Le masque que j'avais porté pendant des mois commençait à s'effriter.

Elle l'a tout de suite remarqué. "Ange, que se passe-t-il ?", a-t-elle murmuré en m'attirant doucement dans ses bras. Ses lèvres touchèrent mes tempes et elle me caressa le dos, comme pour me protéger de ce qui me tourmentait. "S'il te plaît, dis-le-moi", a-t-elle demandé, sa voix mêlant inquiétude et amour.

Ce moment était le point de non-retour. Soit je disais la vérité et je risquais tout, soit je continuais à mentir et je la perdrais définitivement si la vérité était révélée. Isabell n'était pas le genre de femme à se contenter de demi-vérités. Je savais qu'elle était une battante, quelqu'un qui ne se laissait pas tromper si facilement.

"Isabell," ai-je commencé, et mon cœur s'est emballé. Les mots ne voulaient pas franchir mes lèvres. "Il y a quelque chose que je dois te dire". Ses yeux sont devenus sérieux, cherchant dans mon regard des indices sur ce qui allait suivre. Elle : "Isabell ? Sommes-nous devenus des "vous" ?

Le moment où j'ai prononcé ces mots a semblé faire exploser l'air de la pièce. "Rêveur, je dois t'avouer quelque chose, mais ne te fâche pas..."

Ses yeux, qui auparavant brillaient de chaleur et de confiance, se rétrécirent en fentes étroites. Elle s'est assise, la couverture a glissé de ses épaules. Sa voix était glaciale lorsqu'elle dit : "Dis tout de suite ce qui se passe, mais je le devine déjà...".

Le regard affectueux qui m'avait réconforté jusque-là s'était envolé. Son visage s'est durci et c'est comme si un mur invisible s'était dressé entre nous. Le moment qui nous avait unis il y a quelques instants avait disparu en une fraction de seconde. Mon cœur battait à tout rompre et mes mains tremblaient, lorsque j'ai prononcé les mots que je ne pouvais plus retirer : "Femme de rêve, je suis marié...".

C'était comme si j'avais déclenché une bombe. Elle a sauté du lit, son visage s'est déformé sous l'effet d'une colère irrépressible et ses yeux semblaient faire des étincelles. "Je le savais ! Je le savais ! Je le savais !", cria-t-elle, sa voix se brisant de colère. "Tu es complètement fou ?" "Quel genre de malade es-tu ?" "Dégage tout de suite, espèce de merde ! Raus, raus, raaaaaaaaaaus!"

Avant que je ne comprenne ce qui m'arrivait, elle était déjà nue comme un ver, près de la porte de l'appartement qu'elle a ouverte avec fracas. Isabell se tenait nue devant moi, les muscles tendus, les mains serrées dans les poings. "Sortez de mon appartement ! DEHORS !", a-t-elle hurlé. Le fait est que toute résistance était inutile.

J'ai attrapé précipitamment mon pantalon, ma chemise, ma poche ventrale et ma veste, tandis que sa voix continuait à balayer l'appartement comme une tempête. "Dehors !", criait-elle encore et encore, sa colère si rude et indomptable que j'en avais presque les genoux qui tremblaient.

Je voulais dire quelque chose, balbutier des excuses, quelque chose qui pourrait sauver la situation. Mais sur son visage, il n'y avait pas de place pour les mots. Ses joues étaient rougies, des larmes perlaient dans ses yeux, mais elle les retenait - par fierté, par colère, par douleur. La femme qui, un instant plus tôt, était tout mon monde, s'était transformée en ennemie, et c'était entièrement de ma faute.

Elle a jeté mes bottes l'une après l'autre dans le couloir en disant "Tiens, connard" et a claqué la porte. Les deux bottes ont touché la porte d'en face comme des obus antiaériens. Je porte souvent des bottes militaires Haix, et elles pèsent un peu à cause des embouts en acier. Les impacts ont fait du bruit.

Je l'ai entendue faire une crise de larmes derrière la porte. Les voisins qui n'étaient pas encore réveillés l'étaient certainement tous.

Je suis un con, je l'ai encore une fois cherché avec ma façon de faire.

J'étais là, dans le couloir de l'immeuble en préfabriqué du quartier Märkisches Viertel, nue avec de douze étages toutes mes affaires éparpillées dans le couloir de l'immeuble. J'entendais encore les sanglots furieux d'Isabelle à travers la porte fermée. Mes chaussures étaient en travers du couloir.

Le vestibule était austère et stérile, avec cette odeur caractéristique de détergent et d'air vicié. Les néons au plafond clignotaient légèrement et j'entendais le vrombissement d'un aspirateur quelque part au loin. Le silence qui régnait après la tempête était presque assourdissant.

Soudain, la porte qui venait d'être frappée par mes bottes s'est ouverte et la voisine d'en face est sortie. Blonde, âgée d'environ 35 ans et très séduisante. L'expression de son visage était un mélange d'étonnement et de questionnement. Ses yeux s'écarquillèrent lorsqu'elle me vit - à moitié nue, vêtue uniquement de mon slip et tenant le reste de mes affaires à la main.

"Eh bien, le dimanche ne s'est pas passé comme prévu, hein ?" Son ton était sarcastique.

Je l'ai regardée et un rire m'a échappé. Face à toute cette scène bizarre, je ne pouvais plus me contrôler. "Non, non, tout va bien, je vais m'en sortir", tandis que j'enfin enfilais mon slip. En réalité, je n'avais rien compris. J'ai cru que j'étais sur le tournage d'un film, tellement la situation était bizarre.

La voisine se contenta de secouer la tête, de marmonner quelque chose comme "Il n'a plus que y ici" et de fermer sa porte avec un claquement énergique.des débiles et des idiots

Avant que je ne puisse mettre de l'ordre dans mes pensées, une autre porte s'est ouverte. Celle à droite de celle de l'appartement d'Isabelle. Le voisin, un de grande taille homme , aux boucles sombres et au à l'allure méditerranéenneregard , en sortit. étrange

Il portait un simple t-shirt sur un gros ventre de buveur de bière et un caleçon presque blanc avec une ouverture. Comme dans le film de Werner Beinhart, le type du concierge dans la scène avec la clé de la chaufferie.

"Frère, qu'est-ce que tu fais ? Tu vas bien ? Tu fais du bruit ici, tu dis ?" Ses yeux me scrutaient avec scepticisme et je pouvais voir comment il essayait de comprendre la situation.

"Oui, oui, tout va bien", ai-je répondu en essayant d'enfiler mes chaussures tout en m'appuyant sur le mur pour ne pas perdre l'équilibre.

L'allemand cassé de ce type et l'image du slip avec intervention m'ont achevé. Je n'arrivais plus à me contrôler et j'étais presque par terre à force de rire. J'avais déjà les larmes aux yeux. C'était vraiment digne d'un film et l'une des actions les plus cools que j'ai jamais vécues dans ma vie

Heureusement, dans toute cette agitation, j'avais encore attrapé mon sac ventral avec les clés de la voiture. Si cela m'avait échappé, cette journée se serait transformée en un fiasco complet, et cela aurait été la juste punition pour toutes les bêtises que j'avais faites.

Je n'ai pas attendu l'ascenseur, j'ai descendu les sept étages à pied jusqu'à la sortie. Le silence dans la voiture me paraissait étrange, comme un doux écho après une forte détonation. Je me suis juste dit : "Mon Dieu, quelle action bizarre ! Je suis d'abord restée dans la voiture pour me calmer un peu. J'ai levé les yeux vers l'appartement d'Isabelle. De la voiture, on voyait la fenêtre de la chambre à coucher, en espérant qu'elle regarderait peut-être en bas. J'ai alors pris le téléphone portable et je lui ai écrit un message. Mais au lieu de deux crochets bleus, il n'y en avait qu'un. Elle m'avait manifestement déjà bloqué, puisque sa photo de profil n'était plus visible non plus. Quelle merde ! Je venais de perdre la femme de mes rêves, pensai-je.

J'ai démarré le moteur et j'ai roulé sans but dans les rues, les maisons et les arbres familiers défilant devant moi comme une bande de film floue.

Au bout d'un moment, lorsque mes pensées se sont un peu calmées, j'ai décidé de m'arrêter dans un petit café pour décompresser un peu.

L'odeur sucrée des pâtisseries fraîches et du café m'a accueillie et je me suis assise à une table dans un coin. Je commandai une tasse de thé et un croissant, m'enfonçai dans le fauteuil et sentis la tension s'estomper peu à peu. Mais alors que j'étais assise, les souvenirs des dernières heures ont afflué et, avant que je ne puisse l'empêcher, je me suis mise à sourire doucement. Car malgré la tristesse de la perte de cette femme formidable, toute cette action était si excitante et étrange que je ne pouvais qu'en rire. Le type avec le ventre plein de bière et la fille d'en face - hahaha, comme c'est génial. Quelle tête ils faisaient !

C'était ce genre de rire que l'on n'a que lorsqu'on prend pleinement conscience de l'absurdité du moment. Un rire que l'on ne peut pas arrêter, même si l'on sait qu'il n'est pas à sa place. Je devais me ressaisir pour ne pas éclater bruyamment tout en cachant mon visage avec ma main.

Les autres clients me jetaient des regards furtifs et j'imaginais ce qu'ils pensaient : "Ce type n'a pas toute sa tête. Peut-être qu'il est drogué ou qu'il a un peu trop de tours dans la tête". Mais cela m'était égal. J'ai continué à rire, j'avais les larmes aux yeux à force de rire et j'ai carrément dû me forcer à me calmer.

Maintenant que je suis assis ici et que j'écris ces lignes, ce rire refait surface. Oui, c'était une action folle, digne d'un film - une scène qu'on n'oublie pas. Même si un jour, au moment de ma mort, je vois ma vie défiler devant mes yeux, ce sera l'un de ces moments dont je me souviendrai et qui me fera esquisser un dernier sourire ironique.

Bien sûr, après cet épisode, ce fut d'abord le silence radio avec Isabell. Elle m'avait bloqué sur tous les canaux et je savais que je l'avais mérité. J'avais l'impression d'avoir coupé un fil qui avait permis de maintenir un lien important. Dans le silence qui a suivi la catastrophe, il ne restait que l'écho de mes décisions et la certitude que certains moments, aussi bizarres soient-ils, sont les leçons qui nous marquent le plus.

Dans les jours et les semaines qui ont suivi, j'ai ressenti un chagrin d'amour insupportable, qui m'a frappé plus fort que je n'aurais jamais pu l'imaginer. Isabell me manquait d'une manière qui me déchirait littéralement. Chaque moment passé sans elle était une torture, et je réalisais seulement maintenant que ce n'était pas seulement le frisson ou l'attirance physique - c'était plus que ça. Beaucoup plus. Il y avait un lien, un désir profond que je n'avais jamais trouvé dans ma vie quotidienne. Mais même si je m'enfonçais dans mon chagrin, je ressentais en même temps une étrange sorte de libération. L'affaire était terminée, l'éternel jeu de cache-cache et la peur qu'Isabell ne débarque chez moi pour se venger et ne dévoile tout avaient disparu.

Mais comme le destin est parfois bien fait, mon soulagement a été de courte durée. Un soir, il était déjà tard et je venais de m'allonger sur le canapé, quand soudain mon téléphone portable a vibré. Un "pling" familier et l'écran s'est allumé : un message WhatsApp d'Isabell. Mon cœur manqua un battement. Je fixai l'écran comme si j'avais vu un fantôme.

Le message était court, mais il a fait battre mon cœur à toute vitesse : "Ange, je t'aime tellement. S'il te plaît, parlons et revenons à moi". Je lisais et relisais ces mots, incapable de comprendre qu'ils venaient vraiment d'elle. Une partie de moi voulait bondir et se rendre immédiatement chez elle, voulait effacer les semaines passées et faire revivre tous les sentiments qui nous séparaient. Et oui, je l'avoue - je me sentais aux anges. C'était le moi égoïste, la partie de moi qui pensait pouvoir tout avoir sans avoir à craindre les conséquences.

Les excuses d'Isabelle résonnaient dans ma tête comme une douce promesse. Elle voulait que je revienne, malgré tout. "Maintenant, je la tiens", pensai-je. Une pensée si égoïste qu'elle m'a elle-même piquée. Je m'imaginais comment je pourrais continuer ma double vie : Isabell comme maîtresse, ma femme à la maison, un jeu que je contrôlais selon mes propres règles. Cette idée me remplissait d'une sombre satisfaction.

"Peut-être qu'elle a enfin compris", ai-je murmuré pour moi-même, tandis que je faisais trembler mes doigts sur l'écran pour répondre. Mon esprit savait que ce que je faisais était mal. Mais mon cœur - ou peut-être était-ce simplement mon désir de confirmation et de passion - en réclamait davantage. Isabell était pour moi comme une addiction, et comme tout toxicomane, je me persuadais que j'avais tout sous contrôle. Que j'allais réussir à réunir les deux mondes sans que l'un d'eux ne s'effondre.

Pourtant, au fond de moi, je savais que ce n'était pas si simple. Isabell n'était pas le genre de femme à se contenter du rôle d'amante. Et je n'étais pas le genre d'homme qui s'en tenait aux solutions de facilité. Ce n'était qu'une question de temps avant que le château de cartes que j'avais si soigneusement construit ne s'ébranle à nouveau.

L'affaire s'est prolongée pendant l'année suivante et nous nous sommes retrouvés dans une routine qui nous semblait à la fois excitante et dangereuse. Nous nous voyions tous les cinq à quinze jours, mais il ne s'agissait plus seulement de rendez-vous secrets pour une proximité physique. Nous avons commencé à étendre notre vie commune, comme si nous étions un vrai couple qui passait son temps à vivre les petites aventures du quotidien. Nous faisions de longs trajets à moto, avec le vent qui nous fouettait le visage et nous donnait un sentiment de liberté qui n'existait sous cette forme que dans la vie à deux. C'était comme si le monde n'appartenait qu'à nous deux pendant ces quelques heures.

Le sport était un autre lien. Ensemble, nous soulevions des poids, nous nous encouragions et riions des petites compétitions que nous nous livrions. Notre dynamique était explosive, pleine de tension et d'un crépitement sous-jacent qui pouvait à tout moment se transformer en passion. Après ces séances d'entraînement exténuantes, de nombreuses soirées se terminaient dans leur appartement, où prendre une douche ensemble était presque un rituel. La vapeur chaude, la sensation de l'eau qui coulait sur nos corps échauffés et le sexe sous la douche. Nos rendez-vous sportifs se terminaient toujours par une chute l'un sur l'autre et un sexe de folie. J'adorais la satisfaire oralement, et la façon dont elle criait et jouissait au bout de quelques instants était tout simplement incroyable. Je devais toujours la pincer pour qu'elle baisse d'un ton, car je ne voulais pas qu'on se fasse arrêter par la police.

Ce n'était pas seulement l'aventure ou la nature interdite de nos rencontres, mais la façon dont elle riait, dont elle me regardait, comme si j'étais le seul homme qu'elle ait jamais voulu. Elle avait une énergie indescriptible, une présence qui remplissait chaque pièce dans laquelle elle entrait. Sa voix était pleine de vivacité et son sourire dégageait une chaleur qui rendait accro.

Nos activités communes rendaient presque impossible d'ignorer la réalité. Le cinéma, les expositions, les conversations donnaient l'impression d'être un mariage. Certains jours, je me demandais combien de temps je pourrais encore tenir le jeu sans que tout s'écroule comme un château de cartes. Mais ces pensées s'évaporaient rapidement lorsque nous étions ensemble, et la raison était balayée par l'urgence du moment.

Un exemple : il y a eu un accident : Après le sport, nous avons pris une douche ensemble chez elle, elle aimait le sexe si les voisins le remarquaient. Elle m'a tiré hors de la douche, sur son balcon. Nous étions tous les deux nus et encore complètement mouillés après la douche. Mon petit garçon se tenait comme un seul homme, car j'étais complètement excité par elle et ses gros seins fermes se balançaient d'avant en arrière. Les tatouages sur son dos étaient comme des histoires que l'on pouvait regarder en la prenant par derrière. La démarche, l'odeur, le regard, les fesses, j'étais fou d'elle à chaque fois.

Elle m'a poussé sur le banc de jardin de son balcon et m'a masturbé oralement. Juste avant que je ne jouisse, elle s'est assise sur moi et a gémi de plaisir alors que je me déversais en elle.

Cela a duré plusieurs heures, elle n'en avait jamais assez de faire l'amour avec moi. Je devais constamment lui fermer la bouche pour que les voisins n'appellent pas la police. Mais elle continuait quand même à couiner fort. Je me suis régalé, ce corps magnifique et ses gros seins qui se balançaient de haut en bas, un rêve. J'espérais qu'il n'y aurait jamais de fin à cela.

En fait, j'ai eu l'impression d'avoir une vraie relation, une relation pleine d'intensité et de passion, dans laquelle il n'y avait pas de demi-mesure. Ce jour-là, après que nous nous soyons perdus dans une tempête de sentiments et de désir, elle était pieds nus dans la cuisine, préparait notre repas et me souriait régulièrement entre-temps, comme si j'étais le centre de son monde. L'odeur des herbes fraîchement grillées et de l'ail emplissait le petit appartement et con-férait à ce moment une chaleur presque intime qui s'installait au plus profond de moi. C'était un moment qui semblait réel - si réel qu'il en était douloureux.

Après le repas, elle a disparu brièvement dans la pièce voisine et est revenue avec une lettre à la main. Ses yeux étaient doux et son regard gardait une trace de nervosité.

Elle m'a tendu la lettre et m'a dit à voix basse : "Bébé, tu es l'homme de mes rêves, je t'aime d'un amour indicible. S'il te plaît, lis cette lettre en silence, car elle dit ce que je ressens et éprouve pour toi". Ses mots ont résonné dans ma tête alors que je prenais la lettre. Le mot semblait plus lourd qu'il ne l'était - plein de pensées et de sen-timents non exprimés.

Sur le chemin du retour, j'ai pris une petite rue, j'ai coupé le moteur et j'ai ouvert la lettre. Les mains tremblantes et avec un sentiment de malaise dans l'estomac, j'ai commencé à lire. Elle avait mis ses sentiments dans chaque mot. Elle évoquait tous les petits et grands moments que nous avions partagés - les balades en moto, les ren-dez-vous pleins de rires, les regards furtifs dans des pièces bondées qui révélaient ce que nous ressentions l'un pour l'autre. Elle écrivait à quel point elle avait souffert de notre séparation et que la douleur était encore profonde en elle. Chaque phrase était un écho de ce que je ressentais au plus profond de moi, mais que je n'avais jamais voulu admettre.

Elle disait à quel point nous étions parfaits l'un pour l'autre, à quel point nous nous complétions mutuellement et à quel point elle croyait fermement qu'elle était la bonne personne pour moi. Ses mots étaient un mélange de désir et d'urgence. Elle décrivait notre sexe sensuel, presque sans limites, cette connexion physique si intense qu'elle disait n'avoir jamais connu une telle passion auparavant.

Elle m'a supplié de prendre enfin une décision, de me séparer et de commencer une nouvelle vie avec elle. L'idée de recommencer ensemble ailleurs ne sonnait soudain plus comme une illusion, mais comme une réelle possibilité.

la fin de la lettre, elle me demandait en mariage. Elle écrivait : "Réfléchis, s'il te plaît, à ce que ce serait de te réveiller chaque matin à mes côtés, de parcourir le monde avec moi et de vivre une vie qui n'appartiendrait qu'à nous". Ses mots m'ont transpercé, créant un gouffre dans ma poitrine qui ressemblait à un vide sans fin. Soudain, j'ai réalisé à quel point je l'avais blessée et dans quelle spirale émotionnelle je l'avais entraînée.

Assise comme une enfant dans la voiture, je tenais la lettre à deux mains et ne pouvais plus retenir mes larmes. Les larmes coulaient sur mon visage et je sentais le goût salé sur mes lèvres. Je pleurais sans retenue, car je savais pertinemment que j'étais trop lâche pour prendre un nouveau départ avec cette femme formidable. Je n'avais pas envie d'un autre divorce et de tout le combat que cela impliquait. Je n'avais tout simplement plus la force de me battre. Le fait que toutes les dernières phrases commencent par "je", je le réalise maintenant en écrivant - quel putain d'égoïste je suis.

Ce fut un moment de remords, de connaissance de soi et de douleur accablante. Je l'avais blessée tant de fois, elle qui m'avait donné tout ce qu'elle avait. Et je savais que c'était de ma faute si je nous avais mis tous les deux dans cette situation intenable. Il m'a fallu longtemps pour reprendre le contrôle de moi-même, mettre mes mains autour du volant et respirer profondément.

Je n'ai pas vu Isabell pendant deux semaines. J'avais été contaminée par Corona et je ne voulais pas la mettre en danger.

The Judgement Day - Le karma frappe

Parfois, quand on regarde en arrière, on se rend compte que la vie est un peu comme un boomerang : tout ce que tu envoies finit par te revenir. Et c'est ce qui s'est passé pour moi. Toutes les décisions que j'avais prises - les bonnes, les mauvaises, et surtout les plus égoïstes - s'étaient accumulées au fil des ans comme une bombe à retardement.

Ce qui devait arriver arriva. Moi, l'imbécile complet, j'avais caché la lettre d'amour d'Isabell dans une vieille veste. Pourquoi ? Parce que c'était la plus belle lettre d'amour, la plus sincère, que j'avais jamais reçue de ma vie. Je ne pouvais pas me résoudre à la jeter. C'était un morceau de mémoire qui me rappelait à quel point j'avais été désirée et aimée, à quel point je m'étais sentie vivante. Une erreur sentimentale stupide qui allait m'être fatale.

Un jour, complètement à l'improviste, ma femme a décidé de commencer le nettoyage de printemps par un lavage en profondeur de mes vieilles vestes en tissu. Les vestes que je ne portais plus depuis longtemps devaient également être nettoyées. Moi, ce parfait imbécile, j'avais oublié la lettre depuis longtemps. Au lieu de la détruire immédiatement après l'avoir lue ou de la cacher dans un endroit plus sûr, elle était toujours dans la poche intérieure, une bombe à retardement de papier.

Le classique, comme on dit. Nous, les hommes, sommes parfois incroyablement naïfs - le vieux comportement de chasseur qui est en nous, la collection et l'accumulation de trophées, même s'ils peuvent détruire notre vie.

Et puis l'inévitable s'est produit. Le moment qui allait tout changer.
La lettre de merde - elle l'a trouvée

Le super GAU. L'air de l'appartement sembla se comprimer brusquement lorsque j'entendis sa voix provenant du salon, un "Qu'est-ce que c'est que ça ?" étouffé et tremblant. Son ton ne laissait aucun doute : elle l'avait découvert.

La journée avait déjà mal commencé, avec une lettre de l'administration fiscale une facture d' saléeannonçant . Mais selon la impôts-loi d', ce n'était que le début. Les choses allaient empirer. Bien pire. Okham

Je n'avais plus le choix, plus de cachette, plus de lieu de retraite. Je devais tout avouer - chaque vérité douloureuse, jusqu'au bout de la nuit. Les mots arrivaient avec hésitation, comme si je devais arracher un par un chaque morceau de ma culpabilité.

Ma femme était assise devant moi, les yeux rougis, des larmes coulant sur ses joues en un flot ininterrompu. Elle était prise d'une véritable crise de larmes. Ses mains tremblaient et toute son apparence était un mélange de douleur, de confusion et de pure déception nue. C'était comme si j'avais brisé le cœur de son monde et qu'elle se trouvait maintenant devant les morceaux, incapable de comprendre comment elle avait pu en arriver là.

C'est à ce moment-là que j'ai réalisé à quel point elle m'avait aimé pendant toutes ces années, à quel point ses sentiments étaient réellement profonds. J'avais toujours pensé que l'amour était une chose évidente à donner et à recevoir, un contrat silencieux que l'on oublie d'apprécier avec le temps. Mais maintenant, je voyais que tout ce qu'elle faisait venait de cet amour - le foyer qu'elle avait créé pour nous, la chaleur qu'elle tissait autour de nous, l'attention qu'elle portait à chaque détail de notre vie.

Et moi, l'imbécile complet, j'avais pris tout cela pour acquis. Je n'avais jamais vraiment regardé, jamais compris que c'était elle qui tenait les fondations de notre vie, alors que moi, dans mon égoïsme et ma stupidité, je cherchais une autre voie. La prise de conscience est arrivée trop tard et le remords m'a fait l'effet d'une épée qui me déchirait de l'intérieur. Je voulais remonter le temps, je voulais effacer tous les non-dits et toutes les blessures. Mais à présent, je n'étais plus qu'un homme qui avait compris trop tard ce qu'il possédait - et ce qu'il risquait de perdre à jamais.

Cela m'a fait mal de réaliser à quel point j'avais été aveugle. Moi, l'idiot, je n'avais pas reconnu tout ce qu'elle avait fait pour nous et je l'avais ressenti comme une contrainte et une emprise. Maintenant, à ce moment-là, je ressentais une profonde tristesse qui me paralysait complètement. Je n'arrivais plus du tout à m'en sortir, les sentiments de culpabilité et les regrets me rongeaient comme des animaux affamés. Mais en même temps, j'avais l'impression de m'être libéré. Toute cette situation m'avait épuisé.

Je voulais mettre fin à ma liaison avec Isabell depuis longtemps, mais il m'a toujours semblé impossible de faire le grand saut. L'attirance était trop forte, la toile de mensonges que j'avais tissée autour de moi était trop compliquée. Et il y avait toujours cette peur lancinante que si je tirais un trait sur cette histoire, elle viendrait chez nous par colère.

Ne jamais sous-estimer la sagesse d'une femme

Et Isabell était intelligente. Elle avait découvert plus de choses sur moi que je n'aurais jamais pu l'imaginer. C'est au cours d'une de nos sorties communes qu'nous a un de mes clients croisés. Il m'a appelé par mon nom complet et a mentionné plusieurs fois le nom de mon entreprise. Jusqu'à ce moment-là, Isabell ne me connaissait que par mon prénom, et elle n'avait jamais demandé quel était mon vrai nom. Mais ce moment fortuit a suffi à éveiller sa curiosité.

Elle est rentrée chez elle, s'est assise devant son ordinateur et a commencé à faire des recherches. Elle n'était pas seulement belle et séduisante, mais aussi intelligente et persévérante.

Un extrait du registre du commerce, c'est tout ce dont elle avait besoin pour connaître non seulement mes relations professionnelles, mais aussi mon adresse privée. Je n'ai appris que bien plus tard qu'elle s'était rendue à mon adresse et avait pris une photo de la plaque de la sonnette - une preuve qui pesait sur moi comme une épée de Damoclès.

C'était après notre première séparation, après que je lui ai avoué que j'étais marié. C'était sa façon de me montrer qu'elle savait tout et qu'elle n'hésitait pas à utiliser cette information.

Lors d'une de nos dernières rencontres, elle m'a mis la photo sous le nez. Ses yeux ont clignoté d'une manière qui m'a fait froid dans le dos. "Bébé," dit-elle avec un sourire qui ressemblait plus à une menace, "ne me mets jamais en colère. Tu sais ce que vendetta veut dire".

Ces mots résonnaient dans ma tête. Je savais qu'une séparation avec elle serait loin de se dérouler sans heurts. La perspective qu'elle débarque chez moi et tout à ma femme raconte était plus que réelle. La peur de cela me tenait prisonnier, me permettait de continuer dans cette spirale toxique. C'était un jeu dans lequel j'avais toutes les cartes contre moi, et la prise de conscience est arrivée trop tard.

Le jour de la super catastrophe a tout changé. J'étais assis dans le salon, ma femme en face de moi, les yeux rouges et gonflés par les pleurs. L'air était lourd, plein de non-dits et de la tension qu'engendre la fin d'une ère. Je tenais fermement mon téléphone portable, comme s'il s'agissait de la dernière chose qui me reliait encore à Isabell.

Ma femme m'a demandé d'une voix ferme d'appeler Isabell et de mettre fin à notre liaison - maintenant, tout de suite, en sa présence. La pièce semblait tourner et j'avais à la fois chaud et froid.

Les doigts tremblants, j'ai composé le numéro que je connaissais par cœur et j'ai appuyé sur "Appeler". Il ne fallut que quelques secondes pour qu'elle décroche, sa voix si familière et pourtant si étrangère à cet instant.

"Bébé, c'est toi ? Qu'est-ce qui se passe ?" l'ai-je entendue dire, l'espoir dans sa voix ne pouvant être ignoré. J'ai rassemblé tout mon courage et j'ai dit : "Isabell, c'est fini. Nous ne pouvons plus faire ça. Je suis désolé".

Le silence s'installe. Puis un cri qui m'a traversé la moelle et les jambes : "Non, bébé, s'il te plaît, non ! Reste avec moi !" Ses mots m'ont frappé comme un coup de poing, mais j'ai tenu bon. J'ai raccroché sans dire un mot de plus et j'ai bloqué son numéro. Mon cœur battait la chamade et je me sentais à la fois soulagée et brisée. Je l'avais fait - la rupture était consommée, mais à quel prix ?

Ma femme m'a observé pendant tout ce temps, son regard plein de douleur mais aussi d'un léger espoir. Peut-être croyait-elle que cet appel était un début, une tentative de nous sortir de l'ornière. Le fait qu'elle ait accepté de me donner une chance en disait long sur son amour et sa volonté de nous sauver. Toute autre personne m'aurait déjà mis à la porte.

Les semaines qui ont suivi ont été marquées par une profonde tristesse et des conversations interminables. Nous avons parlé jusque tard dans la nuit, de choses qui étaient restées longtemps inexprimées, des blessures que j'avais causées et des incertitudes qui nous accompagnaient désormais. C'était comme si nous devions reconstruire notre relation pierre par pierre. Je devais confesser chaque moment passé avec Isabell et expliquer pourquoi et comment je ne pouvais pas me détacher de cette femme.

Mais cela n'est pas venu sans conditions. Je devais changer de fond en comble, ce qui impliquait de revoir mes priorités.

Ma femme et notre famille sont revenues au centre de ma vie et j'étais déterminé à ne plus jamais les prendre pour acquis. Désormais, elle voulait savoir où j'étais et ce que je faisais, et cela ne me posait aucun problème. Je lui envoyais l'endroit où je me trouvais, je l'appelais quand j'étais en déplacement et je la tenais toujours informée. Ce n'était pas un fardeau pour moi - c'était le signe de mon repentir et de mon désir de lui rendre la confiance que j'avais si imprudemment détruite.

Ce qui semblait être une mesure de contrôle au début est devenu un nouveau lien entre nous. Nous étions plus proches que jamais, presque comme dans les premières années de notre mariage, quand tout était nouveau et excitant. Les petits gestes faisaient désormais partie de notre quotidien. Je la surprenais avec de petits cadeaux, un bouquet de fleurs ou une carte sur laquelle était inscrite une simple phrase : "Je t'aime". Et chaque fois qu'elle souriait, je sentais qu'une partie de mon cœur brisé se guérissait.

De nouveaux rituels sont apparus, qui nous ont encore plus rapprochés. Le vendredi après le travail, nous sautions ensemble dans la baignoire, un verre de vin à la main, tout en discutant et en riant. Une fois par mois, nous allions ensemble au sauna, pour simplement nous détendre et laisser le monde à l'extérieur. Ces moments partagés sont devenus une ancre dans notre relation, quelque chose que nous attendions tous les deux avec impatience et qui nous rappelait pourquoi nous étions ensemble.

Ces petits moments de répit sont devenus sacrés pour moi. Ils étaient la preuve qu'il est possible de se retrouver, même après toutes ces années et malgré tous les défauts.

J'avais presque tout mis en jeu, mais je savais maintenant que cela valait la peine de se battre pour l'amour. La vie après la ménopause existe, et elle apporte parfois un nouveau type d'amour - un amour plus mûr, plus constant et plus honnête. Un amour qui résiste à la plus sombre des tempêtes et qui en ressort plus fort.

Depuis la fin de ma liaison avec Isabell, je suis un homme complètement différent. Ma vie s'est réorganisée et je n'ai plus que trois priorités : La famille, le travail et les loisirs - et exactement dans cet ordre. Avant, j'étais le centre de mon propre univers et tout tournait autour de mon épanouissement personnel et de la recherche du prochain coup de fouet. Il n'est pas étonnant qu'à l'époque, j'avais constamment l'impression de ne rien pouvoir concilier.

Mon mariage, mon indépendance, mes enfants, ma famille élargie, mes hobbies - et puis aussi une maîtresse. Je courais d'un aspect de ma vie à l'autre, sans vraiment en atteindre un seul. Le résultat était un état permanent d'insatisfaction, une course incessante contre la montre qui m'a finalement menée au bord du gouffre.

Rétrospectivement, je réalise à quel point j'ai torpillé ma propre vie et l'ai transformée en un véritable chaos. Au lieu de mener une vie calme et épanouie, je me suis laissé guider par mes désirs et ma quête insatiable de confirmation. J'ai permis à mon "petit ami" entre mes jambes de déterminer mes actions, et j'en ai payé le prix fort.

Les garçons, si vous vous reconnaissez dans mon histoire, s'il vous plaît, ne faites pas la même erreur. Arrêtez avant que la bombe n'éclate et que tout ce qui vous est cher ne vole en éclats. Tromper peut sembler être une excitante à certains momentsaventure , une évasion du quotidien, mais au final, cela ne mène qu'à des ruines et des regrets.

Car que vous reste-t-il à la fin, quand tout s'écroule ? Le divorce, le stress, la vie d'un homme seul, sautant d'une aventure à l'autre ? Combien de temps pensez-vous que ce mode de vie vous comblera ? Chaque année qui passe, l'énergie s'amenuise et les chances de trouver un nouvel amour épanouissant s'amenuisent.

Nous vieillissons tous, et cela signifie que les partenaires potentiels ont également leur propre vie bien établie. Les femmes de plus de 50 ans ont leurs propres routines, leurs propres projets et souvent peu d'envie de bouleverser leur vie pour quelqu'un qui croit découvrir sa deuxième jeunesse.

Et oui, je sais que la tentation d'une femme plus jeune est séduisante - l'énergie de la jeunesse, le corps attirant, l'idée de nuits torrides et insouciantes. Mais pensez un peu plus loin : une partenaire plus jeune signifie souvent aussi un désir d'enfant ou des enfants en bas âge déjà présents ou des adolescents qui sont encore en pleine scolarité. Passé la cinquantaine, voulez-vous vraiment vous lancer à nouveau dans les défis des couches, des projets scolaires et des drames d'adolescents ? Trouverez-vous l'énergie nécessaire en rentrant chez vous après une longue journée de travail ?

J'ai changé parce que j'ai compris que le vrai bonheur ne réside pas dans les fuites et les aventures permanentes, mais dans l'appréciation de ce que j'ai déjà. Ma femme, ma famille, les petits moments passés ensemble - ce sont les choses qui comptent lorsque le bruit de la vie quotidienne se tait et que l'on retrouve le calme. Et je peux vous dire que c'est une paix que je n'ai jamais connue auparavant, mais que j'apprécie d'autant plus maintenant.

Pour moi, il n'était pas question de repartir à zéro - pas après tout ce que j'avais déjà vécu. Quatre échecs amoureux, quatre tentatives de reconstruire ma vie, quatre déceptions au goût amer. Si j'avais dû retenter ma chance, je ne l'aurais fait qu'avec une femme qui n'avait pas d'enfants, qui était autonome et financièrement indépendante, qui vivait dans son propre appartement et - très important - sans animaux domestiques. Je n'ai rien contre les animaux, mais un zoo privé était la dernière chose que je voulais m'infliger.

Rétrospectivement, je me rends compte à quel point un incroyable j'étais avant la super catastrophe. connard

Le point le plus bas ? Le moment où j'ai laissé ma femme seule à la maison, avec 40 degrés de fièvre et infectée par le virus Corona, pour aller voir Isabell.

Oui, vous avez bien entendu - pendant qu'elle était au lit, transpirante et faible, je me suis précipité chez mon amant. Quand j'y

repense aujourd'hui, j'ai envie de me botter le cul. Quel comportement égoïste et égocentrique. Pendant cette période, j'ai pillé et
éviscéré mon compte karma jusqu'à ce qu'il ne reste plus rien. Et
croyez-moi, le destin n'oublie rien et se venge tôt ou tard.

Dans mon cas, j'ai eu de la chance dans mon malheur. J'ai eu une
deuxième chance, et j'ai saisi cette chance pour mener une vie plus
calme et plus honnête. Mais cela ne signifiait pas que le passé allait
disparaître comme par enchantement. Isabell ne lâchait pas facilement prise. Quelques semaines après notre séparation définitive, on
a sonné à la porte d'entrée et un colis anodin, adressé à ma femme,
a été livré.

Je ne me doutais de rien de bon, et mon pressentiment s'est confirmé lorsque ma femme a ouvert le paquet. Il contenait une lettre
d'insultes cynique, dans laquelle Isabell décrivait en détail à quel
point j'étais un A...ch. Elle y avait ajouté tous les cadeaux que je lui
avais jamais offerts - des bijoux, du parfum et des petites choses
significatives qui auraient été romantiques dans d'autres contextes.

Mais ici, elles se sont transformées en lames acérées qui ont
transpercé mon cœur. La lettre disait aussi que j'allais la demander
en mariage et que je prévoyais de m'installer chez elle. Le contenu
était comme un coup de poignard perfide destiné à détruire le dernier espoir que ma femme avait peut-être encore.

Mais ma femme ? Elle m'a surpris une fois de plus. Elle prit le paquet
et la lettre, me regarda - non pas avec reproche, mais avec un
mélange de détermination et d'un soupçon de pitié. Elle s'est dirigée
vers la porte, a descendu les escaliers et je l'ai suivie, le cœur battant. En bas, près de la poubelle, elle s'est arrêtée, m'a lancé un
regard qui disait : "Voilà, c'est la fin". Avec un grand rire, elle a jeté
le paquet dans la poubelle, a claqué le couvercle et l'a fait s'enclen-
cher avec un grand bruit.

Quelle femme forte ! C'est à ce moment-là que j'ai réalisé qu'elle
n'était pas seulement ma partenaire - elle était le pilier qui soutenait
notre vie commune, qui m'offrait une troisième chance là où d'autres
seraient partis depuis longtemps. Je ne pouvais pas m'empêcher de

ressentir du respect et de l'amour pour cette femme qui, malgré tout, était prête à reconstruire notre vie.

Disons que j'ai mérité de me prendre une bonne raclée. Tout ça parce que j'étais une mauviette et que je ne m'entendais pas avec mon entourage. Encore et encore, je retombais dans les mêmes mauvais schémas de comportement du passé. Tel un démon qui m'a possédé, j'ai toujours opté pour la destruction et la pire des solutions. La résolution des conflits n'a jamais été mon point fort.

Au lieu d'en parler à ma femme, j'ai choisi la voie la plus facile. Rétrospectivement, cela ne valait pas la peine de stresser autant, mais je ne le vois que maintenant, avec un certain recul.

Depuis lors, je n'ai plus eu de nouvelles d'Isabell et je ne l'ai pas vue. De temps en temps, je la rencontrais dans mes rêves. Les rêves semblaient très réels et, après le réveil, ils m'occupaient généralement encore toute la journée. Je pense qu'il me faudra encore un peu de temps pour digérer cette liaison et sa fin abrupte et pour la laisser derrière moi. Toute cette histoire était trop intense et folle pour que je puisse l'oublier du jour au lendemain.

Ce que je me demande souvent, c'est : comment cela se passera-t-il si nous nous retrouvons un jour par hasard ? L'idée est en quelque sorte surréaliste, presque comme une scène de film dans laquelle le passé et le présent s'entrechoquent. La probabilité est faible, après tout, nous vivons aux extrémités opposées de la ville, séparés par des kilomètres et les vies que nous avons construites depuis. Mais parfois, le destin joue son propre jeu, et qui sait ce qu'il nous réserve encore ?

Quand je pense à cette possibilité, le refrain de "Don't You" des Simple Minds me vient immédiatement à l'esprit : "Don't you, forget about me, As you walk on by, Will you call my name ? Quand tu t'

"Est-ce que tu vas crier mon nom en passant ? Ou vas-tu simplement continuer à marcher" ? Cette pensée me fait mal. Me regarderait-elle ? Sourirait-elle mélancoliquement ou détournerait-elle simplement son regard et continuerait-elle à marcher comme si je n'étais qu'un étranger d'une histoire depuis longtemps révolue ? Ou me parlerait-elle ?

La liaison avec Isabell est plus qu'un simple souvenir - c'est un chapitre qui s'est profondément gravé dans ma mémoire, avec ses hauts et ses bas, sa passion enivrante et les conséquences amères que j'ai payées.

Je sais que ces souvenirs feront partie de ceux qui défileront devant moi à la fin de ma vie, lorsque la lumière de la vie s'éteindra lentement. Un film éphémère fait de moments, de rires et de moments de regrets.

Pourquoi nous, les hommes, nous imposons-nous cela ? Pourquoi prenons-nous tous les risques pour un frisson éphémère, pour la sensation d'être à nouveau désirés, comme dans nos meilleures années ? C'est cette quête insatiable de confirmation, de frissons, qui relègue le quotidien au second plan. L'envie de ressentir ce feu qui nous rappelle que nous sommes encore vivants.

Tromper n'est pas seulement un acte de tromperie, c'est le reflet des insécurités, des peurs qui nous rongent profondément. La peur de vieillir, la peur de ne plus être à la hauteur, la peur de perdre l'aventure et la magie de la vie.

Mais que reste-t-il ensuite ? Une confiance brisée, un tas de débris et le constat que la flamme qui brûlait si fort s'est éteinte trop vite et a tout brûlé autour d'elle. Et pourtant, malgré tout, il y a une partie de moi qui ne peut pas simplement effacer le chapitre avec Isabell. C'est une partie de mon histoire, un avertissement et un écho discret qui me rappelle les décisions qui ont fait de moi l'homme que je suis aujourd'hui. Un homme qui cherche la paix entre le passé et ce qui l'attend.

J'ai essayé d'expliquer dans les derniers chapitres pourquoi j'ai finalement été si souvent infidèle. C'était un mélange de curiosité, d'insécurité et de besoin de confirmation. Mais le phénomène de la tromperie est bien plus vaste que ma propre histoire. Il touche de nombreuses personnes, hommes et femmes, et présente de nombreuses facettes. Mais pourquoi le faisons-nous ? Qu'est-ce qui nous pousse à prendre le risque de compromettre nos relations, juste pour un moment éphémère de plaisir ou d'aventure ?

Il existe de nombreuses théories qui tentent d'expliquer la tromperie, mais toutes nous ramènent en fin de compte à un besoin fondamental : l'envie d'un "coup de fouet". Ce kick est le frisson, l'adrénaline qui nous fait sentir que nous sommes encore vivants, que nous sommes désirables, qu'il y a plus dehors que ce que nous avons déjà. Souvent, il ne s'agit pas seulement de sexe. Tromper est souvent une fuite du quotidien, une rébellion contre la routine et le sentiment d'être enfermé.

Les causes de la tromperie : une analyse

En se basant sur les sondages et études actuels, on peut dire ce qui suit sur la tromperie des hommes en Allemagne :

Les chiffres indiquent une légère augmentation de l'infidélité masculine au cours des dernières années. En 2018, 23% des hommes déclaraient avoir déjà été infidèles, en 2020, ils étaient déjà 27%.

La tromperie n'est pas seulement un acte physique, c'est aussi un phénomène psychologique. Elle commence souvent dans l'esprit de la personne concernée et résulte d'un conflit intérieur. L'une des principales causes est la perte de tension et d'excitation dans la meilleure relation existante. De nombreuses personnes se sentent prisonnières d'une routine de répétitions et d'obligations dans des partenariats de longue date. Le quotidien a remplacé les moments de passion qui caractérisaient autrefois la relation. Il manque l'inattendu, la nouveauté, l'aventure - et c'est précisément ce que l'on recherche dans une aventure.

Un autre facteur important est le besoin de confirmation. C'est surtout dans cette phase de la vie, souvent appelée "ménopause masculine", que le doute s'installe. On se demande si l'on est toujours séduisant, désirable et vivant. L'attention d'une autre personne peut renforcer ce sentiment et conduire à un véritable "ego boost". C'est une façon de se prouver à soi-même que l'on est encore capable de conquérir et de séduire.

Mais il y a aussi des causes plus profondes, émotionnelles. Souvent, derrière la tromperie se cache un lien émotionnel non satisfait dans la relation principale. Le sentiment de ne pas être vraiment compris ou apprécié peut pousser les gens à chercher ailleurs ce qui leur manque. Il s'agit d'une tentative de combler le vide intérieur créé par la distance émotionnelle ou les malentendus. La tromperie devient ici une compensation pour le manque d'intimité ou de proximité émotionnelle.

Une autre raison, souvent sous-estimée, est le désir de changement. Les gens sont par nature curieux et à la recherche de nouvelles expériences. Une liaison offre la possibilité de se plonger dans un nouveau monde où tout est passionnant et frais. Ce changement peut être enivrant, surtout lorsque le quotidien est dominé par la routine.

Enfin, la pression sociale joue également un rôle. Dans un monde où le succès est souvent défini par la performance, les conquêtes et l'aventure, l'infidélité peut être perçue comme une sorte de symbole de statut social. L'attrait pour la gestion d'un monde parallèle secret peut être pour certaines personnes une forme d'autonomisation - la preuve qu'elles ont encore le contrôle de leur vie et qu'elles écrivent leurs propres règles.

Dans de nombreux cas, la tromperie est moins une décision consciente qu'un processus insidieux. Cela commence par un flirt anodin, un compliment, un contact visuel prolongé. Et avant même de s'en rendre compte, on est entraîné dans quelque chose qui échappe à tout contrôle. Le frisson que l'on recherchait au début se transforme rapidement en piège dans lequel on s'empêtre.

L'instinct de chasse des hommes - instinct ou excuse ?

Un autre phénomène souvent invoqué pour expliquer la tromperie est ce que l'on appelle l'instinct de chasse masculin. Ce terme revient souvent lorsqu'il s'agit d'interpréter le comportement des hommes par rapport à leur sexualité. Mais que signifie réellement cet instinct de chasse ? S'agit-il d'un instinct inné, profondément ancré dans notre histoire évolutive, ou simplement d'une excuse commode pour justifier un comportement infidèle ?

L'instinct de chasse masculin est souvent présenté comme une sorte d'impératif biologique. Dans cette optique, le comportement masculin est déterminé par un besoin évolutif de diffuser ses gènes le plus largement possible. Les hommes seraient donc, selon cette théorie, "programmés" pour rechercher en permanence de nouvelles opportunités sexuelles. Ce comportement a assuré la survie et la diffusion de ses propres gènes au début de l'histoire de l'humanité - une époque où la reproduction jouait un rôle central dans la lutte pour la survie.

Cet instinct de conquête et de diversité n'est donc pas nouveau. Depuis toujours, l'être humain, et en particulier l'homme, s'est efforcé d'élargir son rayon d'action, que ce soit en créant des structures tribales, en luttant pour des territoires ou, justement, en s'attachant à plusieurs femmes. Le succès d'un homme se mesurait souvent au nombre de partenaires qu'il avait, et cet "esprit de conquête" s'est poursuivi d'une certaine manière jusqu'à nos jours. Même si nous ne vivons plus dans des cavernes, ces instincts restent profondément enracinés en nous.

Mais qu'est-ce que cela signifie pour l'époque actuelle ? Vivons-nous toujours selon ces règles datant de l'âge de pierre ou avons-nous développé, en tant qu'hommes modernes, la capacité de contrôler nos pulsions ? De nombreux hommes ressentent toujours le besoin de "chasser" - pas nécessairement parce qu'ils veulent transmettre leurs gènes, mais parce que la conquête elle-même donne un sentiment de pouvoir, de contrôle et de confirmation. C'est le frisson de la poursuite, le jeu de la séduction et de la dévotion qui anime l'homme. La recherche de la prochaine "aventure" ou de la prochaine "conquête" donne le sentiment d'être vivant et désirable.

En revanche, dans les partenariats de longue durée, ce sentiment de chasse peut souvent diminuer. La relation évolue vers quelque chose de familier, de stable, mais aussi de prévisible. C'est à ce moment-là que l'instinct de chasse se réveille à nouveau - car l'aventure et l'inconnu, qui étaient autrefois si excitants, font désormais défaut. Dans ce contexte, tromper peut être une sorte de "fuite" de la routine, un moyen de retrouver le sentiment de conquérir quelque chose de nouveau et d'excitant.

Cependant, il y a aussi le point de vue selon lequel cet instinct de chasse est une excuse commode pour justifier un comportement égoïste. De nombreux psychologues affirment que la tromperie est souvent moins liée à un instinct biologique et plus à des carences émotionnelles et psychologiques. Il s'agit souvent d'une question d'affirmation, du sentiment d'être encore désiré et du besoin de reconnaissance - autant d'aspects qui peuvent être négligés dans une relation stable, mais parfois monotone.

Néanmoins, il est important de ne pas considérer l'instinct de chasse uniquement comme une "excuse". Dans de nombreux cas, elle reflète le besoin profond de se redéfinir sans cesse. Les hommes qui ont le sentiment d'être dans une impasse dans leur vie, que ce soit sur le plan professionnel ou privé, trouvent souvent dans la chasse à de nouvelles conquêtes sexuelles un moyen de redécouvrir leur identité. Il ne s'agit donc pas seulement de l'acte physique de tromper, mais d'un besoin psychologique plus profond d'affirmation de soi et de vivacité.

Cet instinct de chasse est donc une épée à double tranchant. D'un côté, il y a l'impératif évolutif qui nous pousse à toujours chercher de nouvelles opportunités. De l'autre, il est souvent le symptôme de besoins émotionnels plus profonds qui restent insatisfaits dans le couple. Que l'instinct de chasse soit considéré comme une excuse ou comme une réelle motivation dépend en fin de compte de la manière dont nous nous voyons et dont nous voyons nos relations.

Tromper - mais correctement ? Les erreurs courantes et les raisons pour lesquelles les aventures sont découvertes

Lorsqu'il s'agit de tromper, beaucoup pensent pouvoir agir sans se faire remarquer et garder tout sous contrôle. Mais la réalité montre autre chose. Les liaisons sont souvent découvertes - et pas seulement à cause d'erreurs banales commises dans le feu de l'action ou par négligence. L'idée que l'on est plus intelligent que tout le monde et que l'on peut garder la liaison secrète s'avère souvent trompeuse. Mais pourquoi tant d'affaires sont-elles révélées au grand jour ? Et quelles sont les erreurs courantes qui conduisent à la découverte de l'infidélité ?

1. attachement émotionnel à l'aventure

L'une des erreurs les plus fréquentes lorsqu'on trompe son partenaire est de ne pas se contenter d'une relation physique. Souvent, un lien émotionnel se développe avec l'aventure, qui s'intensifie avec le temps. Ce qui a commencé comme un flirt anodin ou une rencontre purement sexuelle se transforme en une dépendance émotionnelle. Ce lien émotionnel pousse beaucoup de gens à devenir imprudents. On commence à s'envoyer des messages plus souvent, à passer des coups de fil en cachette ou à se perdre dans des moments où le ou la partenaire ne se doute de rien. Plus le lien émotionnel est fort, plus il est difficile d'agir rationnellement - et plus le risque d'être découvert est grand. C'est exactement ce que vous avez pu découvrir avec Isabell et moi.

2. traces numériques imprudentes

Une autre erreur typique en cas de tromperie est de laisser des traces numériques. Dans notre monde moderne, nous disposons d'innombrables canaux de communication - des SMS aux e-mails en passant par WhatsApp et les médias sociaux. Beaucoup de gens sous-estiment à quel point il est facile de se faire prendre via ces canaux. Les messages ne sont pas effacés par inadvertance, les notifications s'affichent sur l'écran du téléphone portable ou les emplacements GPS dans les applications révèlent soudain où l'on se trouvait réellement. Il suffit souvent d'un petit faux pas, comme un moment d'inattention où un message suspect du mauvais expéditeur apparaît, pour que tout soit découvert.

Même les appareils utilisés en commun, comme les ordinateurs ou les tablettes, deviennent des pièges. Il suffit qu'un partenaire consulte par hasard l'historique de navigation ou accède à une plateforme de médias sociaux sur laquelle on est resté connecté pour que la liaison soit découverte.

3. changements de comportement

L'une des grandes erreurs commises par de nombreuses personnes qui trompent leur partenaire est le changement de comportement vis-à-vis de celui-ci. Parfois, la tentative de masquer le sentiment de culpabilité est particulièrement évidente. Tout à coup, il y a une attention excessive, des cadeaux coûteux ou des démonstrations de tendresse inhabituelles. Cela peut d'abord apparaître comme un changement "positif", mais pour le ou la partenaire, cela semble souvent suspect. Ce changement soudain peut susciter des questions et alimenter les doutes. D'un autre côté, les personnes qui trompent deviennent souvent plus distantes sur le plan émotionnel, moins attentives et plus fermées. Elles passent plus de temps seules, justifient des absences inattendues ou montrent un désintérêt croissant pour la relation. Ces changements sont également souvent remarqués par le ou la partenaire et entraînent une certaine méfiance. Les garçons, vous changez et vous ne vous en rendez pas compte vous-même, car c'est un processus insidieux - ne serait-ce que parce que votre liaison domine constamment votre pensée et que le désir d'avoir plus de sexe vous anime.

4. trop souvent les mêmes excuses

Les excuses permanentes sont un autre problème majeur de la tromperie. Au début, les "voyages d'affaires" spontanés, les "heures supplémentaires" ou les "rendez-vous avec des amis" peuvent encore fonctionner. Mais plus ces excuses sont utilisées, moins elles sont crédibles. Les partenaires sont souvent des observateurs vigilants, et si les histoires se répètent ou ne correspondent pas, les soupçons augmentent. Même de petites incohérences, comme des dates différentes ou l'absence d'explications plausibles, permettent de se faire repérer.

Une erreur fréquente à ce stade est de sous-estimer l'intelligence du ou de la partenaire. Beaucoup de personnes qui trompent pensent pouvoir maintenir leurs mensonges sans problème, mais en réalité, il est rare que quelque chose ne soit pas découvert, surtout si les histoires ne correspondent pas sans faille.

5. sous-estimer l'environnement

L'une des plus grandes pierres d'achoppement en matière de tromperie est l'environnement social. On oublie à quel point le monde peut être petit et à quel point les informations sur les amis, les connaissances ou les collègues peuvent facilement filtrer. Un ami commun pourrait se trouver par hasard dans le même restaurant, un collègue pourrait voir la voiture de l'autre partenaire à un endroit inattendu - et les premières rumeurs circulent déjà. Les personnes qui trompent sous-estiment souvent l'attention et la mémoire de leur entourage. Même si le ou la partenaire ne se doute de rien, l'entourage peut remarquer des choses qui mettent le feu aux poudres.

De plus, les aventures se déroulent souvent dans le cadre professionnel ou amical, où il est encore plus difficile de garder le secret. L'autre personne impliquée dans l'affaire peut également devenir un risque - surtout si elle est émotionnellement impliquée et commence à exercer des pressions, voire à menacer de révéler l'affaire si ses besoins ne sont pas satisfaits. Vous en saurez plus sur ce sujet dans un autre chapitre. Ne vous faites pas attraper par quelqu'un d'autre que votre meilleur ami.

6. sous-estimation de ses propres réactions

Enfin, de nombreuses personnes sous-estiment leurs propres réactions face à la tromperie. Alors qu'au début, on pense peut-être avoir tout sous contrôle, avec le temps, de fortes réactions émotionnelles font souvent irruption. Des sentiments tels que la jalousie, la culpabilité ou la peur d'être découvert peuvent conduire à agir de manière irrationnelle. Ces conflits intérieurs sont difficiles à dissimuler et amènent le ou la partenaire à remarquer des changements qui éveillent à leur tour les soupçons.

Tromper - tu te feras prendre un jour - promis

Tromper est un jeu risqué et le risque de se faire prendre est omniprésent. Toutefois, lorsque l'on s'aventure sur ce terrain dangereux, il existe quelques règles et conseils de base qui peuvent aider à minimiser les chances qu'une liaison soit révélée au grand jour. Voici quelques stratégies éprouvées que j'ai développées au fil du temps - non pas comme un passe-droit, mais comme un guide prudent pour réduire au maximum la probabilité d'être découvert.

1. utiliser des noms clairs sur les sites de rencontre

Lorsque tu t'inscris sur des plateformes de rencontre, il est essentiel de ne jamais révéler ton vrai nom. La tentation peut être grande d'utiliser ton vrai nom, mais cela ouvre la porte à toutes les découvertes. Utilise plutôt un nom de fantaisie qui n'a aucun lien avec ta véritable identité. Tu te protèges ainsi des regards indiscrets et des enquêtes potentielles de ton partenaire.

2. les liaisons révèlent des détails personnels sur le travail et la famille

Il est tentant de créer un lien émotionnel, mais l'infidélité doit rester aussi impersonnelle que possible. Évite de donner à ton aventure trop de détails sur ta vie, ton travail ou ta famille. Chaque indice que tu donnes pourrait être utilisé contre toi dans un moment de curiosité ou de méfiance. Veille à ce que ton aventure ne sache que ce qui est absolument nécessaire. Il ne faut son vrai nomen aucun cas révéler - une fausse identité offre non seulement une protection, mais rend aussi l'aventure plus facile à contrôler.

3. emmener des amis à des rendez-vous

Une erreur fréquente consiste à dévoiler à ses amis les secrets de sa liaison. Aussi confiant que l'on puisse être dans la loyauté de ses amis, la réalité est que les gens parlent - parfois involontairement, parfois parce qu'ils se sentent moralement obligés. Garde ton aventure strictement secrète et évite de présenter ton aventure à ton cercle d'amis ou de planifier des activités communes avec eux. Moins les gens sont au courant, plus tu es en sécurité.

4. deuxième téléphone portable secret avec un numéro séparé

Un deuxième téléphone portable est indispensable si tu commets une infidélité à long terme. Il doit avoir un numéro de téléphone que personne de ton entourage privé ne connaît - ni tes amis, ni ta famille, ni ton ou ta partenaire. Utilise ce téléphone portable uniquement pour communiquer avec ton aventure et garde-le toujours bien caché. Évite d'utiliser ton appareil principal pour ton aventure, afin de ne pas avoir de messages ou d'appels risqués sur un appareil facilement accessible.

5. une histoire inventée sur la profession, le parcours de vie et la famille

Une autre protection efficace consiste à créer une histoire de vie fictive pour ton aventure. Imagine une profession, un lieu de résidence et une situation familiale qui n'ont rien à voir avec ta vie réelle. Tu minimises ainsi le risque que ton amant découvre un jour des détails réels de ta vie ou qu'il fasse des recherches. Il est important que tu restes cohérent : Tiens-toi toujours à la même histoire afin de ne pas créer d'incohérences.

6. note ce que tu as raconté

Cela peut sembler exagéré, mais il est extrêmement utile de noter quelque part ce que tu as raconté à ton aventure sur ta vie inventée. De petits détails comme ton prétendu travail, ton lieu de résidence ou ta situation familiale peuvent facilement être oubliés, surtout si l'aventure dure depuis un certain temps. En gardant un enregistrement discret, tu t'assures de ne pas tomber dans le piège de faire des déclarations contradictoires qui pourraient paraître suspectes.

7. ne pas envoyer de photos nues

L'une des plus grandes erreurs que les gens commettent dans les affaires est d'envoyer des photos nues. Non seulement celles-ci peuvent tomber entre de mauvaises mains, mais elles deviennent souvent un moyen de pression lorsque l'aventure dérape. En règle générale, évite d'envoyer des photos compromettantes de toi qui pourraient servir de preuve de ton infidélité. Tu ne sais jamais où ces photos atterrissent ni qui pourrait éventuellement les voir.

8. envoyer des images uniquement de manière temporaire et avec une limite de temps

Si tu décides tout de même d'envoyer des images, assure-toi qu'elles ne sont visibles que temporairement. De nombreuses applications de messagerie comme WhatsApp offrent la possibilité d'attribuer une limite de temps aux images, de sorte qu'elles disparaissent automatiquement après un certain temps. Il en va de même pour les messages - utilise la fonction pour les messages qui s'effacent d'eux-mêmes. Ainsi, la communication reste discrète et réduit le risque que des messages imprudents soient révélés plus tard.

9. toujours protéger son téléphone portable par un mot de passe et ne pas l' chez soiemporter

Une étape simple, mais souvent négligée, est de protéger ton téléphone portable avec un mot de passe sûr. Le mieux est d'utiliser des méthodes de protection biométriques comme les empreintes digitales ou la reconnaissance faciale, car elles sont plus difficiles à pirater. N'emporte jamais chez toi le deuxième téléphone portable que tu utilises pour ta liaison. Cache-le dans la voiture ou laisse-le au travail - tu minimises ainsi le risque que ton ou ta partenaire le découvre.

10. n'utiliser sur les sites de rencontre que des images anciennes ou accessibles au public

Évite de télécharger des photos récentes de toi sur les plateformes de rencontre - et surtout pas des photos qui te montrent en train de faire des choses avec ton partenaire ou ta famille. Utilise plutôt d'anciennes photos ou des photos qui sont de toute façon déjà accessibles au public, comme les photos de profil de médias sociaux. Si quelqu'un découvre ces images ou t'interpelle à ce sujet, tu peux facilement prétendre que les images ont été volées ou que quelqu'un d'autre s'est servi de ton identité. Ainsi, ta couverture est préservée.

Ma promesse aux plus "intelligents" d'entre vous

Mais je peux déjà vous promettre une chose : **Tôt ou tard, votre liaison sera découverte.** Vous aurez beau être prudent, vous aurez beau faire des efforts pour tout dissimuler. **Nous, les hommes, sommes tout simplement trop bêtes pour faire preuve d'une telle habileté**

Ce n'est qu'une question de temps avant de faire une erreur - et croyez-moi, cela arrivera. Cela commence par des petites choses que nous ne remarquons même pas au début. Parfois, il s'agit d'un message laissé négligemment sur le téléphone portable, d'un rendez-vous inexplicable ou d'une pensée qui nous échappe dans un moment de faiblesse et qui surgit lors d'une conversation avec notre partenaire.

La vérité, c'est que nous ne pouvons pas garder le secret parfaitement. Tôt ou tard, la routine nous tue, la négligence, ou tout simplement le fait que les femmes sont bien plus sensibles que nous ne voulons souvent l'admettre. **Elles remarquent que quelque chose ne va pas.** Elles ne peuvent peut-être pas le saisir tout de suite, mais cette intuition les rend vigilantes. Cela signifie qu'elles finissent par nous attraper, non pas parce qu'elles nous surveillent à chaque pas, mais simplement parce qu'elles remarquent le changement dans notre comportement.

Et que se passe-t-il ensuite ? Vous pouvez imaginer le désastre. D'abord la confrontation, où vous essayez désespérément de nier -

mais à un moment donné, les faits sont mis sur la table. Plus vous vous tortillez, plus les choses empirent. **Chaque mensonge que vous construisez finit par s'effondrer comme un château de cartes.** Les femmes ont une mémoire incroyable pour les détails. Elles savent exactement ce que vous avez dit et quand, quelle excuse vous avez utilisée, pourquoi vous êtes soudainement sorti si souvent le soir. Et si vous pensez pouvoir vous en sortir, vous vous rendez vite compte que vous êtes perdu.

La vérité est brutale : l'affaire ne détruit pas seulement la confiance dans votre relation, elle vous met aussi vous-même dans une situation dont vous ne pourrez pas sortir sans dommages. Car une fois que vous avez été démasqué, il est presque impossible de rétablir complètement la confiance. Il y a toujours cette ombre qui plane sur la relation. Chaque fois que vous rentrerez plus tard à la maison ou que vous emporterez votre téléphone portable dans la salle de bain, le doute reviendra - et avec lui la question de savoir si vous recommencerez.

Et croyez-moi, cette méfiance n'use pas seulement votre partenaire, mais aussi vous-même. **Vous aurez constamment l'impression de marcher sur des œufs.** Le moindre petit détail pourrait à nouveau être soupçonné, et cela pourrait à la longue détruire la relation. Alors avant de vous lancer dans ce jeu, rappelez-vous qu'il n'y a pas de vainqueur. **Au final, les deux sont perdants. Alors Buddy, arrête tes conneries !**

Le Hulk en toi - Quand la lutte intérieure déborde

Le mythe des sautes d'humeur est vrai - et c'est en effet un problème énorme qui s'insinue insidieusement jusqu'à ce qu'il vous prenne complètement. Pour ma part, je l'ai remarqué à ma mèche de plus en plus courte et à l'agressivité soudaine qui s'est répandue en moi comme un incendie généralisé. Et ce, même si je en réalité une en quête d'harmoniesuis personne , qui essaie toujours d'être aimable et respectueuse. Mais s'il y a une chose qui me déclenche particulièrement, ce sont les personnes ignorantes, effrontées et imprudemment stupides.

En particulier ceux qui pensent que le monde ne tourne qu'autour d'eux - des gens qui piétinent dans la vie sans aucune considération, sans même penser que leur comportement pourrait déranger ou blesser d'autres personnes. Ce sont ces personnes, pour qui le concept d'"enfance" semble totalement étranger, qui font craquer mes nerfs.

Un exemple qui m'est resté en mémoire : un homme aux cheveux longs ébouriffés et aux vêtements trop larges, qui ressemblait à l'édition moderne de "Jésus-Christ après le traitement vermifuge", passait devant moi.

A sa main, une petite enfant toute sale, dont l'état oscillait entre l'aventure et la négligence. La petite ressemblait à Pippi Langstrumpf après une journée particulièrement sauvage, le visage sale et les vêtements déchirés.

Bien sûr, les enfants méritent de jouer librement et sans souci - cela ne fait aucun doute. Mais que l'on laisse son enfant se promener en ville complètement négligé, c'est une autre histoire. Il existe tout de même quelque chose qui s'appelle "lingette humide" et des vête-ments de rechange pour remettre l'enfant dans un état convenable après le jardin d'enfants, si l'on sort encore en public. Je le vois avec mes propres petits-enfants - avant d'aller chez le glacier ou sur le terrain de jeu, ils sont rafraîchis et changés. Pas par vanité, mais par respect pour les enfants eux-mêmes et pour les gens qui nous entourent.

Cela peut paraître sévère et peut-être même péjoratif, mais c'est précisément dans ces moments-là que se confirme l'image de la cli-entèle écolo que je ne supporte pas. Ces clichés peuvent sembler exagérés, mais ils trouvent leur origine dans des rencontres réelles comme celle-ci. C'est particulièrement agaçant lorsque ce sont précisément ces types qui jouent ensuite les index levés et veulent imposer leur vision du monde aux autres en tant que moralisateurs autoproclamés. Je le dis franchement : Je trouve cette hypocrisie à vomir.

D'un autre côté, ces personnes semblent se moquer complètement de l'effet qu'elles produisent sur les autres ou de ce que l'on pense d'elles. Cela ne fait que me mettre encore plus en colère - l'arro-gance avec laquelle ils s'érigent en figures de messie moral sans avoir la décence de réfléchir un tant soit peu à leur propre monde. C'est cette attitude, cette ignorance moralisatrice, qui fait passer mon humeur de 0 à 100, comme si quelqu'un avait appuyé sur un interrupteur.

Mais revenons-en à l'histoire :

Nous sommes assis à l'extérieur du glacier, le type de Jésus et son enfant à côté de nous, ma femme en face de moi. Soudain, l'enfant se lève, soulève sa petite jupe, s'accroupit et commence à faire pipi - en public et là où d'autres personnes sont assises.

Le type s'en moquait complètement. Au lieu d'intervenir, il a laissé la petite continuer à faire ses besoins. On se demande quel genre d'abrutis ignorants il peut y avoir, surtout de nos jours où tout le monde a un téléphone portable et pourrait filmer ce genre de cho-ses.

Bref, ce type s'était disqualifié de toutes les manières possibles en tant que père. Appelons-le, avec ses 50 kg et ses petits bras de mikado : "Jésus-Christ après le traitement vermifuge".

Ma femme et moi nous regardons et nous n'en revenons pas.

Ma femme a alors dit au type, calmement et raisonnablement : "Jeune homme, il y a des toilettes derrière, ce n'est pas nécessaire...".

Le type de Jésus a répliqué : "Taisez-vous, mon enfant va faire pipi où je veux...".

Mauvaise réponse, mauvais ton, mauvais moment, mauvais type, mauvais de faire chier ma femme comme ça, mauvais de ne peser que 50 kilos et d'avoir des bras de mikado, mauvais de s'en prendre à moi...

Je l'ai rejoint si vite qu'il n'a même pas eu le temps de se lever. J'ai donné un bon coup de poing du plat de la main devant son enfant. à ce type de Jésus

Je n'avais pas osé utiliser mon poing, je ne voulais pas qu'il se désagrège comme un Lego. Le type s'est immédiatement envolé avec sa chaise.

J'étais étonné de la puissance de mon coup. Le type s'est alors retrouvé avec mes cinq empreintes digitales rouges sur le visage. La petite fille pleurait et criait, bref, le chaos à la puissance dix.

Ma femme m'a tiré, et deux invités masculins ont essayé de m'éloigner . Je me suis alors éloigné du type.du type Jésus

D'une certaine manière, j'ai tout de suite été désolé et j'ai compris que cela n'allait pas rester sans conséquences. Je voyais déjà les premiers clients sortir leur téléphone portable et téléphoner. Nous avons alors immédiatement quitté le restaurant et nous sommes dirigés vers le parking. Il se trouvait à environ 500 mètres. Nous sommes ensuite rentrés chez nous. Arrivé chez moi, la police était déjà devant la maison et cinq minutes plus tard, j'étais assis dans la Minna verte, direction le commissariat.

Je ne sais pas comment ils sont arrivés sur moi et comment ils ont pu nous rejoindre aussi rapidement. Je pense qu'un client du glacier a dû nous suivre discrètement sur et a noté notre numéro d'immatriculation.

Au lieu d'un bel après-midi, il s'en est suivi un séjour de plusieurs heures au poste : appel de l'avocat, attente, interrogatoire, reproches de ma femme, annonce de l'avocat, annonce de la police.

On ne peut plus se voir non plus chez le marchand de glaces, et tous les voisins savent maintenant que je suis le voyou qui a tabassé devant son enfant. Les ennuis qui ont suivi ont été incroyablement agaçants et coûteux : grosse accusation de coups et blessures, grosse amende, le type de Jésus procès énervant, facture d'avocat salée. Et en guise de compote, cet écolo m'a ri au nez devant la salle d'audience.

Je me suis promis que cela ne se reproduirait plus jamais. Je l'ai même promis à ma femme. Je voulais désormais rester calme et ne plus jamais me laisser provoquer par de tels connards d'écolos.

Mais il en a été autrement. Le Hulk en moi s'est de nouveau échappé et a voulu aplatir les gens avec sa massue

C'était au début de l'année 2023, à l'apogée de ces idiots criminels et débiles de la colle climatique. Cela faisait un moment qu'ils me tapaient sur les nerfs. Ce qui se passait ici à Berlin était une aberration. J'étais presque tous les jours dans les embouteillages pour me rendre au travail. Les ambulances et les pompiers n'avançaient pas, des gens mouraient parce qu'ils n'avaient pas pu être transportés à temps à l'hôpital.

Et le fait que ces connards d'écolos n'aient pas eu à rendre de comptes m'a encore plus énervé. Je devrais payer des milliers d'euros pour un coup de poing ? Les climato-fuzzis ont tué des milliers de personnes, arrêté des ambulances, des gens ont perdu la vie et il ne leur est RIEN arrivé ?

Quelque chose ne tournait pas rond dans cette ville à mes yeux. Je trouvais cela injuste. Malgré tout, j'ai décidé de rester calme et de n'attaquer aucun de ces terroristes du climat.

Un dimanche d'avril, ma belle-fille est enceinte, nous voulions la conduire à l'hôpital parce qu'elle ne se sentait pas bien.

A mi-chemin, rien n'allait plus à cause de ces connards du climat. Encore des écolos que j'avais, comme nous le savons maintenant, bien dévorés...

Si le livre est écrit de manière trop crue ou offensante à certains endroits, je tiens à m'en excuser. Mon intention n'a jamais été de blesser ou d'offenser qui que ce soit. Mon but était de décrire mon expérience de l'époque de la manière la plus authentique possible - brute, honnête et sans filtre, telle que je l'ai ressentie à ce moment-là. Cela implique aussi un argot un peu grossier, que certains qualifieraient de "grande gueule de prolétaire berlinois". Cette façon de s'exprimer fait partie de mes origines, elle est directe, crue et parfois même dure.

J'ai décidé de garder ce ton parce que je pense qu'il véhicule le mieux ce que j'ai vécu. Les sentiments, la colère, la blessure - tout cela ne peut pas toujours être exprimé par des mots doux. Ce ne serait pas authentique. Dans une vie souvent pleine de complexité et de contrastes, ce langage direct s'est reflété et m'a aidé à ordonner et à gérer mes émotions.

Si certains passages semblent donc trop crus ou provocants, je vous prie de me comprendre. Parfois, la vie n'est pas seulement noire et blanche, mais bruyante, indomptable et sans nuances. Il est important pour moi de raconter la vérité de ma propre histoire, telle que je l'ai vécue - non pas pour choquer, mais pour être honnête. Et parfois, cela implique aussi de prendre des angles.

En particulier après l'action avec le type chez le glacier, je n'avais plus que de la haine pure pour tous les écolos et les fous verts en moi. La colère bouillonnait de plus en plus en moi au début de l'année 2023, et je me suis juré que s'il arrivait quelque chose à l'un des membres de ma famille à cause de ces pisseuses, je me ferais taper dessus.

Mais revenons à l'action de l'hôpital : j'ai vu les autocollants climatiques à travers la brèche de la voie de secours. J'ai voulu régler ça à ma façon, comme toujours.

Mon fils conduisait, j'ai sauté du siège passager, j'ai couru environ 150 mètres entre les voitures jusqu'aux pisse-copies et j'ai donné un coup de pied direct, sans avertissement, dans le visage de l'un d'entre eux d'un coup de pied latéral.

Le collègue a été immédiatement mis KO. J'ai tiré le type et un autre de la rue. Le deuxième type a commencé à se débattre, puis il a reçu un coup de pied dans les couilles. Il a cessé de résister.

Le trafic a repris et j'étais satisfait, j'avais enfin laissé éclater ma colère.

J'ai ensuite couru sur un kilomètre dans le sens de la marche et suis remonté dans la voiture de mon fils. Jusqu'à aujourd'hui, je n'ai rien reçu à cause de cette action - je l'ai encore échappé belle. Car cela ne se serait certainement PAS soldé par une amende. Mon fils m'a grondé pendant des heures parce qu'il n'arrivait pas à croire à quel point j'étais agressif.

Ma belle-fille avait vraiment peur de moi et j'ai réalisé que j'avais vraiment besoin d'aide avant de tuer quelqu'un d'autre.

L'insatisfaction de ma vie, les nombreuses expériences négatives vécues dans mon enfance et ces dernières années, ainsi que les injections de testostérone ont certainement joué un rôle. Néanmoins, cela ne constitue pas une excuse pour mon comportement.

Le type fou devait changer, redevenir le type adorable qu'il était dans les années 90. Je me suis fixé quelques règles et j'ai changé ma vie en profondeur.

Ne réagis plus jamais de manière immédiate et impulsive

J'ai pris la ferme résolution de contrôler mes réactions impulsives. Plus aucun saut en mode combat sans avoir au préalable la situation sondé sur . La devise était la suivante : fermer les yeux, respirer profondément et compter jusqu'à dix avant de me laisser emporter par une action. Plus facile à dire qu'à faire - j'ai toujours en moi le guerrier qui murmure doucement : "Attaque". Mais je ne voulais plus répondre à l'appel de la colère.

J'ai donc commencé à ne plus réagir immédiatement aux mauvaises nouvelles. Une astuce simple qui m'a aidé a été de me fixer une fenêtre d'au moins 24 heures. Ce n'est qu'ensuite que je m'autorisais à agir. Si une situation était complexe, je préférais y réfléchir pendant quelques jours. De cette manière, mon esprit était plus calme et mes actions étaient plus réfléchies, moins impulsives.

Un autre point important a été de demander conseil à des personnes en qui j'avais confiance. Qu'il s'agisse d'amis, de la famille ou de collègues, des personnes qui pouvaient m'aider à prendre des décisions en toute lucidité. Cela m'a valu plus d'une année de décisions stables et m'a protégé d'une nouvelle plongée dans le chaos.

Demande l'aide d'un professionnel

Une autre étape dans mon plan pour reprendre le contrôle de ma vie a été de prendre rendez-vous avec un psychologue. Je savais que je ne pouvais pas traiter seule les vieux traumatismes de mon enfance. Mais dès la première tentative, ce fut un échec. Le psychologue, un drôle de type, et moi, nous n'avions tout simplement pas le courant. Dès la première séance, j'ai compris que cela ne fonctionnerait pas. Cela ne me correspondait pas, moi qui suis d'habitude une personne ouverte et extravertie.

Peut-être n'était-ce pas non plus le bon moment pour laisser quelqu'un s'approcher aussi près de mes blessures les plus profondes. J'ai décidé de me donner le temps dont j'avais besoin. Mais remettre à plus tard n'était pas suffisant - je me suis promis de franchir à nouveau le pas l'année prochaine et de m'attaquer aux ombres du passé.

Trouve une compensation à ton agressivité

Le prochain point sur ma liste : Faire du sport pour évacuer le surplus d'énergie et l'agressivité accumulée. La testostérone et l'adrénaline doivent être évacuées, et bien évacuées. Maintenant, je suis sur un rythme de trois jours : kickboxing, musculation et courses d'endurance. Le sac de sable de mon petit studio à domicile a déjà résisté à beaucoup de mes mauvais jours et a dû en prendre plein la gueule. Pour moi, ce type d'entraînement est plus qu'un simple fitness - c'est une thérapie.

Cherche des moyens de te détendre et de te reposer

Le prochain grand apprentissage : intégrer consciemment le calme et la détente dans la vie quotidienne. Ma femme et moi avons développé nos propres petits rituels qui nous ont rapprochés. Après le travail, nous allons souvent à la plage toute proche. Là, nous nous asseyons au bord de l'eau, un Aperol à la main, écoutons les douces vagues et laissons la tension de la journée s'échapper de nous. Ces petites évasions du quotidien sont comme de courtes vacances pour l'âme.

Parfois, il ne s'agit pas de changer de grandes choses, mais de créer ces petits moments de paix qui aident à favoriser les pensées positives. Ils sont comme de petites îles de repos dans la mer souvent agitée de la vie.

Libère-toi des poids et des influences négatives

Une autre étape de ma transformation a été de renoncer à mon statut d'indépendant. Cette décision n'a pas été facile à prendre, car j'étais depuis plus de mon propre patron ans. Mais c'est précisément ce point, la pression constante, le fait de devoir jongler entre les commandes et les souhaits des clients, qui m'avait amené au bord de la folie. La décision de redevenir salarié a été comme un saut dans le vide - effrayant, oui, mais aussi libérateur.trente

Les six mois de transition ont été difficiles, mais la récompense n'a pas tardé : un emploi dans une entreprise qui est devenue comme un deuxième foyer. Des collègues qui m'accueillaient, des tâches passionnantes et le fait de savoir que je recevrais mon salaire à la fin du mois sans avoir à me casser la tête. La pression s'est envolée.

Aujourd'hui, lorsque je discute avec d'anciennes connaissances qui sont toujours indépendantes, j'entends parler de baisses de commandes et d'angoisses existentielles. Je me dis alors que j'ai fait tout ce qu'il fallait.

Mon conseil à tous ceux qui se trouvent dans une situation similaire : Ayez le courage de repenser votre vie et de vous libérer du lest. Cela demande de l'énergie, mais comme le dit un vieux proverbe indien : "Quand le cheval est mort, descends de cheval".

La vie est trop courte pour tourner en rond soi-même. Parfois, il faut s'arrêter, respirer profondément et changer de direction. Ces étapes m'ont sauvé la mise - et peut-être qu'elles peuvent aussi t'aider à trouver le chemin vers un meilleur soi.

Désormais, je me débarrasse immédiatement de tout ce qui m'encombre ou m'énerve. Pourquoi devrais-je m'infliger ce stress ? **Si quelque chose ne me convient pas, je m'en débarrasse**

Un petit exemple : mon ancienne salle de sport ne faisait que m'agacer. Il y avait de la saleté partout, des gens qui ne savaient pas se tenir et des appareils usés et dangereux qui n'attendaient que d'envoyer quelqu'un à l'hôpital. **Chaque fois que j'allais m'entraîner là-bas, je m'énervais.** A tel point que j'y allais déjà de mauvaise humeur - alors que le sport est censé être un moyen d'équilibre.

Alors, à un moment donné, je me suis dit : **pourquoi tu continues à faire ça ?** Juste parce que le contrat était avantageux ? C'est complètement absurde. J'ai donc tiré sur la corde et j'ai changé de studio.

Tout neuf, un vrai niveau de luxe - tout est parfaitement entretenu, des appareils modernes, même un sauna. Et le meilleur : **pas de public agaçant.** Pas de bousculade l'après-midi, pas d'écoliers qui se défoulent après les cours, mais simplement une atmosphère agréable et calme avec des gens qui veulent vraiment s'entraîner.

Bien sûr, je paie maintenant près de 100 euros par mois, mais vous savez quoi ? **Cela vaut chaque centime.** Car maintenant, j'ai de nouveau vraiment envie d'aller m'entraîner. Je me réjouis de passer du temps à la salle de sport au lieu de la fuir sur . Et c'est ce qui compte : **La qualité de vie.** Parfois, il faut être prêt à investir un peu plus pour pouvoir à nouveau profiter de la vie. Au lieu de continuer à s'énerver pour des petites choses que l'on pourrait en fait changer très facilement. **Pourquoi s'épuiser inutilement alors qu'il existe des solutions ?**

Cela vaut pour tant de choses dans la vie. Les choses qui nous stressent ou qui nous privent d'énergie doivent tout simplement être éliminées. Peu importe s'il s'agit du mauvais club de fitness, de connaissances agaçantes ou d'habitudes qui ne nous font pas de bien. **On ne vit qu'une fois, et s'encombrer de poids que l'on n'a pas besoin de porter est une perte de temps.**

Arrête de tromper - Ne touche pas aux autres femmes

Plus d'escapades ou d'"activités" extraconjugales. J'ai banni tout ce qui pourrait me déclencher, comme les femmes à gros seins, tatouées ou rousses sur Instagram, ou les anciens contacts qui pourraient soudainement se manifester.

J'ai détruit toutes les photos ou souvenirs de mes anciennes aventures. De même que tous les numéros de téléphone et les contacts Insta.

Ma femme a le code pin du portable, elle peut répondre à mon portable à tout moment. Par exemple, cela a aussi été une véritable libération : cent pour cent de confiance. Je n'ai plus à craindre qu'elle découvre des choses bizarres en répondant à mon portable.

Car : un vrai homme mouille la culotte de sa femme et non ses yeux.

Dans ce contexte, le film "Le secret parfait" me vient à l'esprit. Une bande se retrouve autour d'un repas. L'un d'entre eux a l'idée de poser les téléphones portables sur la table et de voir quels messages arrivent.

Il est évident qu'un tas de secrets et d'infidélités vont être révélés. A l'époque de ma liaison avec Isabell, je n'aurais pas pu jouer à un tel jeu, tout aurait été découvert bien plus tôt. À l'époque, je recevais aussi constamment des messages d'elle, assaisonnés de photos explicites de parties de son corps.

Aujourd'hui, je pourrais poser mon téléphone sur la table en toute tranquillité - il resterait silencieux.

Dis la vérité, fais rarement des promesses

Plus de mensonges. Je ne mens plus à ma femme, ni à personne d'autre. Si on me pose des questions, je dis la vérité.

Cela a aussi été un processus d'apprentissage, car il faut aussi apprendre à vivre avec les conséquences quand on a fait des "conneries". Plus de mensonges de fortune ou de vérités déformées non plus.

Même une promesse est désormais une promesse. Je réfléchis maintenant à plusieurs reprises et avec précision à la question de savoir si je peux tenir une promesse. Si je sais d'avance que je ne pourrai pas la tenir, je ne fais pas de promesse.

Mais pour cela, il faut aussi communiquer précisément pourquoi on n'est pas prêt à faire une promesse, par exemple. La plupart du temps, les gens comprennent si l'on explique clairement.

Cela a considérablement amélioré mes relations avec ma femme, ma famille, mes amis et mes collègues. On est désormais perçu comme un homme fiable, qui tient sa parole. Le deuxième effet positif : je ne dois plus me souvenir de tant de choses et de ce que j'ai dit à qui et quand. Les mensonges finissent par être découverts.

De toute façon, nous les hommes, nous sommes stupides et nous finissons par cracher le morceau. Si tu ne mens pas, tu vivras plus tranquillement. Bien sûr, c'est parfois difficile quand on a fait une connerie et que l'on sait déjà à l'avance que la douce sera de toute façon en colère. Peu importe - dans tous les cas, le tonnerre ne grondera pas autant que si un mensonge est découvert après coup.

Il en va de même pour les promesses. Ne fais pas de promesses dont tu sais à l'avance qu'il te sera impossible de les tenir. Ne fais pas non plus de promesses pour faire plaisir à quelqu'un ou pour être de "bonne humeur". Si tu ne peux pas tenir ta promesse, quelle qu'en soit la raison, même si tu n'avais pas de mauvaises intentions, tu seras perçu comme un menteur peu fiable. Est-ce ce que tu veux ? Non, aucun homme ne veut cela.

Un mécanisme simple : demande-toi d'abord si c'est possible et si tu as même envie de faire une promesse ou de t'engager. Je vois une promesse comme un contrat de crédit. Là aussi, tu te demandes au préalable si tu peux te permettre de payer les mensualités. Tu fais des comparaisons, tu demandes des offres et tu ne prends une décision qu'après. Traite donc une promesse de la même manière

La chute des cheveux chez l'homme - pourquoi ton charisme compte plus que tes cheveux

La chute des cheveux chez l'homme est un sujet qui préoccupe beaucoup de monde, surtout lorsque les premiers signes d'une ligne capillaire qui recule ou de zones qui s'amincissent apparaissent sur la tête. Pour de nombreux hommes, les cheveux sont un symbole de jeunesse, de vitalité et de confiance en soi. Mais qu'en est-il lorsque le miroir raconte soudain une autre histoire ? Il y a des moments où l'on a l'impression que la perte des cheveux signifie aussi la perte de l'attractivité. Mais c'est loin d'être le cas.

J'ai la chance d'avoir encore une chevelure abondante et, à 57 ans, je n'ai pas un seul cheveu blanc. Mon grand-père et mon père avaient également une chevelure abondante avec seulement quelques mèches grises jusqu'à un âge avancé. Je pense que c'est un cadeau des gènes pour lequel je suis très reconnaissant. De plus, je fais beaucoup de sport, je ne fume pas et je bois rarement de l'alcool, ce qui contribue à mon apparence physique. Souvent, les gens me considèrent comme plus jeune de plusieurs années, ce qui est flatteur, mais montre aussi qu'un mode de vie sain peut avoir plus d'effet qu'on ne le pense.

Mais revenons au sujet de la chute des cheveux : mon deuxième fils, âgé de 27 ans, a déjà quelques cheveux gris. Cela me montre que la part héréditaire joue un rôle décisif dans la chute des cheveux, mais c'est loin d'être le seul facteur. Le stress, les hormones et les aspects de santé peuvent également jouer leur rôle.

Mais pourquoi le charisme compte-t-il plus que les cheveux ? C'est simple : la chute des cheveux peut certes modifier l'apparence extérieure, mais c'est ton rayonnement intérieur qui compte vraiment. Les gens sont attirés par la confiance en soi, l'humour, l'intelligence et la manière dont tu te présentes. Il existe d'innombrables exemples d'hommes qui, malgré - ou à cause de - leur calvitie, ont un charisme indomptable. De Bruce Willis à Jason Statham, leurs têtes sont peut-être chauves, mais leur présence remplit chaque pièce. La perte de cheveux peut être un signe du processus naturel de vieillissement, mais ce n'est pas la fin de ta confiance en toi.

Que peux-tu donc faire si tu constates que tes cheveux deviennent plus fins ? Tout d'abord, accepte-le et essaie de le considérer avec sérénité. Il est important de reconnaître que la perte de cheveux ne doit pas avoir d'influence sur tes compétences, ton charisme ou ton attractivité. Ton attitude, ton sourire et la manière dont tu te comportes avec les autres comptent bien plus. Deuxièmement, si tu le souhaites, il existe des traitements qui peuvent aider à ralentir ou à masquer la chute des cheveux - des shampooings spéciaux et des médicaments aux greffes de cheveux. Mais le plus important, c'est que tu te sentes bien dans ta peau.

Car à la fin de la journée, ton entourage ne t'aimera pas pour ta pilosité, mais pour ta personnalité, ton énergie et les souvenirs que tu partages avec eux. Et c'est bien là l'essentiel : c'est ton charisme qui te rend unique. Peu importe que tu aies les cheveux pleins ou que tu sois chauve - sois la personne qui les autresinspire et avec laquelle ils se sentent bien. Et n'oublie pas : un homme n'est pas défini par ses cheveux, mais par ce qu'il fait de sa vie.

Causes de la chute des cheveux

Alopécie androgénétique (perte de cheveux d'origine héréditaire) : La cause la plus fréquente de la perte de cheveux chez les hommes est l'alopécie androgénétique, également connue sous le nom de calvitie masculine. Elle est d'origine génétique et est par l'action de la causée , un produit de dégradation de la testostérone. **dihydrotestostérone (DHT)**

La DHT provoque des **le rétrécissement follicules pileux** et les cheveux deviennent de plus en plus fins, jusqu'à ce qu'ils finissent par tomber.

Les changements hormonaux : Les variations hormonales, notamment un déséquilibre de la testostérone et de ses dérivés, peuvent également provoquer la chute des cheveux. Ces changements surviennent souvent dans le cadre du processus de vieillissement.

Stress et détresse psychologique : un stress élevé et une détresse émotionnelle peuvent entraîner un état appelé effluvium télogène, dans lequel un grand nombre de cheveux entrent simultanément en phase de repos et tombent.

Carences nutritionnelles : les carences en nutriments essentiels tels que le fer, le zinc, la vitamine D et les protéines peuvent favoriser la chute des cheveux. Une alimentation déséquilibrée affecte la santé des follicules pileux.

Les maladies et les médicaments : Certaines maladies telles que les troubles de la thyroïde, le diabète et les maladies auto-immunes, ainsi que les médicaments (par exemple la chimiothérapie) peuvent provoquer la chute des cheveux.

Mode de vie et facteurs environnementaux : le tabagisme, la consommation excessive d'alcool et la pollution peuvent avoir un impact négatif sur la santé des cheveux.

Mesures contre la chute des cheveux

Traitement médicamenteux :

Minoxidil : un médicament topique qui s'applique directement sur le cuir chevelu et qui peut stimuler la croissance des cheveux. Il est disponible sans ordonnance et est souvent utilisé comme première option de traitement.

Finastéride : un médicament sur ordonnance qui bloque la transformation de la testostérone en DHT. Il peut ralentir et partiellement inverser la chute des cheveux.

Transplantation capillaire : méthode chirurgicale consistant à transplanter des follicules pileux de zones à forte densité de cheveux (souvent de l'arrière de la tête) vers des zones dégarnies ou à faible densité de cheveux. Les techniques modernes telles que la FUE (Follicular Unit Extraction) offrent des résultats naturels avec des cicatrices minimales.

Je vois souvent des hommes qui ont subi une transplantation capillaire, surtout en vacances en Turquie. La plupart du temps, ils sont reconnaissables à leur bandeau en forme de turban sur la tête. C'est à Istanbul que se trouvent les plus grandes cliniques spécialisées dans la FUE. De nombreuses publicités sont déjà visibles à l'aéroport d'Istanbul.

L'année dernière, j'ai discuté avec un jeune homme de Cologne à l'aéroport d'Istanbul. Le jeune homme m'a dit qu'il avait 35 ans et qu'il s'était fait soigner chez Elithair.

Il a raconté qu'on lui avait prélevé 5 000 follicules à l'arrière de la tête et qu'on les lui avait réimplantés trois jours plus tard. Les follicules ont dû être cultivés dans une solution nutritive. L'ensemble de la procédure doit durer sept jours et il a payé environ 3.000 euros. Si je me souviens bien, le prélèvement et la transplantation d'un follicule coûtent 1,70 euro.

Thérapie au laser : la thérapie au laser à faible dose (LLLT) peut améliorer la circulation sanguine du cuir chevelu et favoriser la croissance des cheveux. Cette méthode est non invasive et peut être réalisée à domicile ou dans des cliniques spécialisées.

des changements de style de vie :

Alimentation : une alimentation équilibrée, riche en vitamines et en minéraux, favorise la santé des follicules pileux. Les aliments tels que les légumes à feuilles vertes, les noix, le poisson et les œufs sont particulièrement bénéfiques.

Gestion du stress : des techniques telles que le yoga, la méditation et l'exercice régulier peuvent aider à réduire le stress et donc à prévenir la chute de cheveux liée au stress.

Produits de soins :

Shampoings et après-shampoings : des produits spéciaux contenant des ingrédients tels que la biotine, la caféine et le kétoconazole peuvent améliorer la santé du cuir chevelu et ralentir la chute des cheveux.

Huiles capillaires et sérums : Les produits contenant des huiles naturelles comme l'huile de romarin, l'huile de menthe poivrée et l'huile de ricin peuvent stimuler la circulation sanguine du cuir chevelu et favoriser la croissance des cheveux.

La nouvelle image idéale de l'homme - la masculinité au 21e siècle

L'image de l'homme "classique" s'est profondément ancrée dans notre conscience culturelle au fil des générations. Force, indépendance, capacité à s'imposer et statut de pourvoyeur de la famille - telles ont été pendant longtemps les caractéristiques essentielles de la masculinité. Mais la société moderne évolue rapidement, et avec elle l'image idéale de l'homme. Pour les hommes en période de ménopause, ce changement représente souvent un défi. Dans une phase où beaucoup luttent déjà avec des questions d'identité et d'estime de soi, le changement des rôles sexuels est une source d'insécurité supplémentaire.

Mais que signifie réellement la masculinité au 21e siècle ? S'éloigner des modèles de rôles classiques pour aller vers une conception plus polyvalente et plus flexible de la masculinité, telle est la direction vers laquelle la société se dirige. La question est la suivante : comment un hommepeut-il en pleine ménopause non seulement accepter ce changement, mais aussi le considérer comme une opportunité de se redéfinir ?

L'abandon des anciens modèles de rôles

L'image de l'homme "typique" - fort, sans émotions et toujours en mode contrôle - n'est plus d'actualité depuis longtemps. Ces rôles datent d'une époque où les hommes devaient subvenir aux besoins financiers de leur famille et n'avaient souvent pas le droit de montrer de faiblesse émotionnelle. Cette définition traditionnelle de la masculinité a marqué de nombreuses générations et a été adoptée par la plupart des hommes sans être remise en question.

Mais cette image a beaucoup évolué au cours des dernières décennies. De nos jours, les hommes ne sont plus définis uniquement par leurs réussites professionnelles ou leur rôle de pourvoyeur. Les changements sociaux, le renforcement des droits des femmes et l'assouplissement des rôles sexuels rigides ont conduit à une remise en question croissante de l'ancienne image de l'homme. Ce n'est plus seulement la stabilité financière ou la force physique qui définit un homme, mais aussi sa capacité à être émotionnel, à partager ses soucis et à entretenir un lien plus profond avec ses semblables.

Pour de nombreux hommes ménopausés, encore fortement marqués par les rôles traditionnels, ce changement représente un défi. L'image du "dur à cuire", qui a une solution à tout et ne montre aucune faiblesse, ne correspond plus à l'époque actuelle. Les hommes sont confrontés à la tâche de repenser leur identité - et ce dans une phase de vie déjà marquée par de nombreuses incertitudes.

Une compréhension plus diversifiée de la masculinité

La masculinité moderne n'est plus monolithique. Au lieu de cela, il s'agit aujourd'hui de laisser s'exprimer différentes facettes de sa propre personnalité. L'émotivité, l'empathie et la vulnérabilité ne sont plus des faiblesses, mais des aspects importants d'une masculinité mûre et réfléchie. Les hommes peuvent aujourd'hui plus euxmêmesêtre , ils peuvent montrer leurs soucis et leurs peurs sans être considérés comme "faibles".

Au moment de la ménopause, où de nombreux hommes ont l'impression de ne plus être à leur apogée professionnelle ou physique, cette nouvelle image idéale peut être un soulagement. Il y a de la place pour l'honnêteté - envers soi-même et aussi envers les autres. Les hommes peuvent admettre qu'ils ne doivent pas toujours être forts, qu'ils ont des doutes ou qu'ils se sentent dépassés. L'acceptation des émotions et l'admission de la faiblesse sont aujourd'hui des éléments centraux d'une masculinité saine.

Cette nouvelle conception de la masculinité offre également la possibilité de se libérer d'attentes excessives. Les hommes ne doivent plus être les "faiseurs" infatigables qui maîtrisent tout. Ils ont le droit de faire des erreurs, de s'arrêter et de se demander ce qu'ils veulent vraiment. C'est l'abandon d'un idéal qui a souvent mis les hommes sous pression - au profit d'une image de soi qui laisse plus de place à l'individualité et à l'acceptation de soi.

Le rôle des relations

Avec l'évolution de l'image idéale de l'homme, les relations entre les hommes et leurs partenaires, familles et amis changent également. Aujourd'hui, les partenariats ne sont plus basés sur une structure de rôles bien définie, dans laquelle l'homme est le pourvoyeur et la femme le soutien émotionnel. Au lieu de cela, l'égalité, le respect et une compréhension commune des responsabilités sont au premier plan.

Pour les hommes ménopausés, cela signifie qu'ils peuvent apprendre à être plus ouverts et plus honnêtes dans leurs relations. Ils ne doivent plus jouer le rôle du "rocher dans la tempête" silencieux qui veut résoudre tous les problèmes tout seul. Au lieu de cela, ils peuvent se permettre de parler de leurs sentiments et d'accepter le soutien de leur partenaire. Ce type de proximité émotionnelle et de communication peut renforcer un partenariat et lui conférer une qualité nouvelle et plus profonde.

Les amitiés entre hommes évoluent également. L'idée que les hommes ne peuvent parler que de sport, de travail ou de sujets superficiels cède de plus en plus la place à une culture dans laquelle les discussions plus profondes ont également leur place. Les hommes peuvent se soutenir mutuellement sans craindre d'être considérés comme "mous" ou "non virils". Ce type d'amitiés ouvertes et sincères peut être une ressource précieuse, en particulier pendant la ménopause.

La masculinité comme expression personnelle

Un autre aspect important de la masculinité moderne est la reconnaissance du fait que chaque homme peut l'exprimer à sa manière. Il n'existe plus une seule et bonne image de l'homme. Au lieu de cela, il s'agit de trouver ce qui fait sens pour chacun et quelles sont les valeurs et les objectifs qu'il souhaite poursuivre dans sa vie.

Pour les hommes en période de ménopause, qui traversent souvent une phase d'introspection, cette liberté peut être libératrice. Au lieu de continuer à s'accrocher à des idées dépassées, ils peuvent trouver leur propre façon de vivre la masculinité, que ce soit à travers de nouveaux loisirs, une réorientation professionnelle ou la découverte de facettes émotionnelles qui étaient restées cachées.

Amis ou copains du point de vue d'un égotype

Auparavant, je ne pouvais pas m'imaginer m'engager réellement avec d'autres personnes - l'idée de prendre des engagements ou même d'être émotionnellement dépendant me semblait restrictive. Je me suis toujours considérée comme un esprit indépendant, qui suit son propre chemin sans dépendre des autres. C'était aussi dû au fait que je me suis toujours bien débrouillé seul. Même lorsque ma vie était chaotique et agitée, je m'occupais de moi et me débrouillais sans les autres.

Je ne corresponds pas non plus à l'image de "l'homme typique" qui suit avec enthousiasme chaque match de football ou qui ne jure que par la Formule 1. Cela n'a jamais été mon truc. Je suis plutôt du genre à aller dans la nature, à m'adonner à des loisirs pleins d'action ou à passer le week-end au bord d'un lac. Ma femme a toujours apprécié cela chez moi - pour elle, un fan de foot qui passe son temps au bistrot à brailler avec les garçons n'a jamais été une option. Elle a toujours pensé que j'étais intéressant pour elle parce que j'avais ma propre tête et que je ne correspondais pas aux clichés.

La méfiance envers les autres est profondément ancrée en moi - elle ne vient pas par hasard. Bien sûr, il y a eu de bons moments dans mon enfance, mais les expériences négatives se sont davantage imprimées dans ma mémoire. J'ai appris très tôt que les autres avaient souvent leurs propres intentions, et c'est ainsi qu'est née en moi une image du monde plutôt axée sur la défense et l'autoprotection. Bien sûr, quand j'étais enfant et adolescent, j'avais quelques amis, de vraies amitiés, comme on en entretient justement dans la jeunesse - simples, faciles et sans arrière-pensées. Mais après la chute du mur et mon déménagement à Berlin, ces liens se sont brisés. Dans cette grande ville impersonnelle, j'ai vite remarqué que les amitiés étaient souvent différentes à l'âge adulte.

J'ai eu beaucoup de succès dans ma carrière, ce qui m'a permis d'attirer des gens qui, comme je l'ai compris plus tard, étaient moins intéressés par moi en tant que personne. C'était ma réussite, ma position et ma sécurité financière qui les fascinaient. De plus en plus souvent, de nouvelles connaissances se révélaient être des "amis" qui voulaient participer à mon succès - ni plus ni moins. Les conversations ne portaient que sur ce que j'avais, ce que je pouvais réaliser et comment je menais ma vie. Il n'y avait pas de réelle profondeur, pas de connexion. Combien de fois me suis-je assise à une réunion en ayant l'impression que je n'étais qu'un tremplin pour eux.

Cela a marqué mon comportement : Comme pour les relations avec les femmes, j'ai commencé à jouer un rôle dans les amitiés. Je jouais l'amitié, j'étais charmant et accessible, je faisais la conversation et je semblais intéressé. Mais en réalité, je ne laissais personne m'approcher , je gardais toujours une certaine distance et j'étais toujours sur le qui-vive intérieurement. Au lieu de créer de véritables liens, je construisais des murs autour de moi. Parfois, je me rendais compte à quel point j'étais en fait isolée, mais les déceptions du passé ne me permettaient guère d'agir autrement.

Mais au fil du temps, quelque chose a changé en moi. Peut-être était-ce la somme de ces amitiés superficielles ou la prise de conscience que je contribuais moi-même à ne laisser personne s'approcher de moi. Ces dernières années, avec ma nouvelle phase de vie, j'ai commencé à remettre en question cette méfiance. J'ai lentement accepté de laisser les gens se rapprocher de moi, j'ai appris que tout le monde ne voyait pas l'utilité de l'amitié et que certaines personnes étaient sincères. Le chemin a été long et il m'arrive encore d'être sceptique. Mais j'ai appris que les liens authentiques enrichissent la vie et qu'il est peut-être temps de donner une deuxième chance au monde et aux gens.

Mais cette indépendance avait aussi un prix : sans véritables amitiés qui vous tendent un miroir et vous disent aussi quand vous avez tort, je restais souvent bloqué dans mon propre cercle de pensées. Il y avait certes les "potes" pour le paintball, pour les journées d'action communes, la chasse ou le wakeboard, et j'appréciais le temps passé avec eux. Mais il s'agissait plutôt de connaissances - j'étais heureux quand je les voyais, mais ils ne me manquaient pas non plus quand les semaines ou les mois passaient.

Ce n'est que maintenant, avec ma nouvelle attitude, que je reconnais la valeur des relations plus profondes. Mon "changement de polarité", comme je l'appelle, m'a ouvert les yeux. Je suis devenu plus calme, un peu plus serein, et surtout, j'apprécie aujourd'hui des choses que j'aurais auparavant rejetées comme des poids inutiles. Grâce à ma femme et à mon changement de point de vue, j'ai pu constater à quel point les vraies amitiés sont enrichissantes, qu'elles offrent un soutien et vous donnent une autre perspective.

C'est une toute nouvelle expérience pour moi que de pouvoir discuter tranquillement avec des amis et de boire une bière sans que mon esprit soit agité ou que je sois déjà à la prochaine destination.

Avant, tout tournait autour du succès et de l'indépendance de , de mon propre plaisir. Aujourd'hui, je constate que la famille, les amis et les relations authentiques me procurent une satisfaction que je n'avais jamais connue auparavant.

Je vois maintenant comment les vraies amitiés vous donnent beaucoup, tout en vous montrant que vous devez également donner en retour - et que c'est souvent là que réside la véritable signification d'une amitié. Aujourd'hui, ce ne sont pas seulement les activités communes qui me font plaisir. C'est la sincérité des échanges, les rires, les discussions et le sentiment que quelqu'un est là en cas de coup dur. C'est une nouvelle façon de vivre que je n'aurais jamais pu imaginer auparavant - et aujourd'hui, je ne veux plus m'en passer.

Le pouvoir des hormones masculines : une réflexion approfondie sur leur action

Dans ce chapitre, j'aimerais mettre en lumière quelques principes biologiques de base qui peuvent être utiles pour mieux comprendre son propre comportement et les changements physiques qui surviennent à la ménopause. En effet, le rôle des hormones - en particulier des hormones masculines comme la testostérone et la DHT - est souvent sous-estimé, alors qu'elles sont déterminantes pour notre bien-être.

Les principaux acteurs : la testostérone et la dihydrotestostérone (DHT)

La testostérone, "l'hormone masculine" par excellence, est principalement produite par les testicules et, dans une moindre mesure, par les glandes surrénales. La testostérone est responsable de ce qui nous fait paraître typiquement masculin : la croissance de la barbe, la voix plus grave, une masse musculaire prononcée, des os solides. Mais son action va bien au-delà : notre libido, la production de sperme et même notre humeur sont également influencées par cette substance. C'est en quelque sorte le moteur qui nous pousse et nous donne l'énergie nécessaire.

La DHT, un produit de dégradation de la testostérone, est également très importante, même si elle est moins active. Cette hormone est en partie responsable de la calvitie typiquement masculine. Une bénédiction et une malédiction à la fois, car la même hormone qui nous fait pousser la barbe quand nous sommes jeunes peut entraîner un éclaircissement de la chevelure avec l'âge.

L'effet sur notre corps

Développement sexuel et reproduction : sans testostérone, nous ne développerions pas les caractéristiques typiques des hommes. Dès la phase prénatale, elle contribue à la formation de nos caractéristiques sexuelles. Plus tard, elle nous permet de développer une forte corpulence, des poils et une voix plus grave. Pendant la puberté, la testostérone prend quasiment les commandes et nous façonne pour devenir ce que nous percevons comme des hommes - de la pilosité à la taille.

Masse musculaire et osseuse : ce n'est pas pour rien que la testostérone est considérée comme un anabolisant naturel. Elle soutient la croissance musculaire et renforce les os, nous protège de l'ostéoporose à un âge avancé et favorise une structure corporelle saine et stable. Dans le meilleur des cas, nous obtenons une bonne base qui nous permet de nous sentir forts et en forme plus tard dans la vie.

Métabolisme et graisse corporelle : c'est ici que les choses deviennent particulièrement intéressantes pour ceux d'entre nous qui s'interrogent sur la bosse au niveau du ventre qui s'installe si discrètement, sans bruit, au fil des ans. La testostérone permet à notre corps de brûler efficacement les graisses et de maintenir une masse musculaire plus importante. Lorsque l'on est jeune, cela fonctionne comme une horloge - mais lorsque le taux de testostérone diminue, ce mécanisme se modifie et soudain, le corps stocke la graisse plutôt que de la brûler.

Santé mentale : la testostérone influence également notre psychisme plus que beaucoup ne le réalisent. Des études montrent que les hommes ayant un faible taux de testostérone sont plus enclins à avoir des sautes d'humeur, des dépressions et un manque de motivation. Notre capacité de concentration diminue et nous remarquons que nous avons du mal à nous motiver ou à rester concentrés. Au moment de la ménopause, ces symptômes peuvent s'accentuer et l'on a l'impression de ne plus être vraiment "maître de la situation".

Troubles de l'équilibre hormonal - lorsque le taux de testostérone est déséquilibré

Un équilibre hormonal est essentiel pour notre bien-être et notre santé. Toutefois, si cet équilibre est perturbé, des problèmes très divers peuvent survenir et avoir des répercussions tant physiques que mentales. Voyons comment un déséquilibre des hormones masculines peut affecter notre corps :

Hypogonadisme

L'hypogonadisme est une condition dans laquelle le corps ne produit pas suffisamment de testostérone. Pour les hommes concernés, cela peut être pénible, car cela entraîne une série de symptômes désagréables, notamment

- **Baisse de la libido :** l'intérêt pour la sexualité et la capacité à ressentir des réactions sexuelles diminuent souvent.

- **Baisse d'énergie :** l'énergie et la vitalité générales peuvent diminuer de manière significative, ce qui entraîne une fatigue permanente.

- **Perte de masse musculaire et osseuse :** la testostérone est importante pour le maintien de la masse musculaire et de la densité osseuse. Une carence peut donc entraîner un affaiblissement des os et une perte de force musculaire.

L'hypogonadisme peut être très éprouvant, tant sur le plan physique que mental. Heureusement, cette condition est souvent bien traitée par un traitement de substitution de la testostérone, qui ramène le taux de testostérone à un niveau sain et peut ainsi améliorer considérablement la qualité de vie.

Hypergonadisme

Alors que l'hypogonadisme se caractérise par un taux de testostérone trop bas, l'hypergonadisme décrit exactement le contraire, à savoir un taux de testostérone excessivement élevé. Cet excès peut également avoir des effets négatifs :

- **Agressivité :** un taux élevé de testostérone peut entraîner des accès de colère incontrôlables et une forte irritabilité.

- **Acné :** une production excessive de testostérone peut stimuler l'activité des glandes sébacées, ce qui entraîne souvent des problèmes de peau comme l'acné.

- **Hypertrophie de la prostate :** une surproduction permanente de testostérone peut entraîner une hypertrophie de la prostate, ce qui peut rendre la miction difficile.

- **Infertilité :** un taux de testostérone trop élevé peut avoir une influence négative sur la production de spermatozoïdes et ainsi nuire à la fertilité.

Autres troubles hormonaux

D'autres troubles hormonaux peuvent également influencer le taux de testostérone et donc l'équilibre de l'équilibre hormonal :

- **Syndrome des ovaires polykystiques (SOPK) :** bien que ce syndrome touche les femmes, il est un bon exemple de la manière dont l'excès de testostérone peut causer des problèmes - chez les femmes, il s'agit de symptômes tels que des règles irrégulières, une augmentation de la pilosité corporelle et l'infertilité.

- **Tumeurs produisant des hormones :** dans de rares cas, une tumeur peut augmenter la production de testostérone et entraîner une multitude de symptômes d'origine hormonale.

La connaissance de ces troubles peut être utile pour mieux comprendre l'influence de nos hormones sur la santé et le bien-être. Les modifications du taux de testostérone nous influencent souvent plus que nous ne le réalisons. Un équilibre hormonal est donc une clé pour une vie saine et épanouie.

Hormones bio-identiques

Les hormones bio-identiques ont attiré beaucoup d'attention ces dernières années, notamment en tant qu'alternative aux traitements hormonaux de substitution traditionnels. Ces hormones sont souvent considérées comme une option naturelle, car leur structure moléculaire correspond à celle que le corps produit lui-même. Dans cet article, nous allons nous pencher en détail sur les hormones bio-identiques, discuter de leur importance pour l'hormonothérapie et examiner les avantages et inconvénients potentiels.

Que sont les hormones bio-identiques ?

Les hormones bio-identiques sont des hormones dont la structure chimique correspond à celle des hormones produites naturellement par le corps humain. En revanche, les hormones synthétiques sont fabriquées en produisant des composés chimiques dont la structure est similaire, mais pas identique, à celle des hormones naturelles. Les hormones bio-identiques sont souvent obtenues à partir d'extraits de plantes comme l'igname sauvage ou le soja, puis transformées en laboratoire en préparations hormonales.

Utilisation d'hormones bio-identiques

Les hormones bio-identiques sont souvent utilisées dans le cadre d'un traitement hormonal substitutif (THS), notamment chez les femmes pendant la ménopause ou chez les hommes ayant un faible taux de testostérone. Chez les femmes, les œstrogènes, la progestérone et la testostérone bio-identiques peuvent être utilisés pour soulager des symptômes tels que les bouffées de chaleur, les troubles du sommeil, la sécheresse vaginale et les sautes d'humeur. Chez les hommes, la thérapie de remplacement de la testostérone par la testostérone bio-identique peut être utilisée pour traiter des

symptômes tels qu'une libido réduite, la fatigue et la faiblesse musculaire.

Avantages et inconvénients des hormones bio-identiques

Les hormones bio-identiques sont souvent considérées comme une
alternative plus sûre aux hormones synthétiques, car leur structure
moléculaire est similaire à celle de l'hormone naturelle. Les parti-
sans affirment que les hormones bio-identiques sont mieux ac-
ceptées et métabolisées par l'organisme, ce qui réduit la probabilité
d'effets secondaires. De plus, l'individualisation de l'hormonothérapie par les hormones bio-identiques peut aider à contrôler et à ajuster plus précisément les niveaux d'hormones d'un individu.

D'un autre côté, la sécurité et l'efficacité des hormones bio-identiques suscitent également des inquiétudes. Certaines études ont
montré que les hormones bio-identiques peuvent présenter des risques similaires à ceux des hormones synthétiques, notamment en
ce qui concerne le risque de cancer du sein et de maladies cardiovasculaires chez les femmes. En outre, les hormones bio-identiques peuvent être plus chères que les hormones synthétiques et
peuvent ne pas être couvertes par toutes les assurances.

Décaboline et stéroïdes : ne touchez pas à ce produit du diable

La décaboline, également connue sous le nom de décanoate de
nandrolone, est un stéroïde anabolisant synthétique couramment
utilisé par les culturistes et les sportifs pour augmenter la masse
musculaire et améliorer les performances. Elle appartient à la classe
des stéroïdes anabolisants, qui sont des variantes artificielles de la
testostérone, l'hormone sexuelle masculine. Alors que certaines
personnes sont favorables à leur utilisation pour améliorer les performances sportives, il existe des risques importants et des effets
secondaires potentiels, en particulier lorsqu'ils sont pris de manière
abusive ou sans surveillance médicale. Le fait est que l'on prend
énormément de masse en peu de temps. Dans mon cas, j'ai pris 30

kilos en six semaines. Cependant, je me suis goinfré de tout, j'ai mangé tout le temps et je suis allé à la gym presque tous les jours.

Mécanisme d'action de la décaboline et d'autres stéroïdes

La décaboline et les autres stéroïdes anabolisants agissent en se liant aux récepteurs d'androgènes dans le corps et en augmentant la synthèse des protéines et la rétention d'azote. Il en résulte une accélération de la construction musculaire et une amélioration de la récupération après l'entraînement. En outre, les stéroïdes peuvent également stimuler le métabolisme et augmenter la combustion des graisses, ce qui se traduit par une amélioration de la silhouette.

Effets sur le corps masculin

Masse musculaire et force : l'une des principales raisons de l'utilisation de la décaboline et d'autres stéroïdes est l'augmentation de la masse musculaire et de la force. En augmentant la synthèse des protéines, ils aident à construire des muscles plus rapidement et à améliorer les performances.

Amélioration de la récupération : les stéroïdes peuvent réduire le temps de récupération après l'entraînement en accélérant la régénération des tissus musculaires. Cela permet aux athlètes de suivre des programmes d'entraînement plus intenses et de récupérer plus rapidement des blessures.

La stimulation du métabolisme : Les stéroïdes anabolisants peuvent accélérer le métabolisme, ce qui entraîne une augmentation de la combustion des graisses et une amélioration de la composition corporelle. Cela peut être particulièrement bénéfique pour les bodybuilders qui visent un faible taux de graisse corporelle.

Risques et effets secondaires

Malgré leurs avantages potentiels, la décaboline et les autres stéroïdes présentent des risques importants pour la santé, en particulier lorsqu'ils sont utilisés de manière abusive ou sans surveillance médicale. Parmi les effets secondaires possibles, on peut citer

les maladies cardiovasculaires : L'utilisation de stéroïdes peut entraîner une augmentation de la pression artérielle, une hausse du taux de cholestérol et un risque accru de crise cardiaque et d'accident vasculaire cérébral. Je peux en parler. Depuis 5 ans, après avoir utilisé plusieurs fois Deca, je dois maintenant prendre des comprimés contre la tension artérielle.

Une plus grande sensibilité aux infections. J'ai constaté que je souffrais beaucoup plus souvent de rhumes. Probablement aussi parce que j'allais trop souvent à la gym. McFit n'est pas vraiment propre, on y attrape vite quelque chose. En tout cas, c'est le cas dans mon gymnase de Berlin Lichterfelde.

Déséquilibres hormonaux : la prise de stéroïdes peut perturber l'équilibre hormonal naturel et entraîner des problèmes tels que la gynécomastie (augmentation de la taille des glandes mammaires chez les hommes), l'atrophie testiculaire (rétrécissement des testicules) et l'impuissance.

Effets psychologiques : Les stéroïdes peuvent entraîner des sautes d'humeur, de l'agressivité, des dépressions et des symptômes psychotiques connus sous le nom de "rage roide". Ce sont précisément ces symptômes que j'ai décrits en détail dans la section précédente.

Lésions hépatiques : la prise de stéroïdes par voie orale peut surcharger le foie et entraîner des lésions hépatiques, notamment une inflammation du foie et des tumeurs hépatiques.

Infection au point d'injection. Dès que l'on utilise du matériel de seringue non conforme ou que l'on ne désinfecte pas suffisamment, le risque d'infection au point d'injection est programmé et très désagréable. Souvent, seul un antibiotique est efficace.

De vilains boutons d'acné. Quand on prend des anabolisants à la gym, ça se voit vite : de gros boutons dans le dos, sur la tête, et surtout autour des triceps. La première fois que j'ai vécu cet effet moi-même, je me suis juste dit : "Oh là là...". J'avais soudain des boutons sur le cuir chevelu et dans le dos. Pour quelqu'un comme moi, qui n'a jamais un seul bouton en temps normal, cela a été comme un choc. Ma peau est naturellement lisse et soignée - les femmes m'ont souvent admiré pour cela. Cela venait peut-être aussi du fait que j'avais une dermatite atopique quand j'étais enfant et que je devais toujours prendre particulièrement soin de ma peau.

Au fil des ans, c'est devenu une sorte de rituel. Aujourd'hui, à 57 ans, ma peau est au top, presque comme celle d'un quadragénaire. C'est alors que ces boutons sont apparus comme un chiffon rouge - pour moi et pour les autres. Heureusement, ils ont disparu lorsque j'ai arrêté les stéroïdes.

Vitamines et alimentation - comment rester en équilibre

Les aliments naturels fournissent non seulement l'énergie dont nous avons besoin, mais aussi les vitamines et les nutriments dont notre corps a besoin pour fonctionner de manière optimale. Les vitamines jouent un rôle crucial dans de nombreux processus biochimiques, de la production d'énergie à la régénération cellulaire. En outre, elles peuvent également renforcer le système immunitaire, améliorer la santé de la peau et même influencer l'humeur.

L'une des vitamines les plus importantes est la vitamine C, qui est essentielle pour le système immunitaire. C'est un antioxydant puissant qui lutte contre les radicaux libres et protège les cellules contre les dommages. La vitamine C se trouve principalement dans les fruits frais comme les oranges, les citrons, les kiwis et les papayes, mais aussi dans les légumes comme le brocoli, le poivron et le chou vert.

La vitamine D est une autre vitamine essentielle, souvent appelée la "vitamine du soleil", car le corps la produit en exposant la peau au soleil. Elle joue un rôle important dans le maintien de la santé des os, la régulation de la le métabolisme du calcium et le renforcement du système immunitaire. Les aliments tels que le poisson gras, les œufs et les aliments enrichis sont de bonnes sources de vitamine D.

Les vitamines B, y compris B1, B2, B3, B5, B6, B7, B9 et B12, sont essentielles à une multitude de fonctions dans le corps, notamment le métabolisme énergétique, la division cellulaire et la production de neurotransmetteurs. On les trouve dans une grande variété d'aliments, notamment la viande, le poisson, les œufs, les produits laitiers, les céréales complètes, les légumineuses et les légumes à feuilles vertes.

Outre les vitamines, la mélatonine est une molécule intéressante qui fait souvent l'objet de discussions en matière de nutrition et de santé. La mélatonine est une hormone produite par la glande pinéale du cerveau et qui joue un rôle clé dans la régulation du cycle veille-sommeil. Elle est souvent prise sous forme de complément alimentaire pour traiter les troubles du sommeil ou lutter contre le décalage horaire. En outre, la mélatonine est également appréciée pour ses propriétés antioxydantes et il existe des preuves qu'elle peut soutenir le système immunitaire et favoriser la santé du cerveau.

Il est important de noter qu'une alimentation équilibrée, riche en différents nutriments, est la meilleure source de vitamines et de minéraux. Si les compléments alimentaires peuvent être utiles dans certains cas, ils ne doivent pas être considérés comme un substitut à une alimentation saine. Une alimentation variée et équilibrée, riche en fruits et légumes frais, en céréales complètes, en protéines maigres et en graisses saines, fournit les nutriments dont notre corps a besoin pour fonctionner de manière optimale et rester en bonne santé.

Un plan alimentaire équilibré est important pour les personnes de tous âges et de tous styles de vie, en particulier pour un homme de plus de 50 ans qui a un emploi de bureau et qui peut avoir un mode de vie sédentaire. Voici un exemple de plan alimentaire judicieux :

Petit déjeuner :

Flocons d'avoine avec des fruits frais (bananes, baies, par exemple) et une cuillère de graines de lin ou de chia pour les fibres et les acides gras oméga-3.

Un verre de lait écrémé ou de lait d'amande pour le calcium et la vitamine D.

Une poignée de noix non salées (par exemple des amandes ou des noix) pour les bonnes graisses et les protéines.

Déjeuner :

Poulet ou saumon grillé avec une portion de quinoa ou de riz complet et des légumes cuits à la vapeur (par ex. brocoli, carottes, épinards) pour les protéines, les fibres et les vitamines.

Une salade verte mélangée avec des tomates, des concombres et une vinaigrette légère en accompagnement pour des nutriments et des fibres supplémentaires.

Collation (entre les repas) :

Yaourt grec avec du miel et une poignée de baies pour les protéines, les probiotiques et les antioxydants.

Bâtonnets de légumes (p. ex. carottes, poivrons, céleri) accompagnés de houmous ou de guacamole pour un en-cas sain et nutritif.

Dîner :

Légumes cuits au four ou grillés (par exemple courgettes, aubergines, champignons) avec une petite portion de pâtes ou de pommes de terre complètes pour les fibres et les glucides complexes.

Un morceau de viande maigre (p. ex. blanc de poulet, filet de dinde) ou de poisson (p. ex. saumon, truite) comme source de protéines.

Un verre d'eau ou une tisane pour s'hydrater et favoriser la digestion.

Avant de se coucher (facultatif) :

Une tasse de yaourt allégé ou un verre de lait d'amande pour un repas léger et riche en protéines, qui stabilise le taux de glycémie et favorise le sommeil.

Il est important de veiller à une hydratation suffisante, l'homme doit donc boire de l'eau régulièrement tout au long de la journée (3 litres sont recommandés). En outre, il peut adapter ses repas en fonction de ses besoins et de ses préférences alimentaires individuelles, afin de garantir une santé et un bien-être optimaux.

Sport et activité physique - Le meilleur remède pour l'homme vieillissant

S'il y a une chose que nous, les hommes, ne devons pas sous-estimer en vieillissant, c'est l'influence du **sport et de l'exercice** sur notre bien-être physique et mental. Ce n'est un secret pour personne : avec l'âge, le corps n'est plus aussi performant que lorsqu'on avait une vingtaine ou une trentaine d'années. La masse musculaire diminue, le métabolisme ralentit et les articulations se font soudainement sentir lorsque nous nous levons. Mais plutôt que d'accepter cela comme une fatalité inévitable, nous avons le pouvoir de lutter contre cela - et **le sport est le meilleur médicament que** nous puissions nous prescrire.

Pourquoi le sport est si important pour les personnes âgées

Une activité physique régulière n'est pas seulement bonne pour le corps, mais aussi pour l'esprit. **Le sport réduit le stress, améliore l'humeur et aide à éviter les états dépressifs** qui peuvent survenir chez de nombreux hommes à la ménopause. Mais il ne s'agit pas seulement de bien-être mental. L'activité physique renforce le système cardiovasculaire, favorise le développement musculaire et aide à maintenir la souplesse des articulations. Et soyons honnêtes : qui veut s'affaiblir prématurément en vieillissant ? **Nous voulons** rester en forme, nous sentir bien et être en mesure de continuer à profiter activement de la vie.

Autre point important : **le sport aide à stabiliser le taux de testostérone.** Le taux d'hormones diminue chez de nombreux hommes au moment de la ménopause, ce qui peut entraîner de la fatigue, un manque de désir et une baisse générale des performances. Un entraînement régulier permet toutefois de stimuler la production de testostérone - ce qui a des effets directs sur la libido, le niveau d'énergie et le bien-être général. **En bref, faire de l'exercice permet de rester plus viril.**

Quels sont les meilleurs sports pour les hommes âgés ?

En principe, il ne s'agit pas de choisir un sport en particulier, mais de trouver quelque chose que l'on peut faire régulièrement et qui nous plaît. **La musculation** est idéale pour maintenir la masse musculaire et renforcer le corps. Avec l'âge, les hommes ont tendance à perdre de la masse musculaire, ce qui entraîne une faiblesse et un risque accru de blessures. **Une musculation régulière permet de prévenir ce phénomène.**

Les sports d'endurance comme la course à pied, le vélo ou la natation sont excellents pour renforcer le système cardiovasculaire et augmenter l'endurance. Si l'on a besoin de ménager ses articulations, il faut miser sur la natation ou le vélo pour soulager les genoux et les hanches.également

L'entraînement de la flexibilité, comme le yoga ou les étirements, est un bon complément aux autres sports. Avec l'âge, les muscles et les articulations deviennent plus raides. Les exercices d'étirement aident à conserver la souplesse et à éviter les blessures.

Le sport comme facteur social

Un autre aspect positif du sport est le **facteur social**. Beaucoup d'hommes ont tendance à se retirer socialement en vieillissant. Or, ceux qui s'entraînent régulièrement, que ce soit dans une salle de sport ou en groupe pour courir, nager ou faire du vélo, sont automatiquement en contact avec des personnes partageant les mêmes idées. Cela favorise non seulement la santé physique, mais aussi la santé mentale, car les liens sociaux deviennent de plus en plus importants avec l'âge.

Plan d'entraînement en 3 parties pour les hommes

Pour bénéficier réellement d'un entraînement de musculation efficace et travailler tous les groupes musculaires, un **plan d'entraînement en 3 parties** est un excellent choix. Ce plan divise l'entraînement en trois séances réparties sur la semaine. On s'entraîne un jour sur deux, ce qui laisse suffisamment de temps de récupération au corps pour se régénérer entre les entraînements. L'accent est mis sur l'entraînement intensif de chaque groupe musculaire une fois par semaine.

Jour 1 : Poitrine, épaule, triceps

Développé couché (haltères longues ou haltères courtes) 4 séries de 8 à 12 répétitions Le développé couché est l'un des meilleurs exercices pour renforcer les muscles pectoraux. Les muscles stabilisateurs des épaules et des bras sont également entraînés.

Développé incliné (haltères courtes ou longues) 3 séries de 8 à 12 répétitions Cet exercice se concentre davantage sur la partie supérieure des muscles pectoraux.

Soulevé de côté (haltères courts) 3 séries de 10 à 15 répétitions. Pour les épaules, le soulevé de terre latéral est un exercice isolé qui sollicite le deltoïde moyen.

Développé-épaulé (haltères courts ou machine) 3 séries de 8 à 12 répétitions Ici, toute la partie des épaules est activée, en particulier l'épaule avant et latérale.

Développé couché à la poulie 3 séries de 10-12 répétitions. Un exercice isolé qui cible les triceps.

Overhead triceps press with short haltères 3 séries de 8-10 répétitions Cet exercice est idéal pour travailler la longue tête des triceps.

Jour 2 : Dos, biceps

Soulevé de terre 4 séries de 6-8 répétitions. C'est l'un des exercices de base les plus importants, qui fait travailler le bas du dos, les muscles fessiers et l'arrière des cuisses. Il renforce l'ensemble du dos et favorise la stabilité.

Tractions latissimus (ou tractions) 3 séries de 8 à 12 répétitions. Cet exercice se concentre sur le muscle large du dos (latissimus) et permet d'élargir le dos.

Rowing à la poulie 3 séries de 8 à 12 répétitions Ramer est un excellent exercice pour le milieu du dos et les muscles dorsaux le long de la colonne vertébrale.

Rameurs à un bras avec haltères courts 3 séries de 8-12 répétitions.
Un exercice très efficace pour renforcer la musculature du haut du dos et des épaules.

Curls aux haltères longs (biceps) 3 séries de 8 à 12 répétitions. Pour les biceps, un exercice de base qui entraîne à la fois la tête courte et la tête longue des biceps.

Curls marteau avec haltères courts 3 séries de 10-12 répétitions. Cet exercice renforce non seulement le biceps, mais aussi le muscle brachial, responsable de l'épaisseur du bras.

Jour 3 : Jambes, ventre

Flexions des genoux (haltères) 4 séries de 8-10 répétitions. L'un des meilleurs exercices pour tout le corps, qui fait surtout travailler les cuisses, les fesses et le bas du dos.

Presse à jambes 3 séries de 8 à 12 répétitions Un exercice alternatif au squat pour renforcer les jambes de manière ciblée.

Extension des jambes (machine) 3 séries de 10-15 répétitions. Exercice isolé qui se concentre sur les quadriceps.

Flexion des jambes (machine) 3 séries de 10-15 répétitions. Cet exercice cible l'arrière des cuisses et les fessiers.

Soulever les mollets (debout ou assis) 4 séries de 12 à 15 répétitions Pour les muscles des mollets, souvent négligés par de nombreux hommes.

Crunches (abdominaux) 3 séries à 15-20 répétitions Exercice standard pour le ventre, pour renforcer les muscles abdominaux droits.

Plank (appui sur les avant-bras) 3 séries de 30 à 60 secondes chacune.
Un excellent exercice pour l'ensemble des muscles du tronc et la stabilité.

Résumé :

Ce **programme d'entraînement en 3 parties** est parfait pour les hommes qui font régulièrement du sport et qui souhaitent couvrir tous les groupes musculaires. Il veille à ce que le corps soit suffisamment sollicité, mais aussi à ce qu'il ait suffisamment de temps pour se régénérer - ce qui est extrêmement important, surtout à un âge avancé. **La pratique régulière d'un sport et d'une activité physique est le meilleur remède pour nous, les hommes,** afin de rester en forme, fort et en bonne santé, même à un âge avancé.

Le Dr Steiger arrive sur - La chance sur , ou pourquoi les hommes ont peur d'un urologue

Mon Dieu, j'ai eu peur de l'urologue. Ma femme ne me lâchait pas, elle me rappelait sans cesse de prendre enfin rendez-vous. J'ai refusé, tout bête que j'étais - l'idée qu'un autre homme me tripote le derrière me mettait tout simplement mal à l'aise. J'avais complètement occulté le fait qu'un tel comportement pouvait faire passer d'éventuelles maladies inaperçues.

Peu avant Covid, elle en a eu assez et a pris elle-même l'initiative. Sans me demander mon avis, elle a pris rendez-vous chez l'urologue et l'interniste. Elle ne faisait pas cela pour m'énerver - au contraire, elle s'inquiétait et voulait s'assurer que j'étais en bonne santé. Heureusement, les deux examens n'ont rien révélé d'anormal.

Le meilleur de ces rendez-vous ? J'ai enfin eu l'occasion de parler ouvertement avec mon médecin de différents sujets que j'avais repoussés pendant des années. J'ai abordé des sujets qui m'avaient toujours mis mal à l'aise - et que je n'avais jamais vraiment pris au sérieux.

Rétrospectivement, j'aurais dû aborder tout cela bien plus tôt. Le sentiment de pouvoir enfin parler ouvertement de mes problèmes de santé a été un soulagement indescriptible. Il ne s'agissait pas seulement de santé physique, mais aussi de se vider la tête et de trouver plus de calme intérieur. Ces entretiens avec le médecin m'ont non seulement enlevé la peur des examens eux-mêmes, mais aussi la réticence à parler ouvertement de mes doutes. J'ai eu l'impression d'avoir enfin le contrôle de ma santé et j'ai compris l'importance d'une prévention régulière - pour moi et pour ma famille.

Aujourd'hui, je considère ces visites médicales comme l'une des meilleures décisions que j'ai prises pour moi et mes proches. J'ai compris qu'assumer ses responsabilités en matière de santé n'est pas une faiblesse, mais une force.

Pourquoi les hommes devraient faire attention au dépistage du cancer de la prostate et du cancer colorectal ?

La santé est un bien précieux qui est souvent négligé, surtout par les hommes. Nous avons tendance à nous occuper des autres avant de penser à nous-mêmes. Mais il est temps de changer cela. En tant qu'hommes, nous devons prendre la responsabilité de notre santé, et une étape importante à cet égard est le dépistage régulier, notamment du cancer de la prostate et du cancer colorectal.

Pourquoi ces examens sont-ils importants ?

Les cancers de la prostate et du côlon sont deux des types de cancer les plus fréquents chez les hommes. Bien qu'ils apparaissent souvent avec l'âge, ils peuvent toucher les hommes de tout âge. Le côté insidieux de ces cancers est qu'ils ne provoquent souvent aucun symptôme dans les premiers stades. Cela signifie qu'ils peuvent se développer sans que l'on s'en aperçoive, jusqu'à ce qu'ils soient avancés et plus difficiles à traiter.

Le rôle des examens de dépistage

La bonne nouvelle, c'est que le cancer de la prostate et le cancer colorectal peuvent tous deux être détectés à un stade précoce si les hommes se soumettent régulièrement à des examens de dépistage. Pour le cancer de la prostate, cela comprend généralement un examen rectal numérique (DRU) et un test d'antigène spécifique de la prostate (PSA). Ces tests sont rapides, simples et peuvent sauver des vies en détectant des signes potentiels de cancer avant même l'apparition des symptômes.

Pour le cancer colorectal, la coloscopie est le gold standard en matière de dépistage. Même si de nombreux hommes peuvent être réticents à effectuer ce test, il est important de comprendre qu'il est indolore et qu'il peut potentiellement sauver des vies. En retirant les polypes lors de la coloscopie, les médecins peuvent réduire considérablement le risque de cancer colorectal.

Pourquoi les hommes hésitent-ils à se faire examiner ?

Beaucoup d'hommes hésitent à se faire examiner, par peur de l'inconnu ou par pudeur. Pourtant, nous ne devons pas négliger notre santé par peur de l'inconfort ou de la gêne. La vérité est qu'un bref désagrément pendant l'examen est un petit prix à payer pour notre santé.

Prostate et santé masculine - La chose avec le tabou

Bon, les gars, on passe aux choses sérieuses. La prostate. Cette petite chose insignifiante que nous préférerions ignorer tant que nous le pouvons. Mais voici la vérité : tôt ou tard, elle attire l'attention. Et si nous sommes honnêtes, la plupart d'entre nous en savent terriblement peu à ce sujet. Alors, attachons nos ceintures et regardons de plus près.

Que fait la prostate ?

La prostate est une petite glande, de la taille d'une noix, située juste sous la vessie. Son travail principal ? Elle produit une partie du liquide séminal. Plus précisément, elle veille à ce que les spermatozoïdes aient suffisamment de "carburant" pour entamer leur voyage vers l'extérieur. Sans prostate, pas de descendance. Mais même si le planning familial n'est plus à l'ordre du jour depuis longtemps, la prostate a toujours une fonction importante. Elle régule le flux d'urine en entourant l'urètre. Cela semble inoffensif ? Ça l'est - jusqu'à ce qu'elle commence à stresser.

Pourquoi la prostate augmente-t-elle avec l'âge ?

Voici ce qui nous touche tous un jour ou l'autre : avec l'âge, la prostate a tendance à s'agrandir. Ce phénomène s'appelle l'**hyperplasie bénigne de la prostate (HBP)** - pas de panique, ce n'est pas dangereux pour le moment. La raison ? Les hormones.

Au fil des ans, l'équilibre de la testostérone et des œstrogènes dans le corps change. Cela peut entraîner une croissance des tissus de la prostate. Imagine que la petite noix se mue en une pêche de taille moyenne - sans blague. Le problème ? Une prostate hypertrophiée peut appuyer sur l'urètre et bloquer l'écoulement de l'urine. Résultat : tu te précipites sans cesse aux toilettes, mais tu n'as pas l'impression d'avoir "fini". Super énervant, non ?

Quand est-ce que ça devient sérieux ?

La plupart des hommes ne ressentent que les symptômes les plus bénins, comme le fait d'uriner fréquemment, surtout la nuit. Mais il y a aussi des risques : Si la prostate devient trop grosse ou n'est pas traitée, elle peut entraîner des infections urinaires ou même des problèmes rénaux. Et puis, bien sûr, il y a le cancer de la prostate, qu'il faut surveiller de près.

Contrôle de la prostate : le courageux gagne

Un contrôle chez l'urologue n'est pas une épreuve de courage. C'est une mesure préventive qui peut te faire gagner des années de qualité de vie. Si tu penses : "Oh, ça ne me concerne pas", sache que cela nous concerne tous. La bonne nouvelle, c'est qu'un petit rendez-vous peut te permettre d'y voir plus clair et de te libérer l'esprit.

Que peux-tu faire toi-même ?

Voici quelques bases pour faire du bien à ta prostate :

1. **Alimentation saine** : moins de fast-food, plus de légumes. Les tomates, les brocolis et les noix en particulier sont les chouchous de la prostate.

2. **Bouger** : le sport n'aide pas seulement ton système cardiovasculaire, mais aussi ta prostate. Alors descends du canapé et vas-y.

3. **Boire, mais bien** : beaucoup d'eau, moins d'alcool. Du café avec modération. Ta vessie et ta prostate t'en remercieront.

4. **Contrôles réguliers** : ne pas prendre de risques. Un contrôle annuel chez l'urologue à partir de 50 ans (ou plus tôt si c'est une histoire de famille) vaut son pesant d'or.

Ce n'est pas un tabou, c'est ta vie

Le plus important : arrête d'occulter le sujet. Ce n'est pas un signe de faiblesse que de se préoccuper de sa santé, bien au contraire. Cela montre que tu prends tes responsabilités, pour toi et pour ceux qui t'aiment.

Bon, les gars, plus d'excuses. Contrôle de la prostate ? Facile à faire. Rester en bonne santé ? Encore mieux. Celui qui trouve cela embarrassant n'a pas entendu le coup de feu. N'oublie pas : un vrai homme s'occupe - avant qu'il ne soit trop tard.

Troubles du sommeil et régénération - pourquoi tu devrais enfin retrouver le sommeil

Tu connais ça : avant, tu pouvais dormir quand et où tu voulais. La tête sur l'oreiller, la lumière éteinte, et hop, tu étais parti. Maintenant, les choses sont différentes. Tu restes éveillé, tu te tournes d'un côté à l'autre, et tes pensées font un tour de manège. Le matin, tu as l'impression d'avoir été écrasé par le camion. Bienvenue dans le monde des troubles du sommeil - un vrai point fort de la ménopause masculine. Mais bon, pas de panique, il existe des moyens de sortir de ce dilemme.

Pourquoi les hommes dorment-ils moins bien à la ménopause ?

Le problème réside dans ton équilibre hormonal, plus précisément dans la testostérone et la mélatonine.

- **Testostérone :** cette hormone miracle qui nous rend, nous les hommes, forts, pleins de vitalité et de confiance en soi, diminue à la ménopause. Bizarrement, la testostérone joue également un rôle clé dans la régénération et le sommeil profond. Moins de testostérone signifie donc moins de sommeil réparateur.

- **Mélatonine :** c'est ton hormone du sommeil. Elle est sécrétée le soir par la glande pinéale et fait en sorte que ton corps remarque qu'il est "temps de se reposer". Avec l'âge, la production de mélatonine diminue - une raison pour laquelle de nombreux hommes ont des difficultés à s'endormir plus tard.

Mais ce n'est pas tout. Le stress, les soucis et les réflexions font le reste. Ta famille, ton travail, ta santé - tout cela peut t'empêcher de dormir la nuit. De plus, la ménopause entraîne souvent une sensibilité accrue. Les bruits, la lumière ou même un matelas inconfortable peuvent soudain devenir gênants.

Les conséquences du manque de sommeil

Un mauvais sommeil n'est pas seulement agaçant, il a aussi des conséquences importantes :

- **Sautes d'humeur et irritabilité :** le manque de sommeil te rend grincheux et à fleur de peau. Cela peut nuire à tes relations.

- **Problèmes de concentration :** Les personnes qui dorment mal réfléchissent plus lentement et font plus d'erreurs.

- **Prise de poids :** le manque de sommeil affecte ton équilibre hormonal et rend plus difficile la combustion des graisses.

- **les risques pour la santé :** Le manque de sommeil à long terme augmente le risque de maladies cardiovasculaires, de diabète et d'affaiblissement du système immunitaire.

Qu'est-ce que la mélatonine et pourquoi est-elle si importante ?

La mélatonine est l'hormone naturelle du sommeil. Elle est produite par la glande pinéale lorsque la nuit tombe et signale à ton corps qu'il est temps de s'éteindre. Mais avec l'âge, ton corps en produit moins. Résultat : tu t'endors moins bien et tu te réveilles plus souvent.

La bonne nouvelle : tu peux prendre de la mélatonine sous forme de complément alimentaire. Il existe des comprimés, des gélules ou même des sprays qui peuvent aider à rétablir ton rythme de sommeil. Mais attention : la mélatonine n'est pas un produit miracle. Elle soutient ton corps, mais n'est qu'un élément constitutif. Le mieux est d'en parler d'abord avec ton médecin pour savoir s'il est adapté à ton cas.

Stratégies pour un meilleur sommeil pendant la ménopause

Si tu veux à nouveau dormir comme un bébé, essaie ces conseils :

1. **Crée un environnement de sommeil idéal :** ta chambre à coucher doit être sombre, calme et fraîche. Investis dans de bons rideaux occultants, un lit confortable et - très important - un oreiller ergonomique.

2. **Établis des rituels fixes :** couche-toi chaque soir à la même heure et lève-toi le matin à la même heure. La routine est un véritable "gamechanger" pour un meilleur sommeil.

3. **Évite le temps d'écran :** les smartphones, les tablettes et les télévisions émettent de la lumière bleue qui inhibe la production de mélatonine. Éteins-les au moins une heure avant d'aller te coucher.

4. **Fais attention à ton alimentation :** mange légèrement le soir et évite la caféine, le sucre et l'alcool. Une tisane apaisante, comme la camomille ou la lavande, peut faire des merveilles.

5. **Se débarrasser du stress :** Méditation, yoga ou simplement respirer profondément - il existe de nombreuses façons de se vider la tête. Note tes pensées le soir pour les sortir de ta tête.

6. **Compléments alimentaires :** outre la mélatonine, il y a aussi le magnésium, qui détend tes muscles et favorise le sommeil. Les acides gras oméga-3 peuvent également aider à stabiliser l'équilibre hormonal.

7. **Faire de l'exercice :** Faire du sport régulièrement améliore la qualité du sommeil. Mais attention : un entraînement intensif juste avant d'aller se coucher peut avoir l'effet inverse.

Quand faut-il consulter un médecin ?

Si tout cela n'aide pas et que tu continues à avoir des problèmes de sommeil, il est peut-être temps de consulter un médecin. Il existe de nombreuses causes de troubles du sommeil qui peuvent être traitées médicalement - de l'apnée du sommeil au stress psychologique. Un laboratoire du sommeil peut t'aider à y voir plus clair.

Pourquoi le sommeil est si important

Le sommeil n'est pas seulement un temps de repos, mais aussi la phase pendant laquelle ton corps se régénère. Tes muscles se développent, ton cerveau trie les informations et ton système immunitaire se renforce. Sans un bon sommeil , tu n'es pas seulement fatigué, mais aussi moins performant - et personne ne le souhaite, n'est-ce pas ?

Alors, les garçons, prenez ce sujet au sérieux. Un bon sommeil n'est pas une question secondaire, mais la clé d'une vie plus en forme, plus heureuse et plus saine. Dormez bien - et vraiment !

Le ronflement - quand les nuits deviennent un test de résistance

Le ronflement est un problème. Un sujet gênant pour de nombreux hommes - et encore plus pour leurs partenaires. Toi-même, tu ne te rends peut-être pas compte à quel point tu ronfles fort, alors que ta moitié grimpe aux murs à côté de toi. Le ronflement n'est pas seulement agaçant, il peut devenir une véritable épreuve pour la relation. Et : il ne s'agit pas seulement d'un "petit problème nocturne", mais souvent d'un signe que quelque chose ne va pas dans ton corps.

Chez moi aussi, c'était extrême. Ma femme s'était déjà mis de gros oreillers sur les oreilles. Quand je ronflais si fort qu'elle ne pouvait plus le supporter, je devais "émigrer" dans la chambre d'amis pour qu'elle puisse dormir tranquillement et être en forme pour son travail dans les soins aux personnes âgées.

Dans mon cas, le déclencheur a été une cloison nasale complètement déformée. J'avais fait du karaté dans ma jeunesse. J'ai souvent reçu des coups sur le nez. J'ai "traité" moi-même les nombreuses fractures du nez. Parce qu'on est un vrai dur et qu'on ne va pas chez le médecin. Résultat des courses : mon nez était légèrement incliné, mais totalement déformé à l'intérieur.

Un jour, je suis allée chez l'ORL pour faire mesurer le débit d'air. Effrayant : 0% à gauche, 11% à droite. Bien sûr, quand on ne peut pas respirer par le nez, on respire par la bouche. C'est très mauvais à plusieurs égards. D'une part, pour le taux d'oxygène dans le sang - il était beaucoup trop bas chez moi, avec seulement 94 pour cent. D'autre part, c'est également mauvais pour le sommeil.

Cela a entraîné encore plus de problèmes : Je manquais constamment de sommeil, j'étais de mauvaise humeur et j'avais des problèmes de tension. Ma tension artérielle était de 155/120 au repos, ce qui est beaucoup trop élevé. Depuis, je devais également prendre des antihypertenseurs. Mon ventre grossissait et je prenais beaucoup de poids. Avec ma taille de 175 cm, je pesais 95 kg.

En sport, je détestais le tapis roulant. Au bout de dix minutes, j'en avais déjà marre. Quand j'étais jeune, je courais tous les trois jours avec un copain autour d'un lac - 22,5 kilomètres, c'était facile à l'époque. Maintenant, j'en avais déjà marre après 1,5 kilomètre. Ou pas - car je ne pouvais pas respirer par le nez.

Le médecin m'a conseillé de me faire opérer de la cloison nasale pour maîtriser mes ronflements. Mais à Berlin, c'était une véritable catastrophe d'obtenir un rendez-vous pour l'opération. Je me suis alors tournée vers la Parkklinik de Weißensee. Je suis allée à la première consultation et on m'a dit qu'on ne pouvait pas encore m'opérer parce que je pesais trop lourd. Il pourrait y avoir des problèmes avec l'anesthésie.

Je devais perdre 10 kilos et revenir ensuite. Super - dix kilos ! Comment y arriver ? Mais j'y suis parvenue en deux mois, en éliminant presque totalement les glucides. Je suis retournée à la clinique et nous avons convenu d'une date d'opération.

Mais le fait de perdre du poids a déjà eu un effet positif : je ronflais décidément moins et beaucoup moins fort. Cela m'a permis de dormir à nouveau avec ma femme et elle ne m'a presque plus relégué dans la chambre d'amis. Ce qui était bon pour notre intimité.

Bref, j'ai ensuite été opérée. J'ai été opérée en mai. Toute l'opération a duré quatre jours. Ce qui était incroyable, c'est qu'ils l'ont si bien fait qu'à ma sortie de la salle d'opération, je déjà pouvais respirer à fond sur . Je me sentais extrêmement éveillée, car ma "tête" était à nouveau bien oxygénée.

Je n'avais même pas d'hématome à lunettes, juste une attelle en plastique sur le nez et un petit tuyau pour évacuer le sang. Je n'ai pas non plus ressenti **de douleur**, même pas au niveau de la cicatrice chirurgicale. Je n'ai pas eu besoin d'**antidouleurs**. Je recommande donc vivement cette clinique à tout le monde.

La plaie - ma cloison nasale a été entièrement renouvelée à partir de mon propre cartilage - a été guérie au bout de trois semaines. Tout s'était très bien passé. Trois ans plus tard, je respire à nouveau par le nez, je ne ronfle plus et je suis à nouveau plus performant en sport.

Traitements de médecine alternative

Si les mesures simples ne suffisent pas, tu devrais consulter un médecin. Il existe différentes approches médicales :

Traitement de l'apnée du sommeil : en cas d'apnée du sommeil, un masque CPAP peut aider. Il veille à ce que les voies respiratoires restent ouvertes en fournissant une pression d'air continue. **Mais soyons honnêtes :** veux-tu ressembler à Dark Vador et te coucher à côté de ta femme avec un tel masque ? En tout cas, pas moi. J'étais tout simplement trop macho pour cela - il n'en a jamais été question pour moi. Quand elle se réveille la nuit et qu'elle voit un tel cyborg allongé à côté d'elle, elle doit aussi penser : "J'aurais dû épouser le type avec l'autre mobylette pour lequel je n'ai pas opté à l'époque". Hahaha !

Des gouttières nasales dentaires/attaches: Ces gouttières maintiennent la mâchoire inférieure légèrement en avant afin de maintenir les voies respiratoires ouvertes. Elles sont souvent une bonne solution en cas de ronflement léger à modéré. **Exactement le même genre de bêtises :** cela ne résout pas le problème causal - à savoir le flux d'air et le surpoids. Avant l'opération, j'utilisais aussi constamment des pince-nez. Si le septum est déformé, ils ne servent à rien non plus. Qu'est-ce qu'ils sont censés élargir ? Ce n'est pas possible si le septum ressemble à une planche à stries.

Alors, oubliez ces bêtises et économisez votre argent. La chirurgie est la seule méthode efficace. Tous ceux qui vous disent le contraire sont des charlatans ou n'ont aucune idée.

Comment les ronflements nuisent à la relation

Chambres à coucher séparées : pour de nombreux couples, le ronflement est la raison pour laquelle ils finissent par ne plus dormir ensemble. Cela peut aider à court terme, mais à long terme, cela crée souvent un éloignement. La proximité que l'on a en s'endormant et en se réveillant ensemble fait soudain défaut.

Mauvaise nuit pour le partenaire : les ronflements empêchent ton partenaire de dormir. Se réveiller en permanence parce que quelqu'un ronfle comme un marteau-piqueur à côté de soi fatigue et rend irritable. Cette irritation se manifeste ensuite pendant la journée - et les conflits sont inévitables.

Sentiment d'ignorance : si la personne qui ronfle ne fait rien pour résoudre le problème, son partenaire se sent souvent abandonné. Il en résulte l'impression qu'"il se fiche de mon repos".

Stress et distance émotionnelle : le manque de sommeil génère du stress des deux côtés. Le partenaire se sent agacé, le ronfleur se sent peut-être agressé ou honteux. Cette dynamique peut nuire à la relation.

Autres causes possibles de ton ronflement :

Surpoids : les dépôts de graisse dans la gorge peuvent rétrécir les voies respiratoires. Quelques kilos de plus sur les côtes augmentent donc considérablement le risque de ronflement. Cela est devenu de plus en plus évident chez moi au fur et à mesure que je prenais du poids.

Alcool : l'alcool détend les muscles de la gorge. Cette détente peut entraîner un collapsus des voies respiratoires et augmenter les ronflements. Je ne peux qu'être d'accord avec cela. En vacances, lorsque nous buvions quelques cocktails le soir, c'en était fini du repos nocturne.

J'ai crié à tout l'hôtel, si bien que d'autres clients se sont mis à taper sur les murs. Très gênant pour ma femme et moi. D'autant plus que je ne pouvais alors que me réfugier dans la salle de bain en raison de l'étroitesse de celle-ci. Je dormais alors souvent dans la baignoire ou sur le balcon s'il n'y avait pas de baignoire.

Mais en faisant cela, tu déranges aussi les autres clients. Une fois, pendant mes vacances en Grèce, je suis même allé à la plage et j'ai dormi sur une chaise longue. En vacances dans un pays étranger, ce n'est pas une bonne idée. Cela pourrait mal finir. Heureusement, ce n'est pas le cas.

Position de sommeil : dormir sur le dos favorise le ronflement, car la langue tombe en arrière et bloque les voies respiratoires.

L'âge : avec l'âge, les muscles de la gorge perdent de leur tonicité, ce qui augmente le risque de ronflement.

Sexe et passion - mettons du beurre dans les épinards

Le sexe a toujours été important pour moi, surtout le bon sexe. C'est pourquoi je n'ai jamais été chez une prostituée de toute ma vie. Je n'ai jamais vu de bar de danseuses de table non plus, ni de porno.

J'ai toujours eu du mal à comprendre comment on peut acheter un magazine masculin, le regarder, être totalement excité et ne pas pouvoir se défaire de son énergie. C'est donc une connerie.

Je n'ai jamais eu d'aventures d'un soir ou de relations sexuelles avec plusieurs femmes en même temps. Même si, je dois l'avouer, c'était sur ma liste de choses à faire depuis longtemps.

Un bon sexe est désormais possible avec de l'amour et une forte complicité. C'est mon point de vue. Les autres hommes ne sont pas obligés de partager ce point de vue, mais je pense que beaucoup d'entre eux sont d'accord avec moi.

Maintenant, parlons clairement les gars. Bien sûr, quand nous avions 25 ans, nous pouvions maintenir une érection toute la nuit et ne jamais en avoir assez.

Dans mon cas, il arrivait souvent que les femmes n'en puissent plus. A un moment donné, après avoir fait l'amour cinq ou six fois dans la nuit, j'avais une érection permanente extatique. Dans mes souvenirs, c'était toujours le meilleur sexe. Surtout lorsque ma partenaire se sentait vraiment bien et que je la faisais jouir plusieurs fois. Dans ma relation, j'ai eu beaucoup de chance génétiquement, car j'ai toujours eu envie de femmes.

J'aime avoir une partenaire offensive qui montre ce qu'elle veut et qui me donne quand même le pouvoir de faire ce que je veux avec elle. Le meilleur sexe, c'est quand je sens qu'elle s'éclate de plus en plus et que je la fais jouir.

À quoi ressemble le sexe à 57 ans ? Tout d'abord, je déteste le sexe programmé. Il n'y a rien de pire, pour les deux parties, que de se voir imposer une date précise pour faire l'amour.

C'est plutôt pour les couples qui n'ont plus envie l'un de l'autre, mais où ELLE ne veut pas qu'IL change d'avis ou vice-versa. Dans ce cas, le sexe n'est pas là pour construire et approfondir la complicité, mais uniquement pour la "bonne paix".

De tels couples ne parlent pas de leur sexe ou de leurs désirs et s'ils le font, une telle dispute s'accompagne de reproches et d'accusations réciproques.

Ma femme et moi avons assisté en direct à une telle conversation. Nous étions invités à une garden-party chez des amis lorsqu'un couple a commencé à se disputer. Nous n'avons pas compris de quoi il s'agissait jusqu'à ce que les deux se mettent à hurler. Appelons-les Katja et Thomas.

Katja a reproché à Thomas de jouir toujours trop vite et à Thomas à Katja de ne pas avoir fait l'amour depuis un an, et à Katja toujours couchée comme une planche et de ne pas prise par derrière d'être vouloir être . Hahaha C'est vraiment drôle de faire ça devant toute l'équipe.

Ma gueule, j'ai eu pitié de Thomas, c'est évident qu'il jouit vite quand il n'a pas fait l'amour pendant un an. Je me suis dit : "Elle est folle, cette fille".

Ne pas laisser l'homme faire l'amour pendant un an et s'énerver ensuite parce qu'il vient trop vite. C'est comme si quelqu'un te donnait des cartes truquées au poker et te demandait ensuite de gagner. Cela ne fonctionne pas.

Thomas aussi a l'air vraiment bien, un grand blond très sportif et soigné.

Katia : on dirait qu'elle tire des "catapultes vers le Gondor" après le travail, petite, grassouillette, cheveux roux courts, gros bras et grosses fesses, zéro charisme.

Katia s'était manifestement "abandonnée" après son premier et unique enfant, selon la devise : "Je suis maintenant une maman, tout tourne autour de l'enfant".

Je me suis dit à voix basse : "Vieille, regarde-toi dans le miroir, sois heureuse que quelqu'un veuille te baiser".

Ma femme m'a regardé avec horreur, m'a pincé le bras et m'a dit : "Tais-toi, ne fais pas de bruit. Tu es stupide ? Tu ne peux pas dire ça.

Nos amis, Nadine et Uwe, se tenaient à côté de nous. Ils ont entendu mon commentaire et ils ont juste souri, j'avais sans doute enfoncé le clou avec mon commentaire haineux.

La dispute entre Katja et Thomas a culminé avec une gifle que Katja a donnée à Thomas. Ce fut le point culminant de la fête.

Nous n'avions alors plus envie de faire la fête à cause des mauvaises vibrations et nous sommes allés avec Nadine et Uwe chez notre ouzologue préféré (le Grec).

Environ un an plus tard, nous avons appris par des connaissances que Katja et Thomas s'étaient séparés. Il s'était probablement "procuré" une autre partenaire immédiatement après la dispute.

Cela m'a rappelé l'incident avec ma première femme et la tromperie qui s'en est suivie. Je me suis juste dit : "cette vieille est tellement folle, elle l'a bien mérité, comment une femme peut-elle traiter son mari aussi mal". C'est seulement dommage pour l'enfant qui grandit maintenant sans père.

Comme je l'ai dit, revenons à la discussion. Les gars, dites-vous simplement ce que vous aimez et ce que vous voulez. Comment votre partenaire peut-il deviner ce qui se passe dans votre tête ? Vous le savez bien : pas de bras, pas de biscuits. Alors soyez courageux et dites "je veux bien...". Vous ne pourrez pas obtenir plus qu'un "non".

Thème : (S)expériences

Personnellement, je suis d'avis qu'il faut communiquer ouvertement ce que l'on souhaite de sa partenaire - surtout au lit. **Comment pourrait-elle deviner ce que vous voulez, les gars, si vous ne le dites pas clairement ?** C'est exactement ce que j'ai convenu avec ma femme. Chez nous, il n'y a pas de tabous, du moins quand il s'agit de parler. Nous parlons ouvertement de tout ce qui nous plaît et de tout ce qui est important pour nous. Il n'y a que le sujet de l'échange de partenaires et des soirées échangistes que nous avons écarté pour nous. **Pour nous deux, c'est un "no-go" et cela ne sera jamais mis sur la table.** Nous sommes d'accord sur ce point.

Un échange de partenaires ? C'est absolument hors de question pour moi. Je pense que je ne pourrais tout simplement pas supporter de voir un autre homme avec ma femme. Cette seule idée suffit à me faire franchir une ligne rouge. **Comment pourrais-je faire face si je devais voir un autre homme dans ma femme ?** Non, merci, je n'en veux pas. Ce que je pourrais imaginer, c'est regarder d'autres couples faire l'amour - mais sans être actif moi-même. D'une certaine manière, l'idée de voir comment les autres se laissent aller, mais sans que nous soyons nous-mêmes impliqués, m'attire. **C'est peut-être une limite que je pourrais fixer.**

Ce que j'ai remarqué ces dernières années, c'est que beaucoup d'hommes pensent que leur femme perd l'envie de faire l'amour après la ménopause. Bien sûr, cela peut arriver. **Mais je peux vous dire que le sexe avec une femme de mon âge est souvent encore plus sensuel et détendu qu'avant.** Sans cette pénible pression de la performance, sans attentes irréalistes. Il ne s'agit plus de livrer une quelconque "performance", mais simplement de profiter du temps passé ensemble. Le sexe est peut-être plus lent, plus calme, mais il est souvent beaucoup plus intense. C'est un tout nouveau niveau d'intimité. Mais pour cela, vous devez savoir ce qui arrive à votre femme pendant la ménopause - physiquement et émotionnellement.

En ce qui me concerne, j'aime toujours incroyablement faire l'amour avec ma femme. Et l'une des raisons en est certainement qu'à 55 ans, elle est toujours aussi belle. **De longues jambes, une poitrine magnifique - et ses boucles blondes qui sont totalement ébouriffées le matin me font craquer à chaque fois.** Je l'appelle alors affectueusement ma "fiancée surfeuse" ou "Pam privée", en référence à l'ancienne Pamela Anderson de "Baywatch". Notre sexe est souvent spontané, rien d'excitant au sens d'expériences sauvages, mais incroyablement sensuel. Parfois, il ne faut pas plus qu'un regard de sa part pour que ça grésille.

Il y a une expérience que je n'oublierai jamais. Je rentrais d'une de mes tournées photo. Appareil photo en main, en sueur, fatigué, prêt à m'allonger sur le canapé. Mais elle était déjà là - ma femme, détendue, un sourire malicieux sur le visage. Elle m'a regardé et m'a dit : **"Dis, tu ne peux pas prendre de belles photos de moi ?".** Je pensais que ce n'était qu'une façon de parler, alors j'ai répondu en plaisantant : **"Bien sûr, escargot, mais alors déshabille-toi !"** Je n'avais aucune idée de ce que je venais de déclencher.

Sans un mot, elle a disparu dans son dressing et en est ressortie quelques minutes plus tard. **Et je vous jure que je n'en croyais pas mes yeux.** Elle avait enfilé des survêtements rouges et un body rouge transparent, et je suis resté là, comme frappé par le tonnerre. Jusqu'à ce moment-là, je ne savais pas à quel point j'avais une femme sexy à la maison. J'ai donc saisi l'appareil photo et j'ai commencé à la photographier dans toutes les poses possibles. C'est devenu chaud - vraiment chaud. Et à chaque fois que j'essayais de la toucher, elle repoussait ma main et me donnait sur les doigts.

Mais à un moment, à un autre, elle ne pouvait plus résister, et moi non plus. **Et que s'est-il passé ensuite ? Eh bien, je me suis littéralement jeté sur elle.**

C'était l'un de ces moments qui se gravent profondément dans la mémoire parce qu'ils étaient si pleins de passion et de plaisir en même temps. Ce sont les moments où tu réalises que le sexe dans une relation à long terme ne doit pas être ennuyeux - au contraire.

Il peut même s'améliorer parce qu'on se connaît mieux et qu'on sait comment rendre l'autre heureux.

Alors, les gars, soyez honnêtes. Dites à votre femme ce que vous voulez, ce dont vous avez besoin et ce qui est important pour vous. N'attendez pas qu'elle voslise pensées. **La communication est la clé - pas seulement au quotidien, mais surtout au lit.** Ce n'est qu'ainsi que vous pourrez vraiment tirer le meilleur parti de votre relation et peut-être même avoir quelques surprises auxquelles vous ne vous seriez jamais attendu.

La ménopause chez les femmes : Effets, symptômes et changement de comportement sexuel

La ménopause est une étape naturelle dans la vie d'une femme, qui marque la fin de ses années de fertilité. Cette transition, qui se produit généralement entre 45 et 55 ans, s'accompagne d'une multitude de changements physiques et émotionnels. Cet article décrit en détail les effets et les symptômes de la ménopause, les changements de comportement sexuel et les mesures possibles pour soulager les symptômes.

Causes et phases de la ménopause

La ménopause se caractérise par une diminution naturelle de la production des hormones sexuelles féminines, l'œstrogène et la progestérone. Ce processus se déroule en plusieurs phases :

Préménopause : les années précédant le début effectif de la ménopause, au cours desquelles la production d'hormones commence déjà à fluctuer.

Périménopause : cette phase comprend la période précédant immédiatement la ménopause et peut durer plusieurs années. Les cycles menstruels deviennent plus irréguliers.

Ménopause : moment où une femme n'a plus eu de règles depuis douze mois.

Postménopause : les années suivant la ménopause, pendant lesquelles les symptômes peuvent s'atténuer progressivement.

Symptômes de la ménopause

Les symptômes de la ménopause peuvent être nombreux et varier d'une personne à l'autre. Parmi les plus courants, on trouve

Bouffées de chaleur et sueurs nocturnes : sensations soudaines de chaleur, souvent accompagnées de sueurs.

Troubles du sommeil : Difficultés d'endormissement et de maintien du sommeil, souvent causées par des sueurs nocturnes.

Troubles de l'humeur : Augmentation de l'irritabilité, de l'anxiété et de la dépression.

Prise de poids : les modifications du métabolisme peuvent entraîner une augmentation du poids corporel.

Changements cognitifs : Problèmes de concentration et de mémoire.

Sécheresse et atrophie vaginales : diminution de l'humidité et de l'élasticité de la muqueuse vaginale, pouvant entraîner une gêne et des douleurs lors des rapports sexuels.

Baisse de la libido : une diminution du désir sexuel.

Changements dans le comportement sexuel

Pendant la ménopause, les femmes peuvent connaître différents changements dans leur comportement et leur santé sexuels :

Sécheresse vaginale : cela peut rendre les rapports sexuels douloureux et nuire à l'activité sexuelle. L'utilisation de lubrifiants et de crèmes hydratantes vaginales peut aider.

Baisse de la libido : les changements hormonaux peuvent entraîner une baisse du désir sexuel. La communication avec le partenaire et une approche ouverte de ses propres besoins et préoccupations sont importantes.

Les influences psychiques : Les changements d'humeur et les états dépressifs peuvent influencer le désir sexuel. Un soutien psychologique ou une thérapie de couple peuvent être utiles.

Mesures pour soulager les symptômes

Il existe différentes approches pour atténuer les symptômes de la ménopause et améliorer la qualité de vie :

Thérapie hormonale de substitution (THS) : la prise d'œstrogènes et de progestérone peut atténuer de nombreux symptômes de la ménopause. Ce traitement doit toutefois être suivi individuellement et sous contrôle médical, car il peut comporter des risques.

Phytoestrogènes : les œstrogènes naturels issus de plantes, que l'on trouve dans le soja, les graines de lin et certains compléments alimentaires, peuvent aider à équilibrer les fluctuations hormonales.

Modifier le mode de vie : Une alimentation saine, une activité physique régulière et des techniques de gestion du stress peuvent aider à contrôler les symptômes. L'entraînement au poids et les exercices cardiovasculaires, en particulier, peuvent avoir un effet positif sur la santé.

Hygiène du sommeil : les mesures visant à améliorer le sommeil, telles que la création d'un environnement de sommeil calme et l'évitement de la caféine et de l'alcool avant le coucher, peuvent permettre de lutter contre les troubles du sommeil.

Soutien psychologique : le conseil ou la thérapie peuvent aider à gérer les changements émotionnels. Les thérapies de groupe ou individuelles offrent un soutien et des stratégies d'adaptation.

Traitements vaginaux : Les traitements locaux à base d'œstrogènes sous forme de crèmes, de comprimés ou d'anneaux peuvent soulager la sécheresse et l'atrophie vaginales.

Lubrifiants et crèmes hydratantes : l'utilisation de lubrifiants à base d'eau ou de silicone peut réduire l'inconfort sexuel et rendre les rapports sexuels plus agréables.

Conclusion

La ménopause est une phase naturelle de la vie que toutes les femmes traversent. Bien qu'elle puisse être associée à une série de symptômes désagréables, il existe de nombreuses possibilités de les soulager et d'améliorer le bien-être. Une combinaison de traitements médicaux, de changements de style de vie et de soutien psychologique peut aider les femmes à vivre cette période de transition de manière positive et saine. Un dialogue ouvert avec les médecins, les partenaires et les amies est essentiel à cet égard.

Accepter de vieillir - ou quand les souvenirs ne sont pas les seuls à devenir une plaie

Le thème central qui me préoccupe est le vieillissement. J'ai l'impression que le temps s'écoule de plus en plus vite. Nous venons de fêter le Nouvel An et le prochain est déjà à notre porte. Pris dans le train-train quotidien, les jours, les semaines et les mois passent à une vitesse folle. Une nouvelle année de vie s'est écoulée, et les années qui nous attendent sont de moins en moins nombreuses.

Ce qui me préoccupe aussi, c'est le nombre de copains de mon âge qui meurent de manière soudaine et inattendue. Bien sûr, le Covid en a emporté quelques-uns. Mais il y a aussi eu des copains qui étaient en pleine forme et qui sont décédés subitement. Un exemple est un ami de l'airsoft. L'airsoft est un jeu de stratégie militaire, en principe comme "Call of Duty", mais en vrai.

Nous nous habillons comme de vrais SEALs et nous nous pour-suivons dans la forêt sur d'anciennes bases militaires russes. Pour cela, nous utilisons des fusils à air comprimé qui tirent de petites balles en plastique. Les fusils ont une portée d'environ 50 mètres. L'énergie de l'impact est inoffensive et agit comme une piqûre d'abeille. Un adversaire touché crie "Hit" et quitte le terrain.

Il se rend à un point de spawn à partir duquel il peut immédiatement reprendre le jeu. Il y a des missions et des scénarios d'intervention. En raison des faibles distances de combat, le jeu se rapproche des scénarios d'intervention réels, en particulier dans les combats de bâtiments sur de courtes distances, dans des bâtiments sombres et à moitié en ruine - une sensation vraiment creepy.

Notre équipe a par exemple été entraînée par quelqu'un qui a été instructeur de la Bundeswehr en Afghanistan pendant huit ans. Il nous a beaucoup appris, notamment les tactiques de combat dans les bâtiments et sur le terrain. Il a aussi toujours dit que cela se rapp-rochait de la folie réelle, à la seule différence que nous ne sommes pas en danger de mort et qu'il n'y a pas de grenades ni de mortiers.

Le jeu met de bonne humeur et fait appel à l'instinct de chasseur masculin. Par exemple, deux jours après avoir joué, j'ai encore beaucoup d'adrénaline en moi et je me sens comme enivré. Je pourrais alors toujours repartir immédiatement et continuer à jouer. Le jeu est addictif - je connais des gens qui y jouent tous les weekends.

Ce qui est formidable, c'est que les carabines à air comprimé ressemblent à s'y méprendre à de vraies armes. J'ai par exemple des marqueurs d'airsoft qui imitent une mitrailleuse M249, un Tommy-Gun de la Seconde Guerre mondiale, un BAR 1918, un M1 Garand et un SVD Dragunov Sniper Rifle, et bien d'autres encore.

Comme le poids des marqueurs, le processus de chargement, les fonctions et les chargeurs sont également inspirés de l'original, cela crée une atmosphère extrêmement authentique. Souvent, les marqueurs fonctionnent aussi selon le procédé "blowback" : Une partie de l'énergie de la pression d'air est alors utilisée pour ouvrir les clapets et faire aller et venir le bolt.

Il en résulte un son métallique et un recul comparable, par exemple, à celui d'un AR15 ou d'un M4 original. Tout semble alors très réaliste. De plus, l'adversaire essaie lui aussi de vous attraper, il faut donc agir de manière tactique et tendre des pièges à l'adversaire.

Nous nous rendons une à deux fois par mois dans ces anciennes bases militaires. Autour de Berlin, à une distance d'environ six kilomètres, il y avait de telles positions des Russes, comme des casernes, des positions de missiles, des bataillons de chars, de l'artillerie, des postes de combat, des bunkers, des stations radar ou des bases aériennes.

C'est pourquoi on trouve souvent de tels endroits perdus au fond des bois. Souvent, on a l'impression d'avoir atterri directement dans la ville abandonnée de Pripyat, à Tchernobyl.

On peut citer par exemple l'ancienne usine de gaz toxiques à Briesen, l'abri antiatomique de Harnekop ou la base de missiles SA-2 à Prötzel. Ces sites se composent généralement de bunkers, d'anciens ateliers de production, de blocs d'habitation et de casernes.

Ces bâtiments se composent de nombreuses pièces qui sont morbides, déglinguées et abandonnées. Ce charme de la décrépitude crée à lui seul un sentiment de malaise et d'angoisse sur le site . Les caves de ces bâtiments sont généralement sombres et inondées. Il faut alors se frayer un chemin avec une lampe sur le casque et en pataugeant dans l'eau profonde. La sensation est indescriptible.

Comme nous avons également un projet de reconstitution de la Seconde Guerre mondiale en cours, inspiré de la série "Band of Brothers", l'atmosphère est encore plus forte. Nous portons des uniformes et des équipements de l'époque, moi par exemple celui des 101st Airborne-Paratrooper. De même, nous n'utilisons que des marqueurs inspirés d'armes de cette époque, comme le Tommy-Gun, le Kar98, le PPSh, le BAR, le M1 Garand, l'Arisaka et ainsi de suite. Les Américains ne parlent qu'anglais sur le terrain, il n'y a pas de radio, seulement des téléphones de campagne datant de la Seconde Guerre mondiale. Nous reconstituons alors des combats de la Seconde Guerre mondiale. Du grand cinéma, tout simplement.

Moi, le "Lone Survivor" "

Mon ami était un type en pleine forme, bien entraîné, âgé de 52 ans. Nous avons escaladé la colline de sable à Harnekop et avons nettoyé les positions adverses à toute vitesse avec 20 kilos de bagages. J'étais toujours étonné de voir à quel point il était encore en forme pour son âge, ce qui était bien sûr aussi le cas pour moi.

Il est décédé subitement, en creusant un fossé sur sa propriété. Sans antécédents médicaux, comme ça. Cela a été un véritable choc et m'a beaucoup occupé pendant de nombreux mois. J'ai vu directement et brutalement à quel point la lumière peut s'éteindre rapidement. C'est ainsi que mon "environnement" s'éclaircit de plus en plus et que de bons amis et camarades disparaissent à jamais.

Il ne reste que la nostalgie et les souvenirs d'une époque formidable avec des gens formidables. Le temps s'écoule inlassablement, les années s'évanouissent. C'est ce qui me pèse le plus. En tout cas, c'est ce que je ressens. En tout cas, les années qui me restent à vivre ne sont plus très nombreuses.

Mon "copilote" m'a manqué à chaque match et je pense souvent au nombre de fois où il m'a "protégé du feu" et aux superbes actions que nous avons menées à deux.

Une fois, nous avons nettoyé à deux, sans soutien, un bâtiment entier avec 25 ennemis et nous étions les héros du jour. Une autre fois, nous avons établi ensemble une position de sniper sur une ancienne tour d'aéroport et nous avons touché 15 ennemis. Il était mon spotter/soutien, et moi le tireur. Cette action m'a beaucoup rappelé le film "American Sniper".

Souvent, sur le terrain, la tristesse m'envahit lorsque j'arrive à des endroits où nous avons vécu de grands moments.

Ainsi, je ne l'oublierai pas, mais il sera toujours là. Je me demande si quelqu'un se souviendra de moi quand je ne serai plus là.

Je me pose très souvent cette question lorsque je me couche le soir. Est-ce que je me réveille encore une fois ? Ces derniers temps, on voit souvent aux informations à quel point la vie peut s'arrêter rapidement. La violence, la guerre et les catastrophes naturelles augmentent de manière dramatique.

Peut-être qu'à notre âge, il ne faut pas se projeter si loin dans l'avenir, mais plutôt vivre ici et maintenant et profiter des moments que l'on vit ?

Réunion d'anciens élèves après 30 ans - Oh, merde, nous sommes vieux

La réunion des anciens élèves, il y a deux ans, a été comme une violente gifle - nos premières retrouvailles après une bonne trentaine d'années, et dès l'entrée dans la salle, j'ai eu l'impression d'être dans une machine à remonter le temps, qui m'a laissé un goût amer. Sur les dix garçons de notre classe, seuls trois étaient encore en vie. Sept étaient déjà décédés, et c'était un véritable choc. La plupart d'eux avaient perdu la bataille contre le cancer, et ce à l'âge deentre à peine 45 à 50 ans. La vie peut être impitoyable, me suis-je dit.

Parmi les filles, je n'en ai presque pas reconnu une seule. Je ne les avais pas vues depuis l'école et, d'une certaine manière, je m'étais imaginé que peut-être peu de choses avaient changé. Mais la réalité m'a vite rattrapée. Presque toutes avaient pris du poids et donnaient l'impression d'avoir apporté la moitié du buffet. Même mon premier béguin secret, la plus belle de la classe, était à peine reconnaissable. Autrefois, avec ses longs cheveux brillants et ses yeux brillants, elle était devenue une vieille dame disgracieuse, avec une tignasse violette et d'épaisses lunettes qui cachaient la moitié de son visage. Le sentiment de jeunesse qu'elle m'inspirait autrefois s'était envolé.

C'était une expérience douce-amère, la réunion des anciens élèves. Nous échangions des histoires, riions de nos anciennes farces et nous souvenions de nos disputes et de nos romances. Mais quelque part, il y avait toujours ce sentiment lancinant du temps qui s'était écoulé et du caractère éphémère de la vie.

Certains avaient élevé leurs enfants, d'autres s'étaient mariés pour la deuxième fois, d'autres encore parlaient de leurs hobbies, qui les aidaient à profiter de la phase "plus calme" de la vie. Les conversations étaient empreintes d'un brin de nostalgie, mais aussi de la prise de conscience que nous avons tous vieilli - et que le temps nous rattrape petit à petit.

Comment gérer cela ? En tout cas, je me suis dit qu'il fallait profiter de la vie. J'essaie maintenant de laisser les belles choses m'affecter davantage et d'en profiter. Maintenant, je me dis toujours : qui sait combien de temps et combien de fois on peut encore vivre une telle chose ?

Lors d'actions avec mes amis, je me demande de plus en plus souvent à quelle fréquence on se reverra.

Même lorsque je suis en voyage avec ma femme, nous passons du bon temps et ne nous laissons plus stresser. Si les gens nous tapent sur les nerfs, nous disparaissons et allons ailleurs.

Je n'ai plus envie de m'énerver contre des pisseuses ignorantes, mal élevées et effrontées. Nous nous en sortons plutôt bien ces derniers temps. Ou alors nous cherchons tout de suite des lieux qui ne sont pas écolos et sans enfants. "Adult only" est le nouveau mot magique.

Nous avons déjà six petits-enfants et là aussi, je ne supporte plus les cris. En fait, je suis contente quand ils partent au bout de trois ou quatre heures. Ça a l'air cru, mais c'est la vérité. C'est toujours dans ces moments-là que je réalise qu'une partenaire plus jeune et désireuse d'avoir des enfants ne m'aurait jamais rendu heureux. Le sexe n'aurait pas été si bon que je me le serais imposé à nouveau.

Physiquement, je ne ressens pas encore trop le vieillissement. En tout cas, je me sens encore assez en forme. Bien sûr, je ne cours plus de marathon et je dois lutter pour me débarrasser de mon ventre rebondi, mais dans l'ensemble, je me sens bien.

Cette expérience m'a vraiment fait prendre conscience que tout peut changer très vite. L'année dernière, j'ai failli y laisser ma peau à cause d'un petit virus très dangereux qui a complètement détraqué mon corps.

Tout a commencé par une maladie gastro-intestinale qui s'est rapidement aggravée et qui a même fini par provoquer une insuffisance rénale. Si mon médecin et ma femme n'avaient pas insisté autant pour que j'aille à l'hôpital, je ne serais probablement plus là aujourd'hui.

Un court séjour à l'hôpital, plusieurs tests et perfusions plus tard, j'étais heureusement de nouveau sur pied. Cette expérience m'a fait comprendre qu'un petit virus peut devenir un danger plus vite qu'on ne le pense et qu'on se retrouve soudain sur le fil du rasoir.

Depuis, je fais plus attention à moi et je prends mes examens préventifs plus au sérieux. Nous avons la grande chance de vivre en Allemagne, où la prévention médicale est parfaitement réglementée - et presque gratuite. C'est certes fastidieux et cela prend du temps, mais je préfère y consacrer quelques heures plutôt que de payer un jour le prix de ma négligence.

Cela fait partie du vieillissement - et aussi du fait que les petits-enfants vous appellent maintenant joyeusement "papy". Bien sûr, je me déplace toujours avec des jeans stylés et abîmés et des tenues modernes, et je fais attention à rester en forme. Mais cela ne change rien au fait que la soixantaine est quasiment au coin de la rue.

Quand je me souviens de mes propres grands-parents ou de l'allure des autres hommes à 60 ans, la différence est énorme. Autrefois, les sexagénaires ressemblaient souvent à de très vieux papys avec un chapeau, un costume rigide et une démarche chaloupée. Aujourd'hui, en revanche, je me sens et j'ai plutôt l'air d'un homme sportif et actif. Et c'est ainsi que je veux rester ! Je suis déterminé à faire tout ce qui est en mon pouvoir pour conserver cette joie de vivre et ne pas simplement "vieillir", mais suivre ma propre voie.

La spiritualité de l'homme - la foi, la quête de sens et les grandes questions de la vie

Je n'ai jamais été une personne religieuse. Pendant longtemps, la foi et la spiritualité n'ont pas joué un grand rôle dans ma vie. Pour moi, le quotidien était déterminé par des réalités tangibles - le travail, la famille, les objectifs que je me fixais et que je voulais atteindre. Mais au cours de la vie, il y a ces moments qui te touchent d'une manière à laquelle tu ne t'attendais pas, et qui t'obligent à t'arrêter et à réfléchir. L'un de ces moments s'est produit lors d'un voyage en Grèce, sur l'île de Rhodes. C'est une expérience que je ne peux toujours pas expliquer complètement, mais qui a changé quelque chose en moi.

Un jour, nous avons visité la vallée des papillons, un endroit magique, plein de vie et parsemé d'arbres à l'aspect mystique et de petites cascades. Cela ressemblait à une forêt de conte de fées, presque à la forêt des elfes du **Seigneur des anneaux**. L'air était rempli des bruits de la nature, du bruissement des feuilles , du clapotis de l'eau, et on pouvait littéralement sentir que cet endroit avait une énergie particulière. En tant que photographe amateur, j'ai découvert d'innombrables motifs qui n'ont fait que renforcer mon enthousiasme pour cet endroit. Chaque arbre, chaque clairière offrait quelque chose de nouveau, quelque chose de magique.

Au bout de la montée dans la vallée, nous sommes arrivés à un petit monastère, caché sur une colline, comme s'il était ancré là depuis des siècles. Quelques autres visiteurs s'y trouvaient également, mais l'ambiance était calme, presque respectueuse. Devant le monastère se tenait un vieux moine qui vendait des chapelets, de l'eau bénite et des chaînes avec des croix en bois sur un petit stand. Il avait une longue barbe grise, portait une robe de moine brune usée et ressemblait au Père Noël - avec un gros ventre et des yeux incroyablement affectueux. C'était comme si cet homme venait d'une autre époque, comme s'il portait en lui une sagesse qui dépassait le quotidien.

J'étais saisi par la beauté de la vallée et l'atmosphère paisible du monastère. Soudain, j'ai remarqué que le moine regardait vers moi. Il sortit de sa petite échoppe et s'approcha directement de moi. Sans dire un mot, il a pris une des chaînes avec une croix en bois, l'a passée autour de mon cou et m'a serré dans ses bras. Il a dit quelque chose en grec que je n'ai pas compris, mais cela n'a pas eu d'importance. C'est à ce moment-là qu'il s'est passé quelque chose que je n'arrive toujours pas vraiment à exprimer avec des mots. Je me suis soudainement mise à pleurer. Je ne sais pas pourquoi, mais c'était comme si on m'enlevait un poids dont je ne savais même pas que je le portais jusqu'alors. C'était comme si cet homme - cet étranger - m'avait soulagé de tout ce qui m'accablait sans que je ne lui en parle jamais. Je me suis sentie aimée et acceptée d'une manière à laquelle je ne m'attendais pas.

Il a continué à me tenir dans ses bras pendant que je pleurais, et autour de nous, l'ambiance semblait avoir changé. Les autres visiteurs, qui avaient auparavant exploré le monastère en silence, étaient soudain eux aussi émus. Certaines femmes se sont également mises à pleurer, comme si mes émotions avaient déclenché quelque chose en elles. C'était un moment de profonde communion que je n'avais encore jamais vécu. Tout semblait s'arrêter autour de moi, comme si le monde s'arrêtait un instant.

Ma femme est venue me voir quelques minutes plus tard, après avoir acheté de l'eau à un kiosque. Elle avait du mal à croire ce qu'elle voyait. Durant toutes nos années de mariage, elle ne m'avait jamais vu pleurer, et là, je me tenais là, tenu par un moine étranger, les yeux pleins de larmes. C'était un moment qui nous a profondément touchés tous les deux. Elle a tout de suite su que quelque chose s'était ouvert en moi, quelque chose qui était resté longtemps enfoui. Après que le moine m'a finalement lâché, nous sommes allés ensemble dans la petite chapelle du monastère pour profiter du silence. C'était comme si ce silence était exactement ce dont j'avais besoin après la tempête émotionnelle.

Ce jour-là, ce moment, a changé quelque chose en moi. Il a été l'un des événements clés de ma vie jusqu'à présent, un tournant qui m'a fait réfléchir au sens de la vie. Je n'avais jamais vraiment réfléchi au sens profond de mon existence auparavant, mais ce moment dans la vallée des papillons ne m'a plus quitté. C'est à partir de là que j'ai commencé à m'intéresser davantage aux grandes questions de la vie. Quel est le sens de notre existence ? Pourquoi sommes-nous ici ? Qu'y a-t-il après la mort ?

Je ne dirais pas que je suis devenu religieux depuis cette expérience. Ce n'est pas comme si je croyais soudainement en une divinité ou une religion particulière. Mais j'ai commencé à chercher des réponses - pas nécessairement dans un contexte spirituel ou religieux, mais en moi-même. J'ai réalisé qu'il y a plus dans la vie que le quotidien et les objectifs que nous nous fixons. Il y a ces moments où la vie nous oblige à nous arrêter et à réfléchir, et je pense que la vallée des papillons a été un tel moment pour moi.

Depuis, je me suis davantage penchée sur les grandes questions de la vie, pas forcément dans l'espoir de trouver toutes les réponses, mais pour mieux me comprendre moi-même. Ce moment m'a montré qu'il y a parfois des choses que nous pas expliquerne pouvons , mais qui nous touchent profondément. C'est comme si ce moine avait fait vibrer en moi une corde que je n'avais pas entendue jusqu'alors. Une corde qui cherche un sens, un lien et une paix intérieure.

C'est peut-être là le véritable sens de la spiritualité : la capacité de s'arrêter dans des moments de silence et de beauté de la vie et de réaliser que nous faisons tous partie de quelque chose de plus grand. Que ce soit un plan divin ou simplement la beauté de la nature qui nous entoure n'a finalement aucune importance. Ce qui compte, c'est que nous nous ouvrions à ces moments et que nous soyons prêts à nous défaire des fardeaux que nous portons inconsciemment.

Ce moment dans la vallée des papillons m'a montré qu'il n'est jamais trop tard pour chercher du sens - et que cette quête, où qu'elle mène, peut être un enrichissement pour sa propre vie.

Le deuxième événement marquant de ma vie a été notre visite de Sainte-Sophie lors d'un city trip à Istanbul. Ce lieu m'a tout simplement subjugué. **L'atmosphère y est pleine de force et d'histoire, la magie de ce lieu est presque palpable.** On peut sentir à quel point il est important pour les gens et la culture. Les murs racontent des siècles où la foi, le pouvoir et l'histoire s'entrecroisent - un lieu qui respire la profondeur de la spiritualité et de la dévotion humaines. C'est difficile à décrire, mais là, dans ce dôme gigantesque, entouré de toute cette histoire et de toute cette signification, j'ai soudain réalisé quelle femme incroyable j'avais à mes côtés.

C'est à ce moment-là que j'ai décidé spontanément de demander ma femme en mariage devant tout le monde. Cela me semblait juste. Correct, parce qu'elle m'avait tant pardonné, parce qu'elle est la personne la plus formidable et la plus aimante que je connaisse. La femme qui m'a soutenu tout au long de mes escapades, qui ne m'a jamais tourné le dos - **la partenaire la plus loyale que**

175

l'on puisse imaginer. Quel meilleur endroit donc pour renouveler nos vœux de mariage et prendre un nouveau départ ? C'est précisément là, dans cette atmosphère, que j'ai décidé de l'opportunité desaisir et de tout laisser derrière nous pour entamer un nouveau chapitre avec un deuxième mariage.

Le moment était plein d'émotions. S'agenouiller devant toutes ces personnes, dans ce lieu spirituel puissant qui porte en lui tant d'histoire, et dire à ma femme : **"Je veux passer le reste de ma vie avec toi, quoi qu'il soit arrivé, quoi qu'il arrive".** Ce fut l'un des moments les plus sincères de ma vie. Je voulais renouveler notre amour, laisser derrière nous tout ce qui était négatif, tout ce qui nous avait pesé, et repartir à zéro.

Et ce qui a suivi a été l'un des plus beaux jours de notre vie : **Un an plus tard, nous nous sommes mariés une nouvelle fois sur une plage en Turquie.** Le soleil, la mer, le sable sous nos pieds - c'était parfait. Un nouveau départ symbolique que je n'aurais pas cru possible bien avant. Si je suis honnête, j'ai été idiot d'oublier à quel point ma femme est incroyable. Ce deuxième mariage a été pour moi comme un réveil. C'est le moment où j'ai réalisé que j'avais trop souvent pris le bonheur que j'ai avec elle pour acquis.

Parfois, nous, les hommes, devons traverser des crises pour comprendre ce qui compte vraiment. **J'avais pris ma femme pour acquise et j'avais oublié à quel point elle était forte, aimante et loyale.** Ce deuxième mariage n'était pas seulement une promesse à elle, mais aussi à moi-même - ne plus jamais oublier quelle personne merveilleuse j'ai à mes côtés. C'était une sorte de processus de renouvellement spirituel. Un profond sentiment de gratitude et d'humilité m'a envahi ce jour-là.

Ces moments de spiritualité, que ce soit à Sainte-Sophie ou sur la plage de notre deuxième mariage, m'ont fait comprendre que la vie ne se résume pas au quotidien. Il ne s'agit pas seulement de carrière, de problèmes ou d'objectifs. Il s'agit des personnes qui nous accompagnent. Il s'agit de l'amour qui nous porte. Et il s'agit de reconnaître le miracle de la vie qui se déploie dans de tels moments.

Cette expérience spirituelle m'a changé. Elle m'a aidé à voir à nouveau ce qui est vraiment important. **Parfois, on a besoin de cette expérience profonde, presque magique, pour sortir du brouillard du quotidien et se rappeler ce qui nourrit vraiment le cœur.** Pour moi, c'était ma femme, qui a toujours été là pour moi, même dans les moments où je ne le méritais pas.

La spiritualité que j'ai ressentie dans ces moments-là n'était pas une révélation religieuse, mais une conscience profonde de ce que signifient vraiment l'amour et le partenariat. **Il s'agit de dévouement, de pardon, de loyauté et de la capacité à prendre un nouveau départ.** Ce second mariage a été l'acte symbolique par lequel j'ai prouvé à ma femme, mais aussi à moi-même, que nous valons la peine de nous battre pour notre amour et qu'il n'est jamais trop tard pour se décider à nouveau - pour la personne que l'on aime.

À partir de ce moment, je me suis juré de ne plus jamais prendre ma femme pour acquise. **Elle n'est pas seulement la femme qui m'accompagne sur le chemin de la vie, mais aussi celle qui me montre sans cesse ce que signifie vraiment l'amour.** Et c'est une prise de conscience que je ne veux plus jamais lâcher.

La vie a-t-elle un sens - ou tout est-il déjà écrit ?

La question de savoir s'il y a une vie après la mort, tout le monde se l'est probablement posée un jour. Les religions disent que oui. Mais à mon avis, les religions ne sont de toute façon qu'un instrument des puissants pour nous diriger et nous contrôler. Leurs concepts me semblent être des absurdités, en particulier l'idée d'une soi-disant vie après la mort. Je ne veux offenser personne - chacun doit croire en ce qui lui apporte épanouissement et réconfort. Que celui qui trouve la paix dans la religion en soit heureux.

J'affirme cependant qu'il n'existe pas d'"être tout-puissant", et j'affirme en outre qu'il n'existe même pas de libre arbitre. Le libre arbitre est, selon moi, une illusion et tout est prédéterminé. Pourquoi ?

Déterminisme

Le déterminisme est une hypothèse selon laquelle chaque particule élémentaire a un parcours prédéterminé. Nous sommes tous d'accord pour dire que toute la matière de l'univers est née d'un point unique, une singularité, lors du big bang. Toutes les particules élémentaires, c'est-à-dire les éléments constitutifs de toute chose, sont nées en ce point. Nous savons également que tout repose sur des lois physiques, comme nous l'avons appris à l'école. Par conséquent, le mouvement de chaque particule élémentaire l'est également. Nous, notre environnement, tout ce qui nous entoure, est constitué de particules élémentaires. Les atomes de notre corps se sont formés au cœur d'un soleil mourant. Nous sommes littéralement de la poussière d'étoile.

Imaginons le parcours d'une particule individuelle depuis le big bang. La particule est attirée ou repoussée par d'autres particules et a parcouru depuis le big bang un chemin régi par des lois physiques.

Supposons que nous ayons un superordinateur avec une puissance de calcul illimitée. Ce superordinateur pourrait calculer le chemin de toutes les particules de l'univers. L'ordinateur connaît l'emplacement actuel de chaque particule et pourrait retracer le chemin de chaque particule jusqu'à son origine, le big bang.

Vous reconnaissez quelque chose ? Exactement. Si l'ordinateur peut calculer à rebours le trajet des particules, il peut aussi calculer le trajet futur de chaque particule.

Qu'est-ce que cela signifie ? Cela signifie que le parcours de chaque particule est prédéterminé - depuis le big bang jusqu'au futur lointain. Ainsi, le libre arbitre n'est qu'une illusion. Car nous, nos pensées et nos sentiments, notre environnement - tout est constitué de particules élémentaires et de vibrations. Cela semble ésotérique ? Ce n'est pas le cas, c'est de la logique.

La première fois que j'ai entendu parler de cette théorie, je me suis dit : d'une certaine manière, c'est logique. Une vie pleine de décisions que nous pensons pouvoir contrôler - mais en réalité, tout semble suivre un modèle déjà établi. Pour moi, une seule conclusion s'imposait : tout est prédéterminé et immuable. C'était une pensée libératrice. Car si tout est prédéterminé et que le libre arbitre n'est qu'une illusion, alors nous ne sommes pas non plus responsables de ce qui arrive. Nous ne sommes plus des spectateurs dans une pièce de théâtre qui a été écrite depuis longtemps.

Cela peut sembler désenchanteur au premier abord, mais je le vois plutôt comme une invitation à devenir plus serein. Pourquoi s'énerver pour chaque petit détail, pourquoi s'efforcer de forcer une certaine voie ? Si tout suit son cours, pourquoi ne pas s'asseoir et prendre la vie comme elle vient ? Bien sûr, cela ne veut pas dire qu'il faut s'abandonner ou ne plus rien faire. Mais si l'on voit la vie comme un fleuve préétabli contre lequel on ne peut de toute façon pas nager, alors un tout nouveau sentiment de liberté s'ouvre à nous. Il n'est pas nécessaire de tout garder convulsivement en main.

C'est à chacun de voir si j'ai raison dans mon hypothèse. Tu es comme un conducteur de train qui roule sur des rails dans un train sans pare-brise. Tu ne peux regarder que sur le côté. Le chemin est tracé, mais tu ne le vois pas dans son ensemble, tu ne vois que l'endroit où tu te trouves à ce moment précis.

Ces faits représentent certainement un choc pour certains, car beaucoup de choses qu'ils ont apprises au cours de leur vie contredisent mon affirmation. Mais à partir des atomes libérés lors de la décomposition de notre corps après la mort, quelque chose de nouveau est créé. Les atomes libérés forment à nouveau de nouvelles liaisons et le feront jusqu'à la fin des temps.

D'une certaine manière, les religions ont donc partiellement raison : rien n'est gaspillé ; tout est recyclé et quelque chose d'autre naît à nouveau de nous. En ce sens, le concept de réincarnation est même en partie juste, du moins dans une certaine mesure.

Notre conscience, en revanche, est une pure illusion qui disparaît à notre mort et est perdue à tous égards. En effet, nos pensées et donc notre conscience sont le résultat d'un processus biochimique complexe.

Bien sûr, les grandes religions et ceux qui sont assis aux leviers du pouvoir n'aiment pas que nous réfléchissions à ce genre de choses. L'idée que tout pourrait être prédestiné, que notre prétendu libre arbitre n'est qu'une illusion - ils ne veulent pas nous laisser y croire. Pourquoi ? Tout simplement parce que si nous laissons l'hypothèse du déterminisme nous affecter, si nous comprenons vraiment ce que cela signifie, alors nous perdons le besoin de continuer à fonctionner. Nous ne nous soumettons alors plus aveuglément aux attentes et aux représentations que les "puissants" ont tracées pour nous.

Imaginez ce qui se passerait si les gens cessaient de participer à ce jeu. Lorsque nous ne serons plus de simples rouages d'un engrenage sans fin, que nous ne travaillerons plus, ne paierons plus d'impôts et ne consommerons plus pour que quelques-uns au sommet de la chaîne alimentaire puissent continuer à vivre dans la prospérité et le luxe. Car c'est bien là l'astuce, n'est-ce pas ? Ils veulent nous garder occupés - au travail, à la consommation, dans la course perpétuelle au toujours plus. Alors qu'il s'agit d'une illusion qui ne vise qu'à nous inciter à travailler jusqu'à la fin de nos jours, pendant que d'autres profitent de notre travail.

Trop pessimiste ? Peut-être. Mais c'est justement pour cela que je dis : réfléchissez intensément. Nous ne sommes pas là pour finir uniquement en tant que travailleurs et consommateurs.

Je deviendrai le pôle Nord de ma famille

La sagesse de la vieillesse. C'est l'image qui me vient à l'esprit quand je vois un vieil homme aux cheveux blancs. Cependant, la sagesse ne s'applique pas forcément à moi après toutes ces années et tout le chaos que j'ai provoqué. Cependant, les j'nombreuses expériences que ai vécues sur et le fait de tomber et de me relever sans cesse me permettent de bénéficier d'une expérience riche et variée. Cela me permet d'être un bon conseiller pour mes enfants et de leur montrer comment il vaut mieux ne pas faire les choses.

Mais il est souvent dommage que les enfants ne vous écoutent pas et qu'ils doivent inévitablement faire les mêmes expériences. Après coup, ils disent toujours : "Papa, si je t'avais écouté".

Mais soyons honnêtes : avons-nous écouté nos parents ? Non, nous avons aussi fait nos propres choses. Rétrospectivement, j'aurais évité bien des souffrances si j'avais tout de suite écouté mes parents.

Un bon exemple est que mes parents m'ont déconseillé de me marier avec ma première femme. Ils avaient déjà réalisé le calibre qu'elle représentait. Mais j'étais aveugle et je ne l'ai pas reconnu. Ce qu'il en est advenu, je l'ai déjà décrit dans le chapitre précédent.

En principe, j'ai "gâché" toute ma vie future avec cette femme et la séparation qui s'en est suivie. Qui sait où je serais aujourd'hui et combien de mes rêves j'aurais pu réaliser si je n'avais pas fini avec cette femme. Mon rêve a toujours été d'arrêter de travailler à 50 ans, de vivre dans une finca en Grèce, de regarder la mer et de profiter de la brise.

Malheureusement, il n'y a pas de bouton de réinitialisation dans la vie, il faut vivre et faire face à ses mauvais choix. Je sacrifierais des années de ma vie pour recommencer à zéro et revenir sur mes erreurs.

La seule chose que je ne regrette pas, ce sont les merveilleux enfants que j'ai. Mais revenons aux enfants et au rôle de bon conseiller. Ce que j'ai toujours admiré chez mon défunt beau-père, c'est qu'il était comme un aimant qui maintenait la famille ensemble.

Comment y est-il parvenu ? C'est simple : il a toujours été un bon auditeur et un bon conseiller. Il écoutait patiemment chaque ch... et donnait un conseil sur la décision qu'il allait prendre et pourquoi. Un autre point important était la gestion des disputes. Il détestait les disputes au sein de la famille et ne les tolérait pas. Il étouffait immédiatement les disputes dans l'œuf en forçant les membres de la famille à trouver une solution et à se réconcilier.

Les réunions de famille étaient pour lui une expression de loyauté. Ceux qui ne se présentaient pas étaient bombardés d'appels téléphoniques jusqu'à ce qu'ils finissent par venir.

La seule fois où il a accepté que nous ne nous présentions pas, c'était le jour de Noël 2002. Moins 20 degrés, chutes de neige et verglas sur les routes. C'était trop dangereux pour moi de faire 60 kilomètres d'autoroute avec mes deux jeunes enfants et ma femme. Il s'est rendu compte de la situation et a dit : "Mon gars, tu as raison, j'aurais pu y penser tout seul". Deux heures plus tard, il était devant notre maison avec sa belle-mère et un délicieux rôti d'oie. J'étais très heureux et nous avons passé un très bon deuxième jour de Noël.

J'ai adoré ça. Je voulais être comme lui quand j'aurais son âge. Maintenant que j'ai son âge, je fais exactement comme lui. Et voilà, ça marche.

Je suis comme un chien de berger qui protège son troupeau. Avant, j'étais un loup qui détruisait tout et qui faisait son truc tout seul. Aujourd'hui, je considère que mon rôle est de garder ma famille unie et de la protéger, tout comme mon beau-père le faisait. C'est un rôle qui signifie beaucoup pour moi et qui me montre que la vraie force n'est pas d'avancer seul dans la vie, mais d'être là pour les gens que l'on aime.

L'estime de soi chez l'homme - carrière, famille et peur de l'échec

La ménopause n'est pas seulement une phase de changements physiques. Elles amènent également les hommes à s'arrêter et à regarder en arrière - sur ce qu'ils ont accompli, sur ce qui leur manque et sur ce qu'il leur reste à faire. C'est comme si l'on se regardait dans un miroir qui ne montre pas seulement sa propre image, mais aussi toutes les attentes que l'on a envers soi-même. Et avec ce regard, ce sont souvent des insécurités qui se révèlent, des insécurités qui ont longtemps sommeillé dans l'ombre.

C'est surtout à ce stade que l'estime de soi d'un homme est mise à l'épreuve. Pendant des années, on s'est défini par le succès, la performance et la reconnaissance - surtout à travers le travail. La carrière était le pilier sur lequel reposait la confiance en soi. On travaillait dur, peut-être dans le but d'avoir un jour le sentiment d'être arrivé. Mais que se passe-t-il lorsqu'on se rend compte que les succès professionnels ne donnent pas ce qu'on espérait ? Ou lorsque le chemin de la carrière s'enlise soudain ?

À la ménopause, il se passe des choses auxquelles on ne s'attend pas : La valeur personnelle est remise en question. On se pose la question : **qu'ai-je atteint ?** Souvent, la réponse est décevante. L'idée que ce n'était pas assez s'installe. Il y a peut-être ce collègue plus jeune qui s'élève avec une énergie fraîche, alors que l'on a soi-même l'impression de faire du surplace. On remarque que la gloire professionnelle ne brille peut-être plus autant qu'avant. Tout à coup, l'importance que l'on a dans le milieu professionnel semble moins certaine. Le statut autrefois sûr commence à vaciller.

Mais la carrière n'est pas la seule à faire l'objet de cette autoréflexion critique. Le rôle familial est également reconsidéré. De nombreux hommes ont assumé la responsabilité de leur famille pendant des années, se définissant comme des pourvoyeurs et des protecteurs. Mais que se passe-t-il lorsque les enfants grandissent et quittent le foyer ? Lorsque la dynamique familiale change et que le rôle du père est soudain moins clair ?

C'est comme si les fondations sur lesquelles la vie a été construite se fissuraient lentement. **Qui suis-je encore si mes enfants n'ont plus besoin de moi comme avant ?** Cette question accompagne de nombreux hommes dans cette phase de leur vie, et il n'est pas si facile d'y répondre. Dans une société qui définit souvent les hommes par leur rôle de soutien de famille et de protecteur, cette phase devient un défi. L'identité propre est remise en question.

A cela s'ajoute la peur de l'échec. Cette peur accompagne de nombreux hommes tout au long de leur vie, mais elle devient particulièrement pressante à la ménopause. Il ne s'agit pas seulement de savoir si l'on a suffisamment réussi dans le passé, mais aussi si l'on est encore pertinent pour l'avenir. L'idée que les meilleures années sont peut-être derrière soi est difficile à supporter. **Et si je n'avais pas exploité tout mon potentiel ? Et si ce qui vient n'est qu'une descente aux enfers ?**

Cette peur peut être paralysante. Elle conduit souvent à tenter de tirer son épingle du jeu, que ce soit par une ambition professionnelle démesurée ou par le besoin de faire ses preuves d'une autre manière. Certains hommes se lancent dans des liaisons ou des aventures risquées parce qu'ils ont le sentiment de devoir "vivre" encore une fois avant qu'il ne soit trop tard. C'est une tentative de se prouver à soi-même que l'on a encore le contrôle.

Mais la vérité, c'est que : À ce stade de la vie, il ne s'agit pas de se prouver quelque chose à soi-même. Il s'agit de redéfinir sa propre valeur personnelle. Car la valeur d'un homme ne réside pas dans sa carrière ou dans les attentes que les autres placent en lui. Il s'agit de trouver un nouveau critère - un critère qui ne se base pas sur les succès extérieurs, mais sur la force et la satisfaction intérieures.

Le chemin vers cette prise de conscience n'est pas facile. Il nécessite de reconnaître ses propres incertitudes et d'avoir le courage de se défaire de ses anciennes idées. Cela implique de ne pas voir la ménopause comme une menace, mais comme une chance de se réinventer. Il ne s'agit pas de nier le passé, mais de l'accepter - avec toutes ses réussites et tous ses échecs. Car à la fin, ce n'est pas ce que l'on a accompli qui compte, mais la façon dont on se voit.

Cette phase offre la possibilité de se recentrer sur ce qui compte vraiment. Pas la position dans le travail, pas le succès matériel, mais la question : **qui suis-je en tant qu'être humain** ? En tournant le regard vers soi-même et en apprenant à reconnaître sa propre valeur en dehors des confirmations extérieures, on peut trouver la paix que l'on a peut-être cherchée à l'extérieur pendant des années.

Et de la même manière que l'on se redéfinit, on peut aussi apprendre à se débarrasser de la peur de l'échec. Car la vie n'est pas une compétition, et la valeur d'un homme ne réside pas dans ce qu'il accomplit, mais dans ce qu'il est. La ménopause n'est pas la fin, mais le début d'un nouveau chapitre - un chapitre dans lequel l'estime de soi ne dépend plus des succès extérieurs, mais de la force et de l'acceptation intérieures.

Ma bucket-list - des rêves manqués, ou pas ?

Nos objectifs et nos plans de vie façonnent notre existence, tout comme nos rêves et nos idées sur ce que nous voulons accomplir dans la vie. Mais pris dans les problèmes quotidiens et le train-train de tous les jours, nos rêves s'estompent de plus en plus, jusqu'à ce qu'ils ne soient plus qu'un faible écho du passé ou qu'ils se dissolvent complètement.

Je ne peux plus voir tous ces soi-disant coachs qui nous font croire que leur vie est géniale grâce à leur mode de vie financé à crédit.

La vérité est souvent très éloignée de cela. La grande masse des gens mène exactement la vie que j'ai décrite : Elle est faite de travail, d'obligations et de lutte quotidienne, entrecoupée de quelques moments agréables.

On est esclave de son quotidien et de l'obligation de gagner de l'argent pour pouvoir encore vivre un tant soit peu correctement.

Pour moi, la vie a en quelque sorte perdu de sa couleur, les objectifs ont disparu et ce qui reste, c'est un arrière-goût insipide de résignation. Notre monde est dirigé par des psychopathes sans scrupules, par ceux qui ne recherchent que le pouvoir et le profit, sans se soucier des pertes.

Petit à petit, ils nous poussent tous vers l'abîme, et comme si cela ne suffisait pas, nous avons encore les politiciens qui complètent le chaos, rendent la vie toujours plus difficile et ne font que nous harceler davantage.

Quand je les visages vois sur les affiches électorales, je suis pris d'une répulsion que j'ai du mal à exprimer. J'aimerais les de ces personnages ne plus voir ou appuyer sur .un gros bouton réinitialisationde

Ma liste de choses à faire n'a jamais été longue ; je n'ai pas besoin d'une absurdité comme le saut en parachute ou le saut à l'élastique pour être heureux.

Ma liste se composait de voyages et d'une belle vie. J'ai toujours voulu arrêter de travailler à 50 ans et vivre au soleil quelque part en Espagne ou en Grèce - une maison au bord de la mer et une vie simple.

J'ai failli réussir avec certaines de mes idées d'entreprise, mais il s'est passé une connerie dans le monde qui m'a mis des bâtons dans les roues.

Si tes rêves se brisent, tu n'en es PAS responsable. J'ose affirmer que ce monde diabolique veille même activement à ce que tu ne puisses réaliser AUCUN de tes rêves.

Tu dois rester du bétail de consommation et de travail bon marché, captif et attaché à ta "motte". Le mieux est

...lourdement endetté pour des trucs dont tu n'as pas besoin,

...avec une maison que tu devras payer jusqu'à la retraite et que tu perdras probablement si des pisse-froid comme les Verts avec une viennent qui te contraindra à de nouvelles dettes,loi sur le chauffage

...avec une voiture de luxe achetée à crédit, pour pouvoir briller auprès de tes voisins, que tu trouves probablement nuls de toute façon,

...avec un animal de compagnie qui fait en sorte que tu ne bouges pas de ta "motte" et que chaque vacances commence par le placement de l'animal quelque part,

...et avec les dernières inepties technologiques, pour qu'ils puissent te surveiller 24 heures sur 24 et suivre tout ce que tu fais - quand, où et avec qui tu parles, et connaître tous tes secrets !

Le plus drôle, c'est que tu n'as même pas encore compris dans quel genre d'esclavage bizarre, merdique et permanent tu vis !

Pour couronner le tout, ils te montrent toujours à la télévision les "beaux et riches" et te disent que tu peux aussi avoir cela.

Quel sarcasme diabolique, profondément mauvais, mis en scène par quelque psychopathe narcissique.

La vérité, c'est que ces "belles personnes formidables" sont soit nées avec une "cuillère en or" dans la bouche, soit elles ont été "poussées" artificiellement, juste pour te montrer à quel point tu es une saucisse pathétique.

Je suis sûr qu'ils vont se casser la figure et se moquer de nous, les lemmings.

Regarde des types comme les propriétaires d'Amazon ou de Tesla, ils se moquent ouvertement de toi et te disent en face : "Go and fuck yourself".

Ces ordures asociales - appelons-les des parasites milliardaires - veulent que tu laboures encore plus pour accéder à ce qu'ils considèrent comme la classe supérieure.

Mais ils ne veulent certainement pas que tu ailles mieux d'une manière ou d'une autre, et tu n'y arriveras jamais pour les raisons mentionnées. Tu vis dans un monde illusoire et trompeur. Exactement comme le veut le plus grand menteur, trompeur et escroc de tous les temps : le diable !

Mais le plus drôle, c'est que tu n'atteindras jamais ce style de vie. Les spéculateurs, les politiciens et les escrocs y veillent.

Il ne vaut pas non plus la peine d'épargner, car la prochaine bulle, crise boursière ou réforme monétaire ne manquera pas de survenir et de prendre tes économies. Ou mieux encore : l'Etat augmente à nouveau les impôts.

Sur chaque euro, il ne te reste de toute façon que 41 centimes, si l'on tient compte des impôts directs et indirects. Tu paies des impôts sur de l'argent déjà imposé, puis des impôts sur cet argent. Seuls des connards de politiciens complètement abrutis peuvent imaginer cela.

Si en plus tu dois payer des intérêts d'emprunt, il ne te reste plus rien. Et c'est exactement ce que l'on veut, pour que tu restes prisonnier de ce système de merde.

Et pour quoi faire ? Pour que tu puisses aller chez le médecin gratuitement, et parce que tout est si bien propre en Shithole-Germany, ou parce que tout est si bien "sûr" ? presque

Quelle blague ! Regarde autour de toi. L'argent que tu payes est dépensé pour des spécialistes à la petite semaine qui manient le couteau et pour des babioles hors de prix, mais pas pour ce qui est important, à savoir nos pensions, nos écoles, la sécurité, la police et une infrastructure qui fonctionne.

Ainsi, même en vieillissant, tu n'auras pas la possibilité de t'évader et de mener la vie que tu souhaites. Car : il n'y a plus rien, ou ce qui est là **ne vaut plus rien** !

Est-ce que tu remarques quelque chose ? Oui, c'est vrai, je viens de décrire ta vie. N'est-ce pas ?

Quand tu t'en rends compte, tu n'as que trois possibilités :

Première possibilité : tu ne changes rien, tu restes dans la routine, tu en profites au maximum et tu savoures les quelques moments agréables jusqu'à ce que le couvercle se referme un jour. Tu te résignes une fois par à partir en vacances an sur pendant trois semaines, mais tu ne pourras bientôt plus te le permettre sans prendre un crédit ! Tu continues simplement à vivre de week-end en week-end.

Possibilité 2 : tu arrêtes de fonctionner, tu quittes ton travail, tu résilies tes crédits, tu fais faillite, tu ne vis plus que d'allocations, tu es libéré de tes dettes au bout de trois ans et tu vis comme un ascète à un niveau bas, mais tu es libre de toute obligation.

Troisième possibilité : tu tournes le dos à ce pays et à sa politique débile et tu émigres dans un pays où il est encore possible de vivre. Cherche un travail qui rapporte suffisamment, même à temps partiel, pour vivre correctement. De préférence dans un pays où il y a décidément moins de monde. Je pense que le fait de s'entasser les uns sur les autres en Allemagne rend les gens agressifs. Si tu ne voyais pas de voisin pendant des semaines, tu serais certainement content que quelqu'un vienne te rendre visite. C'est un état d'esprit complètement différent.

Je repense souvent à une visite sur la petite île de Pserimos, dans la mer Égée. En haut d'une falaise se trouvait une maison simple, construite avec des pierres claires qui avaient absorbé le soleil de la Méditerranée. De la terrasse, on pouvait voir directement la vaste baie, le bleu profond de la mer Égée s'étendait jusqu'à l'horizon et l'air était rempli d'une sérénité difficile à trouver dans mon monde agité. Je me souviens du vent doux qui soufflait à travers les oliviers et de la sensation d'être complètement isolé de tout ce qui me préoccupe habituellement dans la vie.

Mon rêve a toujours été de vivre un jour dans une telle maison. Un endroit où le temps semble s'écouler plus lentement, où le quotidien et ses exigences, ses attentes permanentes et sa course au succès n'ont pas leur place. Là, m'imaginais-je, je pourrais me reposer, mettre de l'ordre dans mes pensées, me recentrer sur l'essentiel. Une vie sans la pression constante de réaliser quelque chose ou de prouver qui je suis. Juste la mer, le vent, le soleil et les choses simples de la vie.

Vue sur la mer Égée depuis la terrasse de la maison.

Mais ce rêve restera sans doute toujours un rêve. Non pas parce qu'il serait impossible de posséder cette maison ou parce que Pserimos serait trop loin. Mais pour les raisons que j'ai déjà évoquées :

Les attentes à mon égard, la vie que j'ai construite, les responsabilités que je porte - tout cela me maintient prisonnier d'une réalité qui me lâche rarement. Même si j'avais l'argent et le temps de réaliser cette vie, à quoi cela me servirait-il si les doutes intérieurs et le besoin constant de confirmation continuaient à me ronger ?

Je pense souvent que ce n'est pas seulement l'endroit qui m'attire, mais l'idée de simplement m'évader, de laisser tout cela derrière moi. Mais même si je m'asseyais sur cette terrasse, avec une vue sur la mer Égée, je ne trouverais probablement pas la tranquillité à laquelle j'aspire tant. Car le vrai conflit n'est pas dans le monde extérieur, mais en moi-même. C'est la lutte permanente entre ce que je veux être et ce que je suis devenu. Entre les rêves que j'ai eus et la réalité que j'ai dû accepter.

Et donc ce rêve reste un rêve, parce que je sais au fond de moi que le vrai chemin vers la paix que je cherche ne passe pas par la fuite géographique, mais par la confrontation intérieure avec moi-même.

Pourtant, je m'accroche à cette idée. Peut-être pas comme un objectif que j'atteindrai un jour, mais comme un symbole du désir de pouvoir effectivement lâcher prise un jour. Pas seulement le quotidien, mais aussi les luttes intérieures. Peut-être que je ne vivrai jamais dans une maison sur une falaise en mer Égée, mais peut-être qu'un jour je pourrai trouver la paix dont j'ai toujours rêvé là-bas - où que je sois.

Et c'est pour ça que je te dis : "Au diable la liste de choses à faire, va te faire foutre, liste de choses à faire".

Pour ma part, j'ai compris ce qui se passait et personne n'a besoin de me parler d'opportunités manquées ou d'échecs. Ni de rêves brisés. C'est moi qui décide de ce qui s'est effondré, pas les autres.

Si le livre est écrit de manière trop crue ou offensante à certains endroits, je tiens à m'en excuser. Mon intention n'a jamais été de blesser ou d'offenser qui que ce soit. Mon but était de décrire mon expérience de l'époque de la manière la plus authentique possible - brute, honnête et sans filtre, telle que je l'ai ressentie à ce moment-là. Cela implique aussi un argot un peu grossier, que certains qualifieraient de "grande gueule de prolétaire berlinois". Cette façon de s'exprimer fait partie de mes origines, elle est directe, crue et parfois même dure.

J'ai décidé de garder ce ton parce que je pense qu'il véhicule le mieux ce que j'ai vécu. Les sentiments, la colère, la blessure - tout cela ne peut pas toujours être exprimé par des mots doux. Ce ne serait pas authentique. Dans une vie souvent pleine de complexité et de contrastes, ce langage direct s'est reflété et m'a aidé à ordonner et à gérer mes émotions.

Si certains passages semblent donc trop crus ou provocants, je vous prie de me comprendre. Parfois, la vie n'est pas seulement noire et blanche, mais bruyante, indomptable et sans nuances. Il est important pour moi de raconter la vérité de ma propre histoire, telle que je l'ai vécue - non pas pour choquer, mais pour être honnête. Et parfois, cela implique aussi de prendre des angles.

Des égratignures pour traverser une période difficile

Si vous avez lu ce livre jusqu'ici, je tiens tout d'abord à vous remercier. Je sais qu'à certains endroits, je l'ai trouvé très pessimiste et sarcastique. Vous vous êtes sans doute souvent dit : "Qu'est-ce que c'est que cet abruti" ?

Je pense que vous avez le droit de le penser. Car à certains moments, ma vie a été tout sauf normale ou moyenne. Mais c'est justement ce qui fait la vie. Peu de gens ont la chance de suivre un tel chemin. J'ai vécu beaucoup de choses, j'ai fait beaucoup d'erreurs, mais au final, j'ai certainement pris quelques bonnes décisions pour moi.

Le premier pas vers un avenir meilleur a été de reconnaître qui l'on est et pourquoi beaucoup de choses fonctionnent comme elles le font. Ce n'est qu'alors qu'il est possible de changer.

Réflexion et connaissance

"La vie se vit en avant et se comprend en arrière". - Søren Kierkegaard

Cette citation du philosophe danois Søren Kierkegaard décrit parfaitement comment on ne comprend souvent qu'après coup l'importance des événements et des décisions de la vie. En regardant en arrière sur mes propres expériences, je vois plus clairement pourquoi j'ai pris certains chemins et fait certaines erreurs. Cette réflexion a été essentielle pour me permettre d'évoluer et de grandir.

L'importance des erreurs

"La plus grande gloire dans la vie n'est pas de ne jamais tomber, mais de se relever à chaque fois". - Nelson Mandela

Les erreurs et les échecs sont inévitables dans la vie. Mais ils nous offrent aussi les plus grandes possibilités d'apprentissage. Nelson Mandela a souligné l'importance de se relever après une chute. Ma vie a été ponctuée de nombreux moments d'échec, mais me relever à chaque fois et continuer à avancer m'a finalement rendu plus fort.

Réalisation de soi et connaissance

"La seule chose que nous ayons à craindre, c'est la peur elle-même". - Franklin D. Roosevelt

La peur peut souvent nous empêcher de réaliser notre plein potentiel et de prendre des décisions courageuses. Franklin D. Roosevelt nous a rappelé que la peur est souvent notre plus grand ennemi. Surmonter mes propres peurs a été une étape décisive sur mon chemin vers l'épanouissement personnel. Ce n'est que lorsque j'ai appris à confronter mes peurs et à les regarder en face que j'ai pu vivre de manière vraiment libre et authentique.

La quête de sens

"Celui qui a un pourquoi pour vivre, supporte presque tous les comment". - Friedrich Nietzsche

La célèbre citation de Friedrich Nietzsche souligne l'importance d'un sens ou d'un objectif profond et intérieur dans la vie. Mon propre parcours a souvent été marqué par la recherche de sens. Comprendre pourquoi je vis et quel est mon but m'a aidé à surmonter même les défis les plus difficiles. C'est ce sens qui nous pousse et nous donne la force de persévérer.

Résilience et persévérance

"Ce n'est pas la montagne que nous vainquons, mais nous-mêmes". - Sir Edmund Hillary

La résilience et la persévérance sont des éléments clés pour surmonter les moments difficiles. L'alpiniste Sir Edmund Hillary, qui fut le premier à gravir le mont Everest, savait que le plus grand défi consiste souvent à dépasser ses propres limites. Dans ma vie, j'ai appris à maintes reprises que ce ne sont pas les circonstances extérieures qui nous définissent, mais notre capacité à aller de l'avant malgré l'adversité.

Acceptation et changement

"La seule constante dans la vie est le changement". - Héraclite

Le changement est inévitable et constant. Le philosophe grec Héraclite l'avait déjà reconnu il y a des milliers d'années. Ma vie a été marquée par de nombreux changements et j'ai souvent essayé de lutter contre ceux-ci. Mais plus j'ai appris à accepter et même à saluer le changement, plus j'ai pu évoluer et grandir.

Le pouvoir de l'amour de soi

"Toi-même, comme tout autre dans l'univers entier, tu mérites ton amour et ton affection". - Bouddha

L'amour de soi est la clé d'une vie épanouie. Nous sommes souvent notre propre critique le plus sévère. Bouddha nous enseigne que l'amour et l'acceptation de soi sont essentiels. Dans ma vie, j'ai

appris à m'aimer moi-même, avec tous mes défauts et mes imper-
fections. Cette acceptation de soi m'a permis de faire la paix avec
mon passé et d'envisager l'avenir de manière positive.

Communauté et soutien

"Personne n'est une île". - John Donne

Le poète anglais John Donne nous rappelle que nous sommes tous
liés les uns aux autres et que nous avons tous besoin de soutien.
Dans les moments les plus difficiles de ma vie, j'ai appris à quel point
il est important d'avoir une communauté forte et des relations de
soutien. Mes amis, ma famille et mes mentors ont été mes rochers
dans la tempête, m'aidant à tenir bon et à aller de l'avant.

Le voyage continue

"Il n'est jamais trop tard pour devenir ce que l'on aurait pu être". -
George Eliot

Cette pensée de George Eliot est un mantra encourageant pour tous
ceux qui ont l'impression d'être arrivés trop tard. Il n'est jamais trop
tard pour changer, se fixer de nouveaux objectifs et vivre la vie dont
on a toujours rêvé. Mon propre parcours est la preuve que le changement et la croissance sont possibles à tout moment, indépendamment du passé.

En fin de compte, j'ai une vie merveilleuse. Je n'ai pas réalisé mes
rêves, mais j'ai une famille qui m'aime, un travail qui me plaît, des
collègues qui m'apprécient, des amis qui aiment passer du temps
avec moi et, surtout, une femme pour qui je suis le centre de l'attention. Je peux à nouveau m'aimer et je suis satisfait de ma vie.

La ménopause est et a été jusqu'à présent une torture, tant sur le
plan psychique que physique. J'espère avoir pu vous aider un peu.

Mon pote Tino - quelques mots de lui

Ma vie pendant la ménopause

Je n'aurais jamais pensé parler un jour de quelque chose comme la ménopause. Pour être honnête, je ne savais même pas que les hommes pouvaient avoir une ménopause. Mais maintenant, à l'âge de 55 ans, je suis en plein dedans et je veux partager mon histoire.

Tout a commencé il y a quelques années, lorsque je me suis rendu compte que j'étais constamment fatigué. Avant, j'étais plein d'énergie et je pouvais facilement faire face à de longues journées de travail et à des séances d'entraînement épuisantes. Mais soudain, je me suis sentie épuisée, même après une nuit de sommeil complète. Au début, j'ai mis cela sur le compte du stress au travail et de mon âge croissant, mais comme la fatigue ne diminuait pas, j'ai commencé à m'inquiéter.

A cela s'ajoutaient des sautes d'humeur constantes. J'étais irritable et je pouvais m'énerver pour la moindre chose. Cela ne me ressemblait pas du tout, et ma femme et mes enfants le remarquaient bien sûr aussi. Nous nous disputions plus souvent et je me sentais souvent incompris et isolé. Cette instabilité émotionnelle était effrayante et je me demandais ce qui m'arrivait.

Ma vie sexuelle en a également souffert. Mon intérêt pour le sexe a considérablement diminué et, lorsque le moment était venu, j'avais difficultés à obtenir une érection. C'était frustrant et embarrassant. Je me sentais moins viril et j'ai commencé à avoir honte de mes problèmes.

Après avoir vécu avec ces symptômes pendant un certain temps, j'ai décidé de consulter un médecin. Mon urologue, le Dr Heitkamp, a patiemment écouté mes plaintes et m'a suggéré de faire vérifier mon taux de testostérone. Le résultat a confirmé ce que je craignais déjà : mon taux de testostérone avait nettement baissé.

Le Dr Heitkamp m'a expliqué que je me trouvais dans la période de la ménopause masculine, également appelée andropause. Il a expliqué qu'il s'agissait d'un processus naturel au cours duquel la production de testostérone diminue, comme chez les femmes en ménopause. Cette prise de conscience a été pour moi un choc, mais en même temps un soulagement, car je savais désormais que mes symptômes avaient une cause.

Nous avons discuté de différentes options de traitement et j'ai opté pour une thérapie de remplacement de la testostérone. Cette thérapie a contribué à améliorer mon énergie et mon bien-être général. Mon humeur s'est également stabilisée et je me suis sentie plus moi-même. Ma vie sexuelle s'est également normalisée, ce qui a également profité à ma relation avec ma femme.

Parallèlement au traitement médical, j'ai commencé à adapter mon mode de vie. J'ai fait plus attention à mon alimentation, j'ai réduit le stress et j'ai mis l'accent sur une activité physique régulière. Ces changements ont fait une grande différence. Je me suis sentie plus en forme et en meilleure santé et j'ai pu mieux faire face aux défis de la vie quotidienne.

Un autre aspect important a été le soutien social. J'ai commencé à parler ouvertement de ma situation à ma famille et à mes amis proches. C'était libérateur de réaliser que je n'étais pas seul et que d'autres hommes étaient dans le même cas. Ces discussions m'ont aidé à me sentir moins isolé et ont renforcé ma confiance en moi.

Rétrospectivement, je suis reconnaissante d'avoir eu le courage de demander de l'aide et de parler ouvertement de mes problèmes. La ménopause masculine est un sujet dont on parle encore trop peu, mais elle est réelle et concerne beaucoup d'entre nous. Il est important que nous, les hommes, nous soutenions mutuellement et parlions ouvertement de nos expériences.

Aujourd'hui, je me sens à nouveau plus équilibrée et je peux profiter de la vie, malgré les défis que la ménopause a entraînés. Si mon histoire aide ne serait-ce qu'un seul homme à trouver le courage de demander du soutien et de parler ouvertement de ses expériences, alors le partage de mon vécu en aura valu la peine.

Moi et la tromperie - non, pas question

Un soir, alors que la fatigue et les sautes d'humeur m'accablaient à nouveau, j'ai décidé de sortir seule. Je savais que mes amis Alex et

Tom allaient souvent dans des bars de strip-tease et, même si je n'avais jamais envisagé cela pour moi jusqu'à présent, l'idée d'essayer quelque chose de nouveau me tentait.

Je n'ai jamais été infidèle, contrairement à Alex qui trompait régulièrement sa femme. Mais le désir de rencontrer d'autres femmes était toujours présent, même si je n'ai jamais voulu tromper ma femme. J'ai donc décidé d'aller dans un bar de strip-tease - cela me semblait être un moyen sûr de réaliser mes fantasmes sans être vraiment infidèle.

Ce soir-là, je suis allée dans l'un des bars de strip-tease les plus branchés de la ville. La lumière tamisée et la musique forte m'ont aidé à oublier mes soucis pendant un moment. Je me suis assise au bar, j'ai commandé un whisky et j'ai laissé mon regard errer dans la pièce. Une femme séduisante dansait sur la scène et ses mouvements captivaient l'attention de tous dans la salle.

Alors que j'étais assis là à savourer mon verre, une des danseuses s'est approchée de moi. Elle était d'une beauté à couper le souffle, avec de longs cheveux bruns et un sourire séduisant. "Tu veux pour une danse privée ?" a-t-elle demandé d'une voix qui m'a fait frissonner.

J'ai hoché la tête avec hésitation et je l'ai suivie dans une zone séparée. La pièce était plus petite et plus intime, avec des canapés moelleux et une lumière tamisée. Elle s'est mise à danser et, pendant un moment, j'ai oublié tous mes problèmes et le stress qui me hantait depuis des mois. Ses mouvements étaient hypnotiques et je ne pouvais pas m'empêcher de me perdre dans l'instant.

Mais pendant la danse, des pensées se sont bousculées dans ma tête. Je pensais à ma femme à la maison, aux années que nous avions passées ensemble et aux difficultés que nous avions surmontées ensemble. Même si j'appréciais la danse, je me sentais en même temps coupable. Je savais que ce n'était pas le moyen de résoudre mes conflits intérieurs.

Après la danse, j'ai remercié la danseuse et j'ai quitté le bar. En sortant dans la fraîcheur de la nuit, j'ai ressenti un mélange de soulagement et de remords. J'étais heureux de ne pas avoir été vraiment infidèle à ma femme, mais je réalisais aussi que ces expériences n'étaient qu'un exutoire temporaire à mes problèmes.

J'ai décidé que je devais faire plus pour comprendre et m'attaquer aux causes de mon agitation intérieure. Il était clair que je devais parler à quelqu'un de mes sentiments et de mes angoisses - peut-être à un thérapeute ou à un ami proche. Cette expérience dans un bar de strip-tease m'a rappelé que je devais faire face à mes problèmes plutôt que de les refouler.

A partir de ce jour, j'ai commencé à m'intéresser de plus près à mes sentiments et à chercher des solutions à long terme. J'ai parlé davantage à ma femme et j'ai cherché une aide professionnelle. Ces décisions m'ont aidé à retrouver mon équilibre et à renforcer mon mariage.

Le souvenir de cette soirée reste gravé dans ma mémoire, non pas comme un moment de plaisir, mais comme un tournant dans ma vie. C'est à ce moment-là que j'ai réalisé, , que je devais prendre mes responsabilités et travailler de manière proactive à mon bien-être plutôt que de fuir mes problèmes.

Alex l'hallodry -Romance avant bromance

Un soir, j'ai décidé d'emmener ma femme à un bon dîner. Nous avons dû faire face à de nombreux défis ces derniers temps et j'ai pensé qu'une soirée romantique nous ferait le plus grand bien. Nous avons choisi un restaurant chic du centre-ville, réputé pour son atmosphère chaleureuse et son excellente cuisine.

Nous venions de commander notre plat principal lorsque j'ai reconnu du coin de l'œil une silhouette familière. C'était Alex, mon meilleur ami, qui venait d'entrer dans le restaurant. Mais il n'était pas accompagné de sa femme - à ses côtés se trouvait une femme remarquablement attirante qui n'était définitivement pas son épouse. Ils riaient et se tenaient la main, visiblement dans une ambiance intime.

Mon cœur manqua un battement. Je savais qu'Alex avait des aventures, mais j'avais toujours réussi à me tenir à l'écart de ses escapades jusqu'à présent. Sa femme était une amie chère à ma femme, et la tension entre la loyauté envers mon ami et l'honnêteté envers ma femme était constamment présente.

"Ce n'est pas Alex ?" demande soudain ma femme en se retournant à moitié pour avoir une meilleure vue. Rapidement, j'ai attrapé sa main et l'ai retirée doucement. "Ne soyons pas curieux", dis-je dans l'espoir de détourner son attention. Mais son regard méfiant montrait qu'elle avait déjà des soupçons.

"Pourquoi te comportes-tu de manière si étrange ?" a-t-elle demandé en me regardant de manière pénétrante. Je pouvais sentir mon visage s'échauffer. "Je veux juste que nous profitions de notre soirée", répondis-je à en m'efforçant de rester calme. Mais à l'intérieur, la tempête faisait rage.

Pendant le reste de la soirée, j'ai essayé de distraire ma femme et de la tenir éloignée . Nous avons changé plusieurs fois de position assise et j'ai veillé à ce qu'elle ne le revoie pas. Chaque fois qu'elle me demandait pourquoi j'étais si nerveux, j'inventais une nouvelle excuse. Je me sentais misérable de lui mentir, mais je ne voulais pas qu'elle dans le d'Alexsoit entraînée chaos .d'Alex

Après le dessert, j'ai proposé que nous nous offrions le dessert à la maison et que nous passions une agréable soirée cinéma. Ma femme a accepté, mais je voyais bien qu'elle n'était pas convaincue. Nous avons quitté le restaurant et j'étais soulagé lorsque nous étions enfin assis dans la voiture, sur le chemin de la maison.

À la maison, ma femme m'a demandé une nouvelle fois : "Dis-moi la vérité, savais-tu qu'Alex avait une liaison ?" J'ai hésité, mais j'ai finalement acquiescé. "Oui, je le savais. Mais je ne voulais pas que tu le saches parce que je pensais que cela t'accablerait".

"Bien sûr que ça me pèse", dit-elle. "Pas seulement parce qu'il trompe notre amie, mais aussi parce que tu le savais et que tu ne m'as rien dit".

Ces mots m'ont profondément touché. J'avais cru protéger ma femme, mais en réalité, j'avais trahi sa confiance. Je me suis excusé et j'ai promis d'être plus honnête à l'avenir.

Cette soirée a été un tournant pour moi. J'ai compris que la loyauté envers un ami ne signifiait pas soutenir ou dissimuler ses mauvaises décisions. À partir de là, j'ai décidé de faire passer mes valeurs et mon intégrité avant tout, même si cela signifiait avoir des conversations difficiles et dire des vérités honnêtes.

Depuis, Alex et moi avons parlé de ses aventures et je lui ai fait comprendre que je ne pouvais pas cautionner son comportement. Il devait prendre ses propres décisions, mais je savais que je ne "tiendrais pas la distance" plus longtemps si cela se faisait au détriment de l'honnêteté et de la confiance dans mes propres relations.

Solitude des personnes âgées - comment les hommes peuvent éviter le retrait social

La solitude chez les personnes âgées est un sujet qui touche de nombreux hommes, mais peu d'entre eux en parlent ouvertement. Alors que les femmes entretiennent souvent des réseaux sociaux étroits qui les aident à faire face au vieillissement, de nombreux hommes ne sont pas habitués à partager leurs sentiments et leurs besoins dans les cercles sociaux. Il en résulte souvent un retrait social insidieux, qui s'accentue avec l'âge - que ce soit à cause de la retraite, du fait que les enfants grandissent ou de la perte du partenaire ou d'amis proches. La solitude n'est toutefois pas inévitable. Avec une bonne attitude et un peu de courage pour changer, il est possible d'éviter le retrait social en vieillissant.

Pourquoi les hommes se sentent seuls en vieillissant

Il y a de nombreuses raisons pour lesquelles les hommes ont tendance à se retirer socialement en vieillissant. L'une des principales raisons est le rôle que beaucoup d'hommes endossent au cours de leur vie. Les hommes se définissent souvent fortement par leur activité professionnelle, leur statut et leur capacité à subvenir aux besoins de leur famille. Lorsque ces rôles disparaissent avec l'âge - que ce soit à cause de la retraite ou de la fin des responsabilités parentales - de nombreux hommes se sentent inutiles ou perdent leur raison de vivre. Ils se sont souvent tellement concentrés sur leur travail et leur famille que les amitiés ou les réseaux sociaux ont été négligés au fil des ans.

A cela s'ajoute le fait que de nombreux hommes sont habitués à résoudre leurs problèmes seuls. La quête d'indépendance et d'autodétermination est profondément ancrée dans l'image traditionnelle de l'homme. Les sentiments ne sont pas volontiers partagés avec d'autres, et accepter de l'aide est considéré par de nombreux comme un signe de faiblesse hommes . Cette attitude conduit cependant les hommes à réduire leurs liens sociaux plutôt que de s'efforcer de nouer de nouvelles amitiés ou des contacts sociaux plus profonds. Il en résulte un retrait insidieux qui peut aboutir à l'isolement.

La perte de personnes proches, qu'il s'agisse du décès du partenaire ou de l'éclatement des amitiés au fil du temps, renforce également le sentiment de solitude. En vieillissant, de nombreux hommes ont des difficultés à nouer de nouvelles amitiés ou à s'engager dans de nouvelles activités sociales, car cela exige un certain degré de vulnérabilité et d'ouverture - des qualités qu'ils ont souvent réprimées au cours de leur vie.

Les conséquences de la solitude

La solitude chez les personnes âgées n'est pas seulement un défi émotionnel, elle a aussi des conséquences tangibles sur la santé. Des études montrent que la solitude chronique augmente le risque de maladies cardio-vasculaires, de dépression et de démence. C'est un cercle vicieux : la solitude entraîne un stress émotionnel qui, à son tour, affecte la santé physique et mentale. L'espérance de vie peut également être raccourcie par l'isolement social. Pourtant, bien que les conséquences de la solitude soient connues, de nombreux hommes ont du mal à briser ce cercle.

La solitude n'a pas seulement un impact sur la santé, mais aussi sur l'image de soi. Les hommes qui se sentent socialement isolés en vieillissant doutent souvent de leur valeur et de leur importance dans la société. Ils se sentent superflus ou inutiles. Ce retrait intérieur renforce le sentiment de ne plus pouvoir contribuer et empêche les hommes de rechercher activement de nouveaux liens sociaux.

Sortir de la solitude : prévenir le retrait social

La solitude ne doit toutefois pas être le destin inéluctable de la vieillesse. Il existe de nombreuses façons pour les hommes de lutter activement contre le retrait social et de rendre leur vie plus épanouissante et sociale à un âge avancé. La première étape, et peut-être la plus importante, est de prendre conscience sur que la solitude n'est pas le signe d'un échec personnel. C'est un état qui touche beaucoup de monde - mais qui peut être modifié.

Ouverture à de nouvelles amitiés Beaucoup d'hommes pensent que les amitiés ne se nouent que dans la jeunesse et qu'il est difficile de nouer de nouveaux contacts en vieillissant. Mais c'est le contraire qui est vrai : il existe de nombreuses possibilités de se faire de nouveaux amis plus tard dans la vie. Que ce soit par le biais de groupes sportifs, d'associations ou de hobbies, il est possible d'entretenir et de créer des réseaux sociaux même à un âge avancé. Un regard ouvert et positif sur les nouvelles rencontres est la clé pour briser les anciennes barrières.

Participation active à des groupes et des associations Les hommes qui s'engagent activement dans des associations ou des groupes restent plus longtemps impliqués socialement. Qu'il s'agisse d'un club de sport, d'un club de lecture ou d'un groupe de randonnée, les intérêts communs créent des liens et favorisent le sentiment de communauté. L'avantage de tels groupes est qu'ils permettent des rencontres régulières et maintiennent ainsi le contact social. L'engagement dans des activités bénévoles ou des projets d'utilité publique peut également être un excellent moyen de rester actif et de rencontrer de nouvelles personnes.

Découvrir de nouveaux hobbies L'âge offre la possibilité de faire des choses que l'on n'a peut-être pas eu le temps de faire pendant sa vie professionnelle. La découverte de nouveaux hobbies, que ce soit la peinture, la musique ou l'artisanat, ouvre non seulement des espaces de liberté créative, mais aussi de nouveaux réseaux sociaux. Le partage des intérêts et l'apprentissage en commun créent souvent des liens forts avec d'autres personnes qui partagent les mêmes passions.

L'importance du voisinage et de la communauté De nombreux hommes sous-estiment l'importance de leur environnement direct. Le voisinage peut être une ressource sociale importante. Des discussions régulières avec les voisins ou la participation à des activités communautaires dans le voisinage favorisent les contacts sociaux. Dans de nombreuses villes et communes, il existe des initiatives et des offres visant à mieux relier les personnes âgées entre elles. Il vaut la peine d'utiliser ces possibilités et de faire activement partie de la communauté.

Utiliser la technologie pour garder des liens Même si l'utilisation de la technologie représente un défi pour de nombreux hommes âgés, elle peut être un excellent moyen de rester en contact avec la famille et les amis. La visiophonie, les réseaux sociaux et les groupes en ligne offrent des moyens d'entretenir des relations sociales même à distance. Prendre le temps d'apprendre ces technologies permet d'élargir et d'entretenir ses réseaux sociaux.

Parler ouvertement de ses sentiments L'étape peut-être la plus difficile, mais la plus importante, pour éviter la solitude est d'être prêt à parler de ses sentiments. Beaucoup d'hommes considèrent comme une faiblesse le fait d'avouer leur solitude ou leur tristesse. Pourtant, il est important de s'ouvrir émotionnellement, surtout à un âge avancé. Une discussion avec un ami, un membre de la famille ou même un conseiller professionnel peut aider à rompre l'isolement intérieur. Il n'y a pas de honte à accepter de l'aide ou à parler de ses propres besoins.

Maintenir le contact avec la famille La famille est souvent la ressource sociale la plus importante, surtout à un âge avancé. Mais rester en contact avec ses enfants et petits-enfants demande parfois de l'initiative et la volonté de participer activement à leur vie. Des activités communes, des visites régulières ou un simple coup de fil peuvent aider à renforcer les liens avec la famille. Même si les enfants sont désormais adultes et occupés, la famille reste un ancrage important contre la solitude.

Drugs & Rock 'n' Roll - Never ever

Je n'ai jamais touché aux drogues dures de ma vie. Pour moi, cela inclut la coke, la marijuana et d'autres produits du diable. Cela a toujours été un tabou pour moi, car je déteste perdre le contrôle. Il faut certainement aussi une certaine prédisposition pour toucher à ces choses et les trouver géniales. Je n'ai jamais eu besoin de ça, ni de cigarettes. La seule chose, c'est peut-être un bon cigare cubain à Noël ou en vacances.

Mais ce que j'ai toujours aimé, c'est un bon whisky ou un bon rhum. Mais seulement jusqu'à un certain point. De toute ma vie, je n'ai jamais été assez ivre pour ne pas retrouver le chemin de la maison.

La plupart du temps, ça ne va pas plus loin que d'être pompette. Mais pendant la période où la pression était la plus forte, je n'ai pratiquement pas manqué un seul jour où je n'ai pas bu de whisky le soir. Ou un demi-litre de bière. Ma femme m'a souvent demandé si je voulais lentement devenir un alcoolique. Je ne m'en suis pas rendu compte moi-même, mais à la fin, j'étais presque tous les soirs en état de semi-ivresse. J'avais simplement besoin de ça pour descendre et calmer mon esprit.

Quand j'avais un peu d'alcool dans la tête, je pouvais définitivement mieux m'endormir. C'est certainement ce qui rend l'alcool dangereux. En fin de compte, le corps a toujours besoin de quantités plus importantes pour que l'effet se produise.

Ainsi, le pas vers l'alcoolisme n'est certainement pas loin. Souvent, lorsque ma femme me demandait si nous voulions boire un verre de vin, elle en buvait un et moi le reste de la bouteille. Il est clair qu'à un moment donné, elle n'avait plus envie de boire un verre de vin soigné avec moi, parce qu'avec moi, cela finissait toujours par une orgie de beuverie.

Je ne m'en suis rendu compte qu'au bout d'un an environ et j'ai alors banni l'alcool pour me calmer. À la place, j'ai commencé à mettre des écouteurs et à écouter des livres audio. C'est un peu comme si tes parents te lisaient un conte de fées avant de te coucher. Je m'endormais alors généralement en l'écoutant et me détendais complètement en un rien de temps.

Les conséquences de la consommation d'alcool

L'alcool a un effet profond sur le corps et l'esprit humains. Ce qui commence comme un plaisir occasionnel peut rapidement se transformer en une habitude destructrice qui affecte à la fois la santé physique et le bien-être psychologique.

Effets physiques :

Foie : le foie est le principal organe qui décompose l'alcool. En cas de consommation régulière, le foie doit travailler plus dur pour métaboliser l'alcool, ce qui peut entraîner une inflammation du foie et, à long terme, une cirrhose ou un cancer du foie. Les cellules hépatiques sont endommagées et le tissu hépatique peut se cicatriser, ce qui affecte considérablement le fonctionnement de l'organe.

Cœur : la consommation d'alcool peut endommager le cœur. À long terme, elle peut entraîner une hypertension, des troubles du rythme cardiaque et une hypertrophie des ventricules. L'abus chronique d'alcool augmente le risque d'infarctus du myocarde et d'accident vasculaire cérébral.

Tractus gastro-intestinal : l'alcool irrite la muqueuse de l'estomac et peut entraîner une gastrite et des ulcères gastriques. Il affecte également l'absorption des nutriments dans l'intestin, ce qui peut entraîner des carences et une perte de poids.

Pancréas : l'alcool peut enflammer le pancréas, ce qui peut entraîner une pancréatite. Cette inflammation peut être aiguë ou chronique et avoir de graves conséquences sur la digestion et le taux de sucre dans le sang.

Système immunitaire : la consommation régulière d'alcool affaiblit le système immunitaire, ce qui augmente la vulnérabilité aux infections. Le corps est moins en mesure de lutter contre les bactéries et les virus, ce qui peut entraîner des maladies plus fréquentes et plus graves.

Effets psychologiques :

Cerveau : l'alcool agit comme un dépresseur sur le système nerveux central. À court terme, il entraîne une diminution de l'inhibition et une sensation de détente. Mais à long terme, il peut endommager le cerveau, entraînant des pertes de mémoire, des problèmes de concentration et des troubles cognitifs permanents.

Humeur et comportement : L'alcool modifie les neurotransmetteurs dans le cerveau, ce qui peut entraîner des changements d'humeur, de l'anxiété et des dépressions. Ces changements peuvent également favoriser les comportements agressifs et une tendance accrue aux actes risqués.

Les comportements addictifs : L'alcool peut rapidement créer une dépendance. Le corps développe une tolérance, ce qui signifie qu'il faut boire de plus en plus pour obtenir le même effet. Cela peut conduire à un cercle vicieux de dépendance et de symptômes de sevrage lorsque la consommation d'alcool est réduite ou arrêtée.

Conséquences à long terme :

Les conséquences à long terme de l'abus d'alcool sont graves et souvent irréversibles. Les maladies chroniques, le déclin mental et l'isolement social ne sont que quelques-uns des effets possibles. Les dommages physiques peuvent entraîner une mort prématurée, tandis que les conséquences psychologiques et sociales réduisent considérablement la qualité de vie.

L'alcool offre un refuge illusoire qui, en fin de compte, fait plus de mal que de bien. Perdre le contrôle, ce n'est pas seulement se faire du mal à soi-même, c'est aussi influencer négativement la vie de ceux qui nous entourent. C'est un chemin long et difficile pour surmonter la dépendance et retrouver la santé, mais c'est une étape nécessaire pour mener une vie épanouie et saine.

Des alternatives saines à l'alcool

Le recours à la bouteille peut sembler être une solution de facilité pour gérer le stress de la vie quotidienne et se détendre. Mais comme nous l'avons vu, l'alcool fait plus de mal que de bien à long terme. Il existe cependant de nombreuses alternatives saines qui peuvent aider à réduire le stress et à favoriser la détente, sans les effets négatifs de l'abus d'alcool.

1. le sport et l'activité physique :

L'activité physique régulière est l'une des méthodes les plus efficaces pour réduire le stress et améliorer le bien-être général. Le sport libère des endorphines, les fameuses hormones du bonheur, qui favorisent le sentiment de détente et de satisfaction. Que ce soit la course, la natation, le vélo ou le yoga, il existe d'innombrables possibilités de faire bouger son corps tout en apaisant son esprit.

2. la méditation et la pleine conscience

La méditation et les exercices de pleine conscience sont d'excellentes techniques pour apaiser l'esprit et vivre le moment présent. En se concentrant sur la respiration et en étant conscient de ses pensées et de ses sentiments, on peut apprendre à réduire le stress et à trouver la paix intérieure. Il existe de nombreuses applications et cours en ligne qui aident à intégrer la méditation dans la vie quotidienne.

3. la lecture et les livres audio :

Se plonger dans un bon livre ou écouter un livre audio passionnant peut être une merveilleuse façon de s'évader du quotidien et de se détendre. Les livres offrent une évasion dans d'autres mondes et peuvent aider à détourner l'esprit de ses propres soucis. Les livres audio ont l'avantage supplémentaire de pouvoir être écoutés partout, que ce soit en se promenant, en cuisinant ou avant de s'endormir.

4. activités créatives :

Les activités créatives comme la peinture, le dessin, l'écriture ou la musique peuvent également contribuer à la détente. Elles offrent la possibilité de s'exprimer tout en apaisant l'esprit. La créativité favorise le sentiment d'accomplissement et permet d'oublier le stress quotidien.

5. interactions sociales :

Passer du temps avec ses amis et sa famille peut être une source précieuse de détente et de bien-être. Le soutien social est important pour réduire le stress et se sentir aimé et apprécié. Les activités communes, qu'il s'agisse d'une soirée de jeux, d'un repas en commun ou tout simplement d'une promenade, peuvent aider à se vider la tête et à favoriser les émotions positives.

6. techniques de relaxation :

Des techniques telles que la relaxation musculaire progressive, les exercices de respiration ou le training autogène peuvent aider à détendre le corps et à apaiser l'esprit. Ces méthodes sont faciles à apprendre et peuvent être appliquées partout pour réduire le stress et se détendre.

7. nature et jardinage :

Passer du temps dans la nature a un effet apaisant sur le corps et l'esprit. Qu'il s'agisse d'une promenade dans un parc, d'une randonnée en montagne ou simplement de s'asseoir dans son propre jardin, la nature offre une merveilleuse possibilité de laisser le stress quotidien derrière soi. Le jardinage peut en outre avoir un effet thérapeutique et renforcer le sentiment de connexion avec la nature.

8. musique et danse :

La musique a un fort impact émotionnel et peut aider à se détendre et à améliorer l'humeur. Que ce soit en écoutant de la musique apaisante, en chantant ou en dansant, la musique offre de nombreuses possibilités de réduire le stress et d'éprouver du plaisir.

9. le thé et les herbes

Au lieu de l'alcool, une tasse de tisane apaisante peut être une alternative bienfaisante. Des herbes comme la camomille, la lavande ou la mélisse sont connues pour leurs propriétés relaxantes et peuvent aider à apaiser l'esprit et à favoriser le sommeil.

10. aide professionnelle :

Il est parfois difficile de gérer seul le stress et l'anxiété. Dans de tels cas, le soutien professionnel d'un thérapeute ou d'un conseiller peut être utile. La thérapie et le conseil offrent des outils et des stratégies pour gérer le stress et développer des mécanismes d'adaptation sains.

Le voyage vers la détente et la réduction du stress sans alcool peut sembler être un défi, mais il en vaut la peine. Il existe de nombreuses alternatives saines qui non seulement apaisent l'esprit, mais favorisent également le bien-être physique. En trouvant de nouvelles façons de nous détendre et de descendre, nous pouvons mener une vie plus épanouie et plus saine.

Préparations naturelles pour favoriser l'endormissement

La lutte contre le sommeil est un défi quotidien pour de nombreuses personnes. L'insomnie peut avoir un impact considérable sur la vie quotidienne et le recours à des somnifères sur ordonnance est souvent associé à des effets secondaires. Heureusement, il existe un certain nombre de préparations naturelles qui peuvent aider à s'endormir sans provoquer les effets secondaires indésirables des médicaments de synthèse.

1. la mélatonine

La mélatonine est une hormone produite naturellement par le corps et qui régule le rythme veille-sommeil. Les préparations à base de mélatonine peuvent être particulièrement utiles lorsque le rythme veille-sommeil naturel est perturbé, par exemple en cas de décalage horaire ou de travail posté. La mélatonine est prise à faibles doses et n'a que peu ou pas d'effets secondaires lorsqu'elle est utilisée à court terme.

2. Magnésium :

Le magnésium est un minéral essentiel qui joue un rôle important dans de nombreuses fonctions corporelles, notamment la relaxation musculaire et la régulation du système nerveux. Les suppléments de magnésium peuvent aider à détendre le corps et à améliorer la qualité du sommeil . Ils sont disponibles sous différentes formes, notamment des comprimés, des poudres et des applications trans-dermiques (comme l'huile de magnésium).

3. valériane :

La valériane est un remède à base de plantes qui est utilisé depuis des siècles pour favoriser le sommeil et soulager l'anxiété. La racine de valériane est disponible sous forme de gélules, de comprimés, de teintures et d'infusions. Elle a un effet calmant et peut aider à s'endormir plus rapidement et à améliorer la qualité du sommeil.

4. passiflore :

La passiflore est un autre remède à base de plantes connu pour ses propriétés calmantes et anxiolytiques. Elle est souvent utilisée en combinaison avec la valériane et d'autres plantes calmantes pour favoriser le sommeil. La passiflore est disponible sous forme de gélules, de comprimés, de teintures et d'infusions.

5. la L-théanine :

La L-théanine est un acide aminé que l'on trouve principalement dans le thé vert. Elle a des propriétés apaisantes et peut aider à favoriser la relaxation sans provoquer de somnolence. Les préparations à base de L-théanine peuvent aider à calmer l'esprit et à améliorer la qualité du sommeil, surtout si elles sont prises avant le coucher.

6. l'ashwagandha

L'ashwagandha est une herbe adaptogène utilisée dans la médecine traditionnelle indienne (ayurvéda). Elle aide le corps à s'adapter au stress et favorise la relaxation. L'ashwagandha peut aider à réduire le taux de cortisol et à améliorer la qualité du sommeil. Elle est disponible sous forme de gélules, de poudres et de teintures.

7. mélisse citronnée :

La mélisse citronnelle est une autre herbe calmante utilisée depuis des siècles pour favoriser le sommeil et soulager le stress. Elle a des propriétés sédatives douces et peut être prise sous forme de gélules, d'infusions et de teintures.

8. la lavande :

La lavande est connue pour ses propriétés apaisantes et favorisant le sommeil. L'huile de lavande peut être utilisée dans un diffuseur pour apaiser la pièce ou être appliquée directement sur la peau (diluée avec une huile de support). Le thé à la lavande peut également avoir un effet relaxant et favoriser le sommeil.

9. la glycine

La glycine est un acide aminé qui agit comme un neurotransmetteur dans le système nerveux central. Elle a un effet calmant et peut aider à améliorer la qualité du sommeil. La glycine est disponible sous forme de poudre et de capsules et peut être prise avant le coucher.

10. camomille :

La camomille est l'une des herbes les plus connues pour favoriser le sommeil. Le thé à la camomille est une méthode simple et agréable pour se détendre avant de se coucher. La camomille a des propriétés calmantes douces et peut aider à calmer l'esprit et à améliorer la qualité du sommeil.

Ces préparations naturelles offrent un moyen doux et efficace de favoriser le sommeil et d'en améliorer la qualité, sans les effets secondaires souvent associés aux somnifères délivrés sur ordonnance. Il est toutefois toujours conseillé de consulter un médecin avant de prendre de nouvelles préparations, surtout si l'on a déjà des problèmes de santé ou si l'on prend d'autres médicaments. Avec les bonnes approches et les bons outils, le chemin vers un sommeil réparateur peut être nettement facilité.

Lettre d'amour - the biggest fool of us

La lettre que ma femme m'a écrite après la révélation de mes aventures.

"J'ai toujours attendu que tu sois enfin prêt. J'ai attendu que ton insécurité disparaisse, que tu me parles, que tu me voies vraiment et que tu te décides pour moi. J'ai attendu que tu comprennes ma vraie valeur. Et si je t'avais laissé continuer comme tu l'as fait, j'attendrais probablement encore aujourd'hui.

Je voulais nous donner tant de chances. Peut-être l'ai-je déjà fait. Peut-être même trop. J'ai tellement espéré et attendu que tu changes, que tu me remarques enfin et que tu réalises à quel point nous pourrions être formidables ensemble, si seulement tu nous avais donné une chance réelle et honnête. Mais tu n'as jamais pu le faire, n'est-ce pas ? Tu étais tellement blessé et abîmé émotionnellement que tu m'as toujours tenu à l'écart de ton cœur.

Tu étais tout ce dont je rêvais. Tu as vu à quel point mon amour pour toi était profond, et pourtant tu as souvent utilisé ce fait à ton avantage. Je n'ai jamais été en tête de ta liste de priorités, et tu me l'as souvent fait sentir. J'étais quelqu'un qui se contentait des restes de ton attention et de ton affection. Cela a été ma plus grande erreur, car je t'ai permis de me maltraiter. En me contentant de cela, je ne

213

suis devenue rien de plus qu'une option. Et c'est la chose la plus basse que l'on puisse signifier pour quelqu'un qui nous est cher.

En me contentant de moins que ce que je méritais, je me suis blessé à plusieurs reprises. Chaque fois que je restais à tes côtés, je me brisais à nouveau le cœur. J'ai versé tant de larmes qu'à un moment donné, j'ai réalisé que je ne me sentais plus moi-même. Je t'ai tout donné - amour, compréhension, respect et dévouement. Et tu n'as jamais essayé de faire la même chose. Tu m'as simplement usée. Tu m'as pris pour acquis, comme si cela n'avait aucune conséquence. Tu as simplement supposé que tu pourrais toujours continuer ainsi.

À un moment donné, tu as peut-être compris toi-même que je finirais par en avoir assez. Mais j'espérais que tu reconnaîtrais ce moment avant qu'il ne soit trop tard. Chaque fois que j'ai fait quelque chose pour toi, j'ai cru que cela nous rapprocherait. Mais en réalité, cela ne faisait que m'éloigner de toi. J'ai essayé d'être là pour toi quand tu avais besoin de moi, même si tu ne m'as jamais laissé entrer pleinement dans ta vie.

Je ne voulais pas te changer, je voulais juste que tu m'aimes autant que je t'aime. Je t'ai toujours écouté, j'ai essayé de comprendre tes besoins et de les satisfaire. J'ai fait tout ce que j'ai pu pour sauver notre amour, parce que je croyais vraiment que nous pouvions y arriver. Mais à la fin, je me suis sentie vide. J'ai été forte pendant si longtemps, mais à un moment donné, je n'en pouvais plus.

Je me suis battue pour nous parce que je pensais que tu en valais la peine. Mais en même temps, je me suis rendu compte que je me perdais moi-même dans le processus. Mais alors que nous étions sur le point de nous séparer, quelque chose s'est produit. Tu as changé. Tu as commencé à me voir vraiment, à faire les choses que je souhaitais depuis si longtemps. Tu as commencé à m'aimer - comme je l'avais toujours rêvé".

Lettre d'amour pour le 13e anniversaire de mariage - Un an après la découverte de la liaison

"Mon trésor bien-aimé,

Je ne suis peut-être pas la femme de rêve que tu as toujours imaginée, mais je peux te dire une chose : je suis la femme qui t'enveloppe dans des vêtements propres. Je suis celle qui te réchauffe quand tu as froid. Je suis celle qui te caresse quand tu cherches le calme et la détente. Je suis celle qui te tient quand tu es triste. Je suis celle qui te soigne quand tu es malade. Je suis celle qui te soutient, quoi qu'il arrive.

Je suis celle qui ne t'a jamais abandonné. Celle qui est toujours restée à tes côtés, même dans les moments où il semblait que nous allions nous perdre. Je suis celle qui t'aime du plus profond de mon cœur. Je suis celle qui te rattrape quand tu tombes, qui t'aide quand tu n'arrives pas à avancer.

Que signifie 'femme de rêve' ? Pour moi, cela signifie que je suis la femme qui reste à tes côtés, quoi qu'il arrive. Je t'aime, non pas parce que tu es parfaite, mais parce que tu m'as montré que tu es prête à changer. Je t'aime pour ton 13e anniversaire de mariage".

Pendant mes vacances en Turquie, j'ai réservé une cabane pour une soirée à la plage. Le personnel de l'hôtel avait magnifiquement décoré la cabane avec un cœur de roses, des torches et des guirlandes lumineuses. J'avais organisé un menu à cinq plats pour nous, avec tout ce qu'il faut. C'était parfaitement planifié et je voulais lui faire la surprise.

Au lieu d'aller dîner au restaurant de l'hôtel comme d'habitude, je l'ai prise par la main et l'ai emmenée en direction de la plage. Elle m'a regardé avec un air interrogateur et m'a demandé en chemin : "Schatzi, qu'est-ce qui se passe ? Où est-ce que tu m'emmènes ?" Je me suis contenté de sourire et de dire : "Laisse-toi surprendre".

Quand nous sommes arrivés à la cabane, elle s'est arrêtée. Ses yeux s'agrandirent et elle mit sa main devant sa bouche. La vue de toutes les lumières, des fleurs et de la table dressée avec amour l'a submergée. Elle s'est tournée vers moi et ses yeux étaient remplis de larmes.

"Schatzi", dit-elle d'une voix tremblante, "personne n'a jamais fait ça pour moi". Puis elle a éclaté en sanglots, mais c'étaient des larmes de joie. Elle était visiblement émue et touchée. "Tu es si gentil, je t'aime", a-t-elle chuchoté en se jetant dans mes bras.

Nous avons passé une soirée inoubliable, juste nous deux, avec le bruit des vagues en arrière-plan et le sable chaud sous nos pieds. C'était un de ces moments où l'on sait qu'avoir cette personne à ses côtés est exactement ce qu'il faut.

Cette lettre d'amour a été pour moi la deuxième de ma vie à me toucher vraiment profondément. J'ai définitivement réalisé à ce moment-là quelle femme forte j'avais à mes côtés. À quel point j'ai de la chance et à quel point je devrais être reconnaissant de la deuxième et dernière chance qu'elle m'a donnée. Quand je pense à ce qu'aurait été notre vie aujourd'hui si nous nous étions séparés, je réalise que cela aurait probablement tourné à la catastrophe pour nous deux. Je n'aurais jamais imaginé traverser la vie seule.

Je sais aujourd'hui que j'aurais dû agir beaucoup plus tôt. Si j'avais eu à l'époque les connaissances que j'ai aujourd'hui, j'aurais été beaucoup plus rapide à demander de l'aide.

On ne peut pas tout faire par soi-même. Pourtant, nous, les hommes, avons souvent tendance à faire exactement cela. Nous pensons pouvoir résoudre nos problèmes seuls, sans aide extérieure. Mais parfois, ce n'est tout simplement pas possible. Il y a des choses que l'on ne peut pas apprendre tout seul. C'est comme apprendre un nouveau métier : on demande de l'aide au magasin de bricolage pour obtenir les bons matériaux et les bons outils - et pour éviter les erreurs.

Il n'y a que pour notre propre chantier intérieur que nous sommes souvent trop fiers ou trop lâches pour demander conseil à quelqu'un. C'est peut-être parce que nous avons été programmés pendant des millénaires pour nous battre seuls et prendre soin de nos familles. Cette stratégie de résolution des problèmes est profondément ancrée en nous. Mais les temps ont changé et nous devons reconnaître que nous ne pouvons plus tout gérer seuls.

Ces dernières années, j'ai souvent constaté que mes jugements étaient erronés. La vie est devenue trop complexe pour fournir des réponses simples. Et si l'on se simplifie trop la vie, on finit par se tromper. Ma femme est devenue mon meilleur conseiller - et elle l'a toujours été. Mais je n'ai jamais vraiment écouté. Elle a une vision claire des choses et me donne étonnamment toujours les bons conseils. Surtout quand il s'agit de ma mauvaise connaissance des gens.

Si je l'avais écoutée plus tôt, j'aurais évité bien des choses. Le vieux dicton "Derrière chaque homme qui réussit se cache une femme forte" s'est avéré vrai. J'ai toujours pensé que ce n'était qu'un cliché, mais après toutes ces années, je dois admettre que c'est vrai. Les femmes ont souvent un point de vue différent sur les choses - et c'est souvent ce dont nous, les hommes, avons besoin.

Ces derniers mois, j'ai beaucoup réfléchi sur moi-même et sur mon mariage. Je suis curieux de savoir comment d'autres hommes et leurs femmes ont vécu la ménopause. Peut-être avons-nous tous vécu des défis similaires, peut-être des défis très différents. Je serais intéressée de savoir quelles expériences vous avez faites. N'hésitez pas à m'écrire et à partager vos histoires avec moi. Après tout, nous sommes tous sur ce chemin, et peut-être pouvons-nous apprendre les uns des autres.

Je suis sûre que cette femme forte restera à jamais à mes côtés. Quel genre de personne géniale peut pardonner de telles bêtises ? J'ai vraiment de la chance d'une telleavoir à mes côtés , loyale, honnête et en même temps adorable. Elle est mon roc, et je sais que sans elle, je ne serais pas l'homme que je suis aujourd'hui.

Lors d'un city trip à Istanbul en 2023, j'ai voulu lui montrer à quel point je l'aimais et l'appréciais. Dans Sainte-Sophie, entouré de milliers de personnes, je me suis agenouillé devant elle et l'ai demandée en mariage. Je lui ai demandé de m'épouser une deuxième fois, signe que je voulais renouveler notre promesse. Elle n'avait aucune idée de mon projet, car j'avais soigneusement caché les alliances pendant des semaines et planifié le moment parfait.

Lorsque j'ai sorti la bague et récité les mots que j'avais appris par cœur, elle a été complètement bouleversée. Je lui ai dit à quel point je l'aimais et à quel point elle était une personne incroyablement aimante et une compagne .formidable

Des larmes ont coulé sur son visage et elle n'a pu prononcer qu'un "oui" tremblant mais déterminé avant de se jeter dans mes bras. Elle ne pouvait pas s'arrêter de pleurer, et moi non plus. C'était un moment extrêmement émouvant qui est resté à jamais gravé dans mon cœur.

Les gens autour de nous applaudissaient et acclamaient, certains prenaient des photos, d'autres filmaient la scène. Mais tout cela ne m'intéressait pas. Pour moi, la seule chose qui comptait à ce moment-là, c'était la femme devant moi, que j'aimais par-dessus tout. Ses yeux, son sourire, sa chaleur - elle était le centre de mon monde.

Si les gens autour de nous avaient su quel pécheur j'étais et quelle douleur j'avais autrefois infligée à cette femme, ils n'auraient certainement pas acclamé dans ce lieu sacré. Mais pour moi, c'était un nouveau départ, un moment où j'ai décidé d'être un meilleur homme - pour elle et pour nous.

De nouveaux départs - le courage de changer dans la deuxième moitié de la vie

J'ai déjà décrit en détail mon parcours de vie dans les chapitres précédents. Avec le recul, je constate qu'à mon âge, le courage de changer n'existe certainement pas chez la plupart des hommes.

Cela s'explique principalement par le fait que des voies bien établies et une pensée rigide font que le changement est perçu comme une menace plutôt que comme une opportunité. Nous nous habituons à ce que nous connaissons et l'inconnu devient un espace effrayant que nous évitons. Mais j'ai appris que c'est précisément ce courage de changer qui est nécessaire pour progresser non seulement dans la vie, mais aussi en nous-mêmes.

Dans mon cas, c'est l'environnement commercial de plus en plus difficile qui m'a finalement poussé à abandonner mon statut d'indépendant après 30 ans et à en tant qu'employé retravailler sur . Ce ne fut pas une décision facile. Pendant longtemps, j'avais été mon propre maître, j'avais géré mes affaires moi-même, j'avais pris mes propres décisions. Et soudain, je me suis retrouvé dans la situation de devoir à nouveau m'intégrer dans une structure imposée par d'autres. Pour beaucoup d'hommes, cela aurait été impensable, surtout après tant d'années d'actions autonomes. Mais pour moi, c'était nécessaire. J'avais l'impression d'être arrivé à un point dans mon indépendance où je ne faisais que tourner en rond. La pression ne cessait d'augmenter et je me suis rendu compte que le plaisir que j'avais auparavant dans mon travail avait disparu depuis longtemps.

Des changements comme celui-ci demandent du courage. Cela signifie laisser derrière soi les anciennes certitudes et oser quelque chose de nouveau, sans savoir exactement ce qui nous attend. Beaucoup d'hommes de mon âge en ont peur, car il semble plus facile de s'accrocher à ce que l'on connaît déjà. Mais pour moi, le changement a été une libération. J'ai eu l'impression d'avoir à nouveau les idées claires, et même si le passage à un statut de salarié après une si longue période n'a pas été facile, je ne l'ai jamais regretté. Tout ce que je peux dire, c'est que c'était la bonne décision pour moi - une décision que j'aurais dû prendre bien plus tôt. Je suis sûr que peu d'hommes réussissent à faire ce pas, surtout après une si longue période dans un rôle autodéterminé. Mais ceux qui ont le courage de s'engager dans la nouveauté sont souvent récompensés. Parfois, c'est exactement ce dont on a besoin pour retrouver satisfaction et équilibre.

Un autre point qui m'a conduit à de profonds changements dans ma vie est la décision de mener ma vie de couple exclusivement de manière monogame. Ce n'est un secret pour personne que j'ai été infidèle, et je sais que je ne suis pas la seule dans ce cas. Les statistiques montrent qu'un homme sur trois est infidèle dans une relation stable - et il y a probablement un chiffre noir encore plus élevé. Qu'est-ce qui m'a poussé à changer ? Je pense que c'est la prise de conscience que mon comportement ne détruisait pas seulement mon mariage, mais aussi moi-même.

J'espère que mes paroles trouveront ici un terrain fertile et qu'elles inciteront peut-être l'un ou l'autre homme à se repentir. Tromper son partenaire peut sembler excitant sur le moment, mais le prix à payer est élevé. Dans mon cas, cela m'a conduit à être mentalement et émotionnellement absent de ma partenaire. J'avais l'esprit occupé par d'autres femmes, à la recherche du prochain "coup de foudre", et pendant ce temps, notre mariage se détériorait de plus en plus. C'était comme si j'avais érigé un mur invisible entre nous, sans vraiment m'en rendre compte. Ce n'est que lorsque j'ai été prêt à remettre en question mon comportement et à reconnaître les conséquences que ma tromperie avait sur notre relation que j'ai pu redresser la barre.

Depuis que j'ai décidé de ne plus tromper et de consacrer toute mon attention et mon énergie à ma partenaire, notre mariage a complètement changé. Soudain, il y avait à nouveau de la proximité, de l'intimité et de la confiance. Le vide que je ressentais auparavant a disparu et j'ai réalisé que toutes les choses que je recherchais chez d'autres femmes se trouvaient en fait tout le temps dans mon propre couple. Je devais juste apprendre à les voir et à les apprécier à nouveau.

Ce n'était certainement pas un chemin facile pour sortir des vieux schémas, mais c'était la seule chose à faire. Je suis contente d'avoir réussi à sortir de mon comportement destructeur à temps, avant que d'autres dégâts ne soient causés. Aujourd'hui, notre relation est harmonieuse et épanouie - et ce n'est pas parce que j'ai "abandonné" quoi que ce soit, mais parce que j'ai enfin compris ce qui était vraiment important.

Le changement est souvent lié à la peur et à l'incertitude. Nous, les hommes, avons tendance à nous accrocher à ce que nous connaissons, même si cela nous porte préjudice. Mais parfois, il suffit de ce seul moment de courage, de ce premier pas dans l'inconnu, pour remettre sa vie sur les rails. Et s'il y a une chose que j'ai apprise de ma propre expérience, c'est qu'il n'est jamais trop tard pour prendre un nouveau départ.

Les rituels sont incroyablement importants dans une relation qui fonctionne. Ils donnent de la stabilité, de la sécurité et créent un lien qui peut souvent se perdre dans la vie quotidienne. Mais la est tout aussi importante**spontanéité - le sel de la vie - .** Sans elle, la vie deviendrait monotone et prévisible. **Il s'agit de créer des souvenirs communs** auxquels on peut se raccrocher dans les moments difficiles, des souvenirs qui donnent de l'énergie et de la joie au quotidien. C'est ce qui fait la force d'une relation : cet équilibre entre la constance et les petites aventures qui maintiennent l'étincelle en vie.

Prenons un exemple : **Nous avons instauré une journée bien-être fixe dans notre relation.** Une fois par semaine, nous nous accordons un bon bain chaud ensemble, avec des bougies, du champagne et de la détente à l'état pur. C'est si simple et pourtant si efficace. À ce moment-là, il n'est question que de nous deux - pas de distractions, pas de soucis quotidiens. C'est un petit rituel qui nous réunit toujours et nous donne la possibilité de nous déconnecter complètement. Parfois, ce sont justement ces petites routines qui rendent une relation stable et forte. Elles offrent une sorte d'ancrage dans le flux constant du quotidien.

Mais alors, il y a les spontanéités qui égayent le quotidien. Les petites surprises, les expériences inattendues qui font battre le cœur plus vite. J'imagine souvent des excursions spontanées, généralement le dimanche, quand nous avons tous les deux congé et que la semaine est derrière nous. Rien de grand, rien de coûteux - mais toujours quelque chose qui nous fait rire ensemble, nous émerveille ou nous permet tout simplement de profiter du temps ensemble.

Parfois, il s'agit d'une excursion en forêt, d'une visite dans un petit café que nous n'avons encore jamais essayé ou d'un tour au bord d'un lac où nous profitons simplement du calme. **Ces excursions apportent un vent de fraîcheur dans notre relation,** car elles nous sortent de la routine et nous offrent de nouvelles expériences communes.

Il ne s'agit pas de réinventer la roue à chaque fois ou de faire des choses particulièrement spectaculaires. **Il s'agit de partager des moments qui nous reviennent plus tard à l'esprit et qui nous font sourire** . Ce sont ces moments qui nous retiennent dans les moments difficiles. Ils nous rappellent pourquoi nous sommes ensemble et combien nous pouvons nous amuser ensemble, même dans les choses les plus simples.

Le mélange de rituels et de spontanéité est la clé. Les rituels nous donnent de la stabilité, la spontanéité apporte du piment. La combinaison de ces deux éléments fait que nous tombons toujours amoureux l'un de l'autre et que la relation reste fraîche et vivante. Une fois que l'on a compris cela, on se rend compte à quel point il est important de prendre du temps l'un pour l'autre - aussi bien pour les petites routines que pour les aventures spontanées.

Car à la fin de la journée, c'est bien de cela qu'il s'agit : **créer des souvenirs communs qui nous portent à travers les phases difficiles et qui nous montrent que la vie - et l'amour - sont faits de nombreux petits moments qui valent la peine d'être immortalisés.**

Mentor et modèle - comment les hommes ménopausés peuvent inspirer les autres

La ménopause est souvent une phase de réflexion et de bouleversement intérieur. Alors que de nombreux hommes sont confrontés à cette période à des questions sur leur propre identité, le vieillissement et les changements physiques, il existe en même temps une possibilité de considérer cette phase de la vie comme une chance - une occasion de faire la différence non seulement pour soi-même, mais aussi pour les autres. Car c'est justement pendant la ménopause que les hommes peuvent jouer un rôle décisif de mentor et de modèle en partageant leurs expériences de vie et en soutenant la jeune génération.

Pour de nombreux hommes, l'idée d'être un mentor ne va pas de soi. L'image classique du mentor qui guide les jeunes hommes ou les collègues semble souvent ne pas être intégrée dans la vie quotidienne. Pourtant, le rôle de mentor est bien plus que cela. Il s'agit de transmettre la sagesse, l'expérience et les perspectives acquises au cours de la vie. Les hommes ménopausés ont précisément ces expériences de vie et la capacité d'offrir une orientation aux autres. Ils peuvent partager ce qu'ils ont appris au fil des années - dans les domaines professionnel, familial et personnel - et aider ainsi les autres à trouver leur propre voie.

L'importance d'être un mentor

Les mentors ne sont pas seulement des conseillers, mais aussi des modèles. Ils montrent, par leur propre comportement, comment maîtriser les situations difficiles, comment gérer les échecs et comment réussir grâce à la constance et à la capacité d'adaptation. Les hommes ménopausés ont souvent vécu de nombreux défis de ce type, que ce soit au niveau professionnel, dans leurs relations ou dans la confrontation avec leur propre identité. Ces expériences font d'eux des conseillers précieux pour les hommes plus jeunes qui commencent peut-être tout juste à se poser ces questions.

Être un mentor, c'est être présent, non seulement dans les bons moments, mais aussi lorsque les choses deviennent difficiles. Il s'agit de reconnaître ses propres erreurs et faiblesses et de montrer ainsi aux autres qu'ils ne doivent pas non plus être parfaits. Cette ouverture d'esprit est souvent ce qui laisse la plus grande impression. Car s'il y a beaucoup d'insécurité et de quête de succès dans la jeune génération, il manque souvent la reconnaissance que les échecs font aussi partie de la vie - et que l'on peut apprendre de ces échecs et en sortir grandi.

Le pouvoir de l'écoute

L'une des compétences les plus importantes d'un mentor est l'écoute. Dans un monde souvent agité et bruyant, le fait que quelqu'un écoute vraiment et ne se contente pas de donner des conseils est d'une valeur inestimable. Les hommes ménopausés ont souvent développé la patience et la compréhension nécessaires pour laisser aux jeunes générations un espace pour leurs propres pensées et préoccupations. Il n'est pas toujours facile pour un jeune homme de parler ouvertement de ses craintes et de ses incertitudes, surtout dans une société où la masculinité est souvent synonyme de force et d'invulnérabilité.

C'est là que les hommes en période de ménopause peuvent jeter un pont en montrant que la vraie force réside dans le fait de se montrer aussi vulnérable. Partager les incertitudes et les doutes que l'on a connus au cours de sa vie peut aider les jeunes hommes à se sentir compris. Cela peut les encourager à être plus ouverts face à leurs propres défis et à accepter de l'aide lorsqu'ils en ont besoin.

Transmission de la sagesse

Le vieillissement s'accompagne d'une certaine sagesse qui ne peut être acquise que par l'expérience vécue. Qu'il s'agisse de décisions professionnelles, de responsabilités familiales ou de développement personnel, les hommes ménopausés ont souvent déjà vécu ces thèmes à plusieurs reprises et peuvent transmettre leurs connaissances. La transmission de cette sagesse est une forme d'héritage dont les effets se prolongent au-delà de leur propre vie.

Être un mentor ne signifie pas avoir toujours les bonnes réponses, mais savoir qu'en posant les bonnes questions, on peut aussi aider les autres à trouver leur propre voie. La volonté d'écouter et de réfléchir, plutôt que de se contenter de présenter des solutions, est l'une des qualités les plus précieuses d'un mentor. Il s'agit d'amener les autres à réfléchir à leurs propres objectifs, valeurs et défis - et de les aider à trouver leur propre direction.

Modèle de sérénité et d'adaptabilité

Les hommes ménopausés ont souvent appris une leçon importante : la vie ne se déroule pas toujours en ligne droite. Il y a des rebondissements, des échecs et des surprises qui orientent la vie dans une direction à laquelle on ne s'attendait peut-être pas. Cette capacité à s'adapter tout en restant calme est quelque chose que les hommes plus jeunes doivent souvent encore apprendre. Ils sont souvent sous la pression de entout accomplir peu de temps, et l'idée que la vie demande du temps et de la patience leur est difficile.

Les hommes ménopausés peuvent servir de modèles à cet égard, en montrant que la vie ne se déroule pas toujours comme prévu - et que c'est normal. La sérénité et la capacité à faire face aux changements sont des qualités clés qu'ils peuvent transmettre. Ils peuvent soulager la pression sur les hommes plus jeunes en montrant que ce n'est pas grave si tout n'est pas parfait tout de suite - que la vie est un processus dans lequel il est tout aussi important d'accepter les échecs et de se réorienter.

Le rôle dans la famille et la communauté

Les hommes ménopausés jouent souvent aussi un rôle important au sein de la famille et de la communauté. Dans de nombreux cas, ils sont les "piliers" de leurs familles, et leurs enfants ou petits-enfants les regardent. Là encore, ils peuvent inspirer par leur expérience de vie et servir de modèles d'intégrité, de responsabilité et de compassion. Il s'agit de montrer, non seulement par des mots, mais surtout par des actes, ce que signifie être là pour les autres et prendre ses responsabilités.

Les hommes peuvent également jouer un rôle important au sein de la communauté à ce stade de leur vie. Que ce soit par le biais du bénévolat, du partage d'expertise ou simplement en proposant d'être là pour les autres, les possibilités d'agir en tant que modèle sont nombreuses. L'engagement dans la communauté ne donne pas seulement des repères aux plus jeunes, mais offre également aux hommes eux-mêmes une tâche utile dans leur vie. Il donne un sens à sa propre existence et crée un lien avec les personnes qui l'entourent.

Conclusion : le mentorat comme accomplissement

La ménopause est une période de changement et de réflexion, mais elle offre également la possibilité d'être un mentor et un modèle pour aider les autres à trouver leur voie. Les hommes qui traversent cette phase de leur vie ont souvent un trésor d'expériences à partager avec les autres. Ils peuvent montrer aux plus jeunes que l'important n'est pas d'être parfait, mais d'être ouvert, honnête et prêt à apprendre de ses propres erreurs.

Être mentor ne signifie pas avoir toujours les bonnes réponses, mais aider les autres à trouver leurs propres réponses. C'est faire une différence par l'écoute, la sérénité et le partage de la sagesse, non seulement dans la vie du mentor, mais aussi dans celle de ceux qu'il inspire. Ainsi, la vie à la ménopause peut être non seulement une période de transition, mais aussi un moment où l'on redonne au monde et où l'on touche la vie des autres d'une manière profonde.

Prévoyance financière - Ce dont les hommes doivent tenir compte à la ménopause

Il existe peu de sujets dont les hommes n'aiment pas parler comme l'argent. C'est presque un tabou. Nous parlons souvent des réussites, des défis et des hauts et des bas de la vie, mais lorsqu'il s'agit de prévoyance financière, c'est souvent le silence. Pourtant, le thème de l'argent signifie plus que la sécurité - il est synonyme de liberté et d'indépendance. C'est justement dans la vieillesse que cet aspect devient décisif, lorsque les propres forces diminuent et que les possibilités de "déchirer" encore quelque chose deviennent de plus en plus limitées. Le chemin de la retraite est soudain à portée de main et la question de savoir si l'on s'est bien préparé à cette transition passe au premier plan.

Pour de nombreux hommes à la ménopause, c'est un constat amer. Peut-être parce que la vie ne s'est pas toujours déroulée comme prévu. Des revers personnels, des crises professionnelles ou des circonstances économiques ont empêché de mettre suffisamment d'argent de côté. Je ne suis moi-même pas étranger à cette expérience. Suite à différents coups bas dans la vie, que ce soit au niveau professionnel ou privé, je n'ai jamais réussi à suffisamment d'argent de côtémettre . Et maintenant que j'approche de l'âge de la retraite, j'en ressens les conséquences. Ma pension sera d'un faible niveau, ce qui signifie que je dois me préparer à une coupure radicale.

Le réveil de la ménopause

La ménopause est souvent une période d'introspection, et cela implique de jeter un regard honnête sur sa propre situation financière. De nombreux hommes qui ont travaillé de manière indépendante pendant des années se retrouvent soudainement dans une situation où ils n'ont pas suffisamment de réserves. Dans mon cas - et je sais que c'est le cas de beaucoup d'autres hommes - des circonstances extérieures, des crises ou même la pandémie ont entraîné l'effondrement de l'entreprise. Le rêve de liberté financière s'est évaporé et, à la place, nous sommes confrontés à la question suivante : **comment continuer ?**

C'est un appel au réveil. À la ménopause, on se rend soudain compte que le temps pendant lequel on peut encore faire de grands bonds se fait de plus en plus rare. L'énergie et la force pour repartir complètement à zéro ne sont plus les mêmes qu'avant. Mais cela ne signifie pas que tout est perdu. Il existe encore des possibilités d'améliorer sa situation financière ou du moins d'atténuer les pires scénarios.

Que faire si la pension ne suffit pas ?

Pour beaucoup d'hommes, la question se pose : **que se passera-t-il si la pension ne suffit pas ?** Dans mon cas, cela signifie que je devrai soit émigrer, soit me restreindre fortement dans ma vieillesse. Emigrer peut sembler être une mesure radicale, mais dans des pays où le coût de la vie est moins élevé, l'argent qui ne suffit pas en Allemagne pourrait aller beaucoup plus loin. Des pays comme l'Espagne, le Portugal ou même certains pays d'Europe de l'Est offrent des conditions de vie plus avantageuses tout en offrant un climat agréable pour la retraite.

Pour d'autres, cela signifie peut-être qu'ils doivent s'adapter à un logement plus petit ou à un mode de vie plus économe. Ce n'est pas une décision facile à prendre, surtout si l'on a été habitué toute sa vie à un certain standard. Mais c'est là qu'intervient le point le plus important : **la flexibilité et la capacité d'adaptation.** La ménopause n'est pas seulement une période de changement physique et émotionnel, c'est aussi une période où l'on doit apprendre à gérer les nouvelles réalités de la vie - et cela implique de se réorganiser financièrement.

Comment prendre des précautions maintenant ?

Pour ceux qui ont la chance d'avoir encore quelques années devant eux avant l'âge de la retraite, c'est le moment de s'activer. Il existe différentes possibilités de prendre des dispositions même pendant les dernières années d'activité professionnelle. Il s'agit par exemple d'investir dans des assurances retraite privées ou des produits de prévoyance vieillesse qui bénéficient d'une aide fiscale en Allemagne. La retraite Riester, la retraite Rürup ou encore la prévoyance vieillesse d'entreprise sont des instruments que l'on peut utiliser pour améliorer la pension légale.

Une autre approche consiste à s'intéresser de près à ses propres dépenses. Cela peut paraître banal, mais de nombreux hommes ont développé au cours de leur vie des habitudes qui pèsent financièrement sans qu'ils s'en rendent compte. C'est le moment de jeter un regard critique sur ses propres habitudes de consommation et d'économiser là où c'est possible. Parfois, de petits changements, comme changer de fournisseur d'électricité ou revoir ses contrats d'assurance, peuvent créer une marge de manœuvre financière qui fera la différence à long terme.

La possibilité de continuer à travailler à temps partiel ou d'exercer une activité indépendante à la retraite peut également être une solution judicieuse. Beaucoup d'hommes sous-estiment la valeur de leur expérience professionnelle. Il existe de nombreuses possibilités de continuer à utiliser cette expertise en tant que consultant ou en tant qu'indépendant. Cela offre non seulement une source de revenus supplémentaire, mais permet également de rester en forme mentalement et physiquement.

La réalité pour les anciens indépendants

Les anciens indépendants sont souvent particulièrement touchés. Beaucoup d'entre nous n'ont pas pu se constituer une prévoyance vieillesse suffisante parce que nous avons dû investir sans cesse dans notre entreprise ou que nous avons été touchés par des crises extérieures. Ces dernières années en particulier, avec la pandémie et les changements économiques, de nombreux indépendants ont perdu tout ce qu'ils avaient mis des décennies à acquérir. L'idée de se retrouver soudainement sans ressources financières suffisantes après une vie de dur labeur est bouleversante - mais c'est une réalité pour beaucoup.

Pour nous, travailleurs indépendants, il est particulièrement important de se pencher suffisamment tôt sur la question de la prévoyance vieillesse. Dans la plupart des cas, il n'y a pas d'assurance retraite automatique comme pour les salariés, et cela signifie que nous sommes nous-mêmes responsables. Mais même si l'on a peut-être négligé cette question dans ses jeunes années, il n'est jamais trop tard pour se préoccuper maintenant d'alternatives. Même le fait de se lancer tardivement dans des produits de prévoyance ou de restructurer ses actifs peut aider à stabiliser sa situation financière à la retraite.

Réinitialisation mentale - nouveau départ à la ménopause

La ménopause. Pour beaucoup d'hommes, cela sonne comme une "fin". La fin de l'énergie de la jeunesse, des performances sportives de pointe ou de l'ascension professionnelle. Mais attendez, les gars - qui a dit ça ? La vérité, c'est que la ménopause n'est pas une fin, mais un tournant. Une phase pendant laquelle on peut se réorganiser, se débarrasser des vieux ballasts et repartir avec de nouveaux objectifs. Cela semble banal ? Peut-être bien. Mais c'est exactement la réinitialisation mentale dont tu as besoin en ce moment.

Tout d'abord, c'est normal que tu te sentes dépassé par les événements. Beaucoup d'entre nous voient leurs anciennes certitudes s'effriter à cette période. Le travail qui te passionnait auparavant te semble soudain être une impasse. Tu te regardes dans le miroir et tu te demandes qui est ce type aux cheveux gris. La forme physique diminue, la relation ne va plus aussi bien et les enfants - si tu en as - ont quitté la maison depuis longtemps ou sont sur le point de partir. Tu es là, au milieu de ta vie, et tu te demandes : "Et maintenant ?".

C'est justement là que se trouve la chance. Car cette phase t'oblige à t'arrêter et à faire le point. Qu'est-ce qui était bon ? Qu'est-ce qui t'a vraiment comblé ? Et surtout : que veux-tu faire du temps qui t'attend ? La vie n'est pas un jeu infiniment long, et nous, les hommes, nous en rendons souvent particulièrement compte à la ménopause.

Il ne s'agit pas de tout jeter par-dessus bord ou de repartir complètement à zéro. Il s'agit de vivre plus consciemment. Peut-être que jusqu'à présent, tu as réussi dans ton travail, que tu as travaillé pour obtenir tout ce que tu voulais, mais que tu réalises maintenant qu'il te manque quelque chose. Ou que ce qui te motivait auparavant ne te donne plus le même coup de fouet aujourd'hui. C'est normal. Cela ne signifie pas que tu as échoué. Cela signifie simplement que tu as grandi - et qu'il est temps d'ajuster tes objectifs.

Une réinitialisation mentale signifie prendre consciemment le temps de réfléchir à ta vie. Pas entre deux portes ou autour d'une bière avec des copains, mais vraiment en te concentrant. Note ce que tu souhaites pour les prochaines années. Peut-être que tu veux évoluer professionnellement, commencer un nouveau hobby, redécouvrir une ancienne passion ou tout simplement avoir plus de temps pour toi et ta santé.

L'avantage de la ménopause, c'est qu'elle t'oblige à fixer des priorités. Avant, tu avais peut-être toujours le sentiment de devoir être le meilleur partout - au travail, au sport, en tant que partenaire ou père. Mais maintenant, c'est le moment d'être honnête avec toi-même. Il est tout à fait normal de ne pas être parfait partout. Tout l'art consiste à trouver les choses qui comptent vraiment pour toi et à les mettre en avant.

Une réinitialisation mentale peut aussi signifier se défaire de vieilles croyances. La pression d'être toujours fort et invulnérable en fait partie. Les garçons, laissez-vous dire une chose : ce n'est pas une faiblesse de penser à vos insécurités ou de demander de l'aide quand vous en avez besoin. Au contraire, c'est une preuve de force.

Profite de cette phase pour redéfinir tes objectifs - sans peur, sans pression. Il ne s'agit pas d'impressionner le monde, mais de mener une vie qui te comble. La ménopause n'est pas une crise, mais une invitation à redéfinir ta voie. Prends les choses en main. Ton bouton de réinitialisation t'attend.

Quelques mots pour conclure

Les gars, je n'ai aucune idée si vous avez aimé mon livre ou, plus important encore, s'il vous a vraiment aidé. Lorsque j'ai commencé à écrire ce livre, j'ai eu beaucoup de mal. L'ensemble du processus a duré plus d'un an et, pour être honnête, il n'a pas été facile de revivre tous les événements positifs et négatifs de ma vie. J'ai parfois eu l'impression de me tendre un miroir - et à bien des égards, c'était en fait une sorte d'auto-thérapie.

L'écriture m'a permis d'apprendre beaucoup de choses sur moi-même, notamment en ce qui concerne mon comportement souvent impulsif et destructeur. Je me suis rendu compte que beaucoup de ces comportements n'étaient pas seulement liés à ma ménopause, mais qu'ils étaient profondément enracinés dans mon passé. La ménopause n'a pas provoqué ces comportements, mais elle a été un véritable **booster** - elle a renforcé mon impulsivité et mon agressivité. Avec le recul, je vois plus clairement où se situaient mes problèmes et comment la ménopause a tout exacerbé.

Bien que j'aie déjà écrit quelques livres - surtout des livres pratiques - celui-ci a été un véritable défi. C'est complètement différent d'écrire sur ses propres faiblesses et incertitudes. Premièrement, parce que je n'ai aucune idée de l'impact que cela aura sur les lecteurs et si tous ces efforts en valaient la peine. Deuxièmement, parce que j'ai vraiment peur de ce que mes amis, collègues ou collègues de travail pourraient dire.

Les personnes qui me connaissent penseront à ce sujet lorsqu'elles apprendront quel genre de "full horst" j'étais en partie. Ce n'est pas facile de se montrer aussi vulnérable, surtout quand on a maintenu une façade d'"homme fort" pendant des années.

Mais alors je me dis : **ok**, je peux peut-être m'appuyer sur une citation de la Bible : "Pourquoi vois-tu la paille dans l'œil de ton frère, et ne remarques-tu pas la poutre dans le tien ? (Matthieu 7,3). Ou, mieux encore, une autre citation de Jésus : "Que celui d'entre vous qui est sans péché lui jette la première pierre" (Jean 8,7). Personne n'est parfait, et j'espère que d'autres personnes liront mon livre avec un cœur et une compréhension ouverts.

Ces derniers mois, ma femme m'a constamment encouragé à continuer d'écrire. Elle m'a dit que ce serait un livre formidable, qu'il n'y avait rien de tel jusqu'à présent et qu'il aiderait certainement de nombreux hommes de mon âge. Sans sa pression positive, je n'aurais peut-être jamais terminé le projet. Elle m'a motivé à persévérer et le site m'a vraiment aidé, même s'il y a eu des moments où j'ai eu envie de tout laisser tomber.

J'espère donc vivement que **vous**, mes congénères, ainsi que vos partenaires, pourrez faire quelque chose de mes expériences, de mes souffrances, de mes erreurs de comportement et des conclusions que j'en ai tirées. Je souhaite que mes paroles vous aident - que ce soit pour ne pas commettre les mêmes erreurs stupides que moi ou peut-être pour vous arrêter à temps et réfléchir à votre propre comportement. Si j'ai pu empêcher ne serait-ce qu'un seul d'entre vous de tomber dans les mêmes pièges, ce serait déjà un énorme succès pour moi.

La vérité, c'est que **la ménopause nous frappe de plein fouet, nous les hommes**. Tout ce qui nous paraissait sûr - notre corps, notre façon de vivre, notre psychisme - est soudain bouleversé et remis en question. C'est une période où beaucoup de choses changent, et il est important de traverser cette phase de la vie avec le moins d'"égratignures" possible. Mais je vous promets que ça va passer. Et quand vous l'aurez fait, vous serez plus fort et plus terre à terre que jamais.

Si certains passages du livre ont pu paraître trop crus ou insultants, je tiens à m'en excuser. Je n'ai jamais eu l'intention d'offenser qui que ce soit. Je voulais simplement décrire mes expériences de l'époque de la manière la plus authentique possible - avec tout le ton rude qui va avec. Et oui, j'avoue que j'ai parfois écrit en langage "prolétaire berlinois". Mais c'est ainsi que je l'ai ressenti à l'époque, et c'est ainsi que je voulais vous le transmettre.

Ce qui m'intéresse vraiment, c'est : quelle est votre expérience de la ménopause ? Comment gérez-vous les changements physiques et émotionnels ? N'hésitez pas à m'écrire, je me réjouis de vos réactions. Peut-être avez-vous des conseils qui pourraient aider d'autres hommes, ou êtes-vous vous-même à la recherche d'échanges et de soutien. Je crois fermement que nous pouvons nous aider mutuellement en parlant ouvertement et honnêtement de ce qui nous touche. Nous ne devons pas garder ce sujet dans l'ombre - au contraire, plus nous en parlons, plus nous pouvons apprendre les uns des autres.

Merci d'avoir lu ce livre. J'avais vraiment à cœur de partager mon expérience avec vous et j'espère qu'il vous a aidé d'une manière ou d'une autre, que ce soit en vous ouvrant de nouvelles perspectives ou en vous faisant réfléchir. Parlons ouvertement de cette phase de la vie, sans honte et sans peur. Car ce n'est qu'ainsi que nous pourrons vraiment en sortir plus forts et peut-être même entamer un nouveau chapitre de notre vie, plus conscient.

Je me réjouis de recevoir vos messages, que vous ayez des questions, des commentaires ou que vous souhaitiez simplement partager votre propre histoire. Envoyez-moi simplement un WhatsApp ou un e-mail. Engageons un dialogue qui nous fera tous avancer.

Votre Alex

Mentions légales

MÄNNERWERTE® Magazine pour hommes

Alexander von Gruenau (entrepreneur individuel)

Brandenburgische Strasse 149 Boîte postale 39

15366 Schöneiche près de Berlin

Téléphone +4917675675916

Courrier électronique:

alexandervonGruenau@maenner-in-der-midlife-crisis.de

Web:

https://www.maenner-in-der-midlife-crisis.de

© 2024 Alexander von Gruenau

Verlag: BoD · Books on Demand GmbH, In de Tarpen 42,

22848 Norderstedt, bod@bod.de

Druck: Libri Plureos GmbH, Friedensallee 273,

22763 Hamburg

ISBN: 978-3-7693-6733-1